JANESVILLE

An
American
Story

简斯维尔

一个美国故事

[美] 艾米·戈德斯坦 著
Amy Goldstein
徐臻 译

中信出版集团 | 北京

图书在版编目（CIP）数据

简斯维尔：一个美国故事 /（美）艾米·戈德斯坦著；徐臻译 .-- 北京：中信出版社，2019.6 (2019.6重印)
书名原文 : Janesville：An American Story
ISBN 978-7-5217-0379-5

I. ①简… II. ①艾… ②徐… III. ①汽车工业—经济发展—研究—美国 IV. ① F471.264

中国版本图书馆 CIP 数据核字 (2019) 第 067795 号

简斯维尔——一个美国故事

著　　者：[美] 艾米·戈德斯坦
译　　者：徐臻
出版发行：中信出版集团股份有限公司
（北京市朝阳区惠新东街甲 4 号富盛大厦 2 座　邮编　100029）
承 印 者：北京诚信伟业印刷有限公司

开　　本：880 mm × 1230 mm　1/32　　印　　张：11.75　　字　　数：260 千字
版　　次：2019 年 6 月第 1 版　　印　　次：2019 年 6 月第 2 次印刷
京权图字：01-2019-2344　　广告经营许可证：京朝工商广字第 8087 号
书　　号：ISBN 978-7-5217-0379-5
定　　价：56.00 元

推荐语

这是一部极其翔实、复杂和付出了心血的作品，是一本每一位商业人士都应该阅读的书。

——《金融时报》– 麦肯锡商业奖评审委员会

《简斯维尔》的主题是新工业时代的危机以及我们应如何应对危机。我认为这本书深刻触及了重要的政策问题，比如技能和再培训，也对人们和他们所处的社区做出了人性化刻画。

莱昂内尔·巴伯 《金融时报》总编辑、评委会主席

令人动容、惊叹的深入调查……《简斯维尔》与正在涌现的一批新书剖析了美国工人阶级。《简斯维尔》更因为它杰出的叙述和分析从中脱颖而出。

——《纽约时报》

戈德斯坦是一位极具天赋的作家，《简斯维尔》讲述了一个原生态的美丽故事，它是美国在寻找未来道路过程中的一束光。

——J. D. 万斯 《乡下人的悲歌》作者

任何试图全面理解美国工人阶级的人都应该去见见简斯维尔的人。这本书背后的采访精彩绝伦，这个故事带着一种少有的同情和洞见，悲伤且赤裸裸地提醒着我们，政治的确会造成真实的后果。

——特雷西·基德 普利策奖得主，《新机器的灵魂》作者

简斯维尔的故事令人难忘，一部分原因在于它是一个关于成功的故事……我们敬畏主角高贵的品格和清醒的头脑，它体现了美国人最优秀的品质……戈德斯坦是一位极有天赋的作家，我们不停为她笔下的人物加油打气，而他们也在尽自己最大的努力改变生活。

——《纽约客》

精彩绝伦、深入、令人难过……一个扣人心弦的故事，讲述简斯维尔人从心灵受挫到挣扎重生的过程。

——鲍勃·伍德沃德 《华盛顿邮报》记者

一部表现手法高超的新闻报道作品，《简斯维尔》不仅展现了工厂关门后，通用汽车员工和他们的家人令人心碎的故事，而且冷静地呈现了公众和政

府部门的应对策略。对于想了解“锈带”[①]（Rust Belt）的经济状况，以及美国曾引以为傲的中产阶级的人，这是一本不容错过的好书。

——《费城问询报》

美国总统大选之后，我们已经讨论了很久，媒体忽视了中产阶级的故事，例如，他们如何失去了曾经的生活、希望和信心。但艾米·戈德斯坦，当今最杰出的记者之一，却一直关注这个群体。在她生动的叙述中，这个平静的美国小城中人们的绝望，印证了尤多拉·韦尔蒂（EudoraWelty）的说法——“深入了解一个地方能够更好地帮助我们了解所有地方”。

——黛安娜·麦克沃特　普利策奖得主，《带我回家》作者

精力充沛的报道，充满同情的叙述……这是普通人的故事，介绍他们如何应对一场并非完全出人意料的巨大经济灾难。

——《华尔街日报》

戈德斯坦引人入胜的叙述，让读者了解了通用汽车的下岗工人，裁员造成的真实损失，以及被波及的人面对损失时的韧性，震撼人心。我希望作者继续创作续集，告诉我们如何从一开始就免受这种伤害。

——《华盛顿邮报》

---

① 锈带指以制造业为经济支柱的美国东北部，底特律、匹兹堡、克利夫兰和芝加哥等大工业城市所在的地区，于20世纪七八十年代，工业急剧衰落，工厂大量倒闭，失业率增加，于是闲置的设备锈迹斑斑，因而得名。——译者注

在呈现白人中产阶级的面貌时，J.D. 万斯的《乡下人的悲歌》聚焦的是文化上的衰败和个体命运，而艾米·戈德斯坦的《简斯维尔》关注的是经济崩溃和社区命运。想要了解美国如何沦落到现在的境地，两本都是必读之作。

——罗伯特·帕特南 《纽约时报》畅销书作者，

《独自打保龄》和《我们的孩子》作者

在我们探讨社会秩序崩塌时，戈德斯坦提供了一个相当有价值的补充。简斯维尔就像千千万万个普通的美国城市一样，这本书为政客、社会学家、经济学家和有着类似命运的人提供了一种警示。

——《波士顿环球报》

当下，《简斯维尔》的重要性不亚于任何一件突发新闻。任何试图理解大萧条和去工业化进程如何打乱美国心脏地带的社会、经济、政治生活的人，都不该错过这本书。如果你想知道 2016 年美国为什么会发生那些事，那就读读这本书吧。

——E. J. 迪翁 《纽约时报》畅销书作者，

《为什么右派错了》作者

公正、充满同情……虽然它凸显了许多展现韧性、同情心的时刻，但艾米·戈德斯坦的《简斯维尔：一个美国故事》也让人读来十分悲伤。它刻画了男人女人在面对无力逆转的困境时——在这个故事中是经济危机——展现的高尚品格。

——《密尔沃基哨兵报》

基于三年的资料收集，普利策奖得主、《华盛顿邮报》记者戈德斯坦的故事呈现了引人入胜的调查结果。同时，它启示我们，令我们不安，进而一窥美国心脏地带工人阶级的命运。

——《柯克斯书评》

艾米·戈德斯坦在对的地方、对的时间，帮助我们理解为什么“我们弄错了”。通用汽车工厂关门后，艾米深入保罗·瑞安田园牧歌式的家乡，向我们诉说了当地人陷入困境的生活、婚姻、童年。曾经塑造现代中产阶级的制造业和工会正逐渐走向衰落，撕裂的社区和政治分歧，最终把唐纳德·特朗普送上总统之位。

——谢尔登·丹齐格　罗素·赛奇基金会主席，
《美国式不平等》作者

戈德斯坦打破了许多传统观念。

——《明星论坛报》

戈德斯坦详尽、公正地研究了一个具有象征意义的群体，展现了美国工人阶级的困境。这本书非常深刻，充满人性，也非常及时、必要。

——《图书馆杂志》

推荐序

一座小城折射美国的兴衰

吴军　硅谷风险投资人，文津图书奖获得者

2016 年，毫无从政经验、颇有民粹色彩的特朗普当选美国总统，让美国的媒体和所谓的文化精英大跌眼镜。之前，他们并不觉得这种事情会发生，所以事后，他们先是拒绝承认现实，继而预言股市将遭到血洗。可事实永远是正确的，错误的只可能是理论和个人的想法。美国的股市并没有遭到血洗，反而创下了历史新高。很多媒体和一些文化精英至今没有搞明白其中的原因。并非所有的人都是鸵鸟心态，作家艾米·戈德斯坦则通过对一个典型的美国中西部小城的研究，给出了部分答案。

冰冻三尺，非一日之寒，要了解 2016 年发生的事情，就要回到 2008 年，因为 8 年后的危机在 8 年前就已经埋下了祸根。那一年，美国爆发了最近一次的金融危机，对股市的打击不亚于 1929—1933 年的大萧条，对实体经济的打击也是巨大的。也就是在那次金融危机中，美国最大的汽车公司——通用汽车——不得不通过破产保护的方式自救。当然，自救的方式之一就是大量关闭工厂和裁员。本书所讲的简斯维尔地区是最大的受害者之一，通用汽车决定关闭那里的生产线。

简斯维尔生产汽车的历史非常悠久，早在1919年，当地制造出通用汽车的第一辆拖拉机。第二年，公司买下市中心以南沿岸约54英亩[①]的土地，修建了造价昂贵的厂房。投产第一年，拖拉机的日产量就从10台飙升至150台。随着工业化的开始，当地的道路、学校和住宅设施均得到了改善，人口也不断增长，成为一个中等规模城市，并且逐渐走向了繁荣。在这个过程中，当地人所具有的乐观天性和奋斗精神起到了很大的作用。

简斯维尔的繁荣维持了半个多世纪，在这半个多世纪的时间里，通用汽车是当地最大也是近乎唯一的大雇主。简斯维尔的好运气在20世纪80年代走到了尽头。1986年，通用汽车转移了简斯维尔整条敞篷载货卡车生产线。一夜之间，简斯维尔丢失了1800个工作岗位，工人只有两条路，搬家或者失业，自由选择。那一次，有超过1200名工人选择跟随生产线一起搬家。在此之后，简斯维尔的命运就随着通用汽车恢复、扩张和衰退，陷入动荡。就在1986年通用汽车关闭生产线之后不多久，该公司又启动了当地的中型载重卡车生产线，并且再次招人。到2005年，通用汽车宣布将减少三万个工作岗位，简斯维尔的工厂处境岌岌可危，但是最终该地区

① 1英亩≈0.004平方千米。

逃过一劫。不过 2008 年，狼真的来了。

简斯维尔的第二大产业是钢笔，那里曾经是著名的派克笔的出产地，但是今天又有多少人还使用钢笔呢？

像简斯维尔这样的地区在美国非常多，对劳工命运并不真正关心的媒体和知识精英阶层将它们称为“锈带”。在美国的历史上，有很多地区靠着一个产业兴起，然后又随着产业的变迁而衰落，比如钢铁业衰落后的匹兹堡和汽车业衰落后的底特律。但是也有一些地区得以成功地不断转型，比如硅谷地区。硅谷依靠半导体产业的出现而兴起，随后经过了三次转型，先后变成了美国的软件业基地、互联网中心，以及以大数据、人工智能和新能源汽车为代表的新产业标杆。简斯维尔没有硅谷那么幸运，它没有后者得天独厚的自然条件——宜人的气候、交通便利，以及一流的大学。因此，它的改变是极为艰难的。

和大部分“锈带”一样，简斯维尔人也曾经相信政府的救助措施。无论是民主党的总统奥巴马，还是来自简斯维尔木地区的前议长——共和党人保罗·瑞安（他们都属于所谓的建制派），都深信再就业的培训能够帮助失业工人找到一份更稳定的工作。在美国，给大家灌鸡汤的政客和成功人士也不少。林肯说过：“永远记住，成功的决心比任何事都重要。”盲人作家海伦·凯勒说过：“当一扇幸福之门关闭，一定会开启另一扇。但我们总是太留心被关上的大门，忽视了为我们新开启的大门。”但是，世界似乎并不因为有了鸡汤就变得更好，没有因为有了毒药就变得更坏。简斯维尔人从来不缺乏不屈不挠的奋斗精神，他们也乐观地相信可以掌握自己的命运，于是很多人开始打两份零工。此外，联邦政府给了当地数百万美元用于职业培训，但是所有努力的效果并不佳。

金融危机后，当地出现了数家贷款营业网点，它们其实是变相的高利贷机构，接受工人们抵押的半个月后的工资单，提前支付现金，但是利息常常高达60%左右。从那里借钱无异于饮鸩止渴，老百姓不到迫不得已，是不会和这样的机构打交道的。但是一夜之间，这个生意开始繁荣，这肯定不是好现象。不仅借贷机构如此，一些新的工作也有同样的特点——牺牲当地人长期的利益，换取短期的工作。当地一些人有着长期培养产业工人的经验，这些经验今天很有用途。于是就有雇主找到他们，提供颇为丰厚的待遇，让他们培训墨西哥的工人，而目的自然是永久地拿走美国的工作。

从2008年到2016年，上述问题并没有解决，作为建制派代表的希拉里败给毫无政治经验的特朗普，也就成为自然而然的事情了。美国这些问题有没有解，和中国人每天的生活其实关系不大。但是，每一个人，每一个机构和地区，如何避免陷入简斯维尔的困境，是我们应该思考的问题。我在《智能时代》一书中说，在智能时代到来之后，产业和社会结构都会重新洗牌，最初的核心受益者非常有限，整个社会会经历一场动荡。如果你想了解社会动荡的结果是什么，就读读这本书吧。

2019年4月23日

序

清晨7点零7分，最后一辆雪佛兰塔霍（Tahoe）驶下生产线。外面的天还暗着，气温15华氏度（约零下9摄氏度），积雪厚33英寸[①]——几乎是12月降雪的最高纪录——一阵刺骨的寒风横扫过占地数英亩的停车场。

简斯维尔装配厂里灯火通明，人头攒动。准备走出工厂迎接未知将来的工人，与陆续走进工厂领着养老金的退休工人站在一起，他们的胸口被一股不可思议和怀旧之情紧抓不放。所有通用汽车的工人随着这辆塔霍走出流水生产线。他们欢呼，拥抱，哭泣。

最后一辆塔霍优美得无与伦比。它拥有黑色车身、LTZ（高性能）版，配备了座椅加热、铝合金轮毂、9扬声器的博士音频系统。如果进入4S店，它的标价将为57 745美元，虽然现在几乎已经没人想买一辆奢侈的通用汽车产SUV（运动型实用汽车）。

五个人——其中一人头戴圣诞帽——站在闪闪发光的SUV前，

---

① 1英寸=2.54厘米。

高举一条横幅，空白部分挤满工人的签名。横幅上写着："简斯维尔装配厂生产的最后一辆汽车，2008 年 12 月 23 日。"这一天，注定将成为简斯维尔历史的重要一页。

电视摄制团队从荷兰、日本等地远道而来，记录下美国最大的汽车制造厂旗下历史最悠久的工厂走到最后一刻。

因此，工厂落幕——就在圣诞节两天前——被完整地保存了下来。

而这，是接下来发生的故事。

沿着贯穿美国东西海岸线的 90 号州际公路，从芝加哥驶往威斯康星州首府麦迪逊途中约 3/4 处，即简斯维尔所在之地。城市人口约 6.3 万，坐落于罗克河的一个转弯口。装配厂就建在河水两岸距离收紧的狭窄地带。

自 1923 年情人节起，通用汽车就在简斯维尔的工厂生产雪佛兰。80 多年来，这座工厂就像一位法力高超的巫师，掌控着整座城市的节奏：广播电台按照工厂换班时间播报整点新闻；超市物价随通用汽车的工资上涨而上调；人们出行时会参考载货火车运行时间表，它们搭载汽车部件，或成品汽车、卡车和 SUV 驶往各地。当工厂宣布关门时，美国正遭遇严重的金融危机，大量工人失业或被大幅削减工资。尽管如此，简斯维尔人依旧坚信，他们的未来会像过去一样掌握在自己手中。他们有理由如此自信。

通用汽车在简斯维尔设厂前，这里已是一座小型工业城市，被威斯康星州南部的肥沃土地包围。这个地方得名于一位移民——亨利·简斯（Henry Janes），从很早就发展起制造业。内战爆发前几年，位于南富兰克林街的罗克河钢铁厂就开始生产农业用具。1870年，当地的商业黄页列出了15家简斯维尔马车制造商的名单。沿着河岸，一家纺织厂生意十分兴隆。它先生产羊毛，后来生产棉花。1880年，250名工人——多数是年轻女性——在简斯维尔纺织厂织布制衣。

进入20世纪，简斯维尔的人口达到1.3万人，多是东海岸移民的后代，或几十年来持续从爱尔兰、德国、挪威迁入的新移民。在市中心，富兰克林街和河街两侧工厂林立；密尔沃基街和主街点缀着各式商店、咖啡馆，平均250人就有一家理发店。为了迎接做完农活进城休闲的家庭，商店营业至周六深夜。连接罗克河两岸的密尔沃基街的大桥还是木制的，但在市中心，从南到北行驶的有轨电车已经取代老式的马车服务。简斯维尔还是铁路枢纽。每天，64趟客运火车加上8趟货运火车频繁进出城市。原材料被运往工厂，政客为竞选在此停留，歌舞杂耍演员登上迈尔斯大剧院的舞台演出。

简斯维尔漫长的制造史上，有两位脱颖而出的人物。他们都是土生土长的大企业家，虽然大部分美国人可能不清楚，但他们却是每个简斯维尔孩子心中的传奇人物。正是他们塑造了这座城市的形象和支柱产业。

第一位是年轻的电信技术指导员乔治·S. 派克（George S. Parker）。19世纪80年代，他发明了一种更好用的钢笔，成立派克笔公司（Parker Pen Company）。很快，派克笔公司进军国际市场。世界博览会上，各国领导人使用该公司生产的钢笔签署多项条约。派克笔塑造了这座城市响亮的名声和影响力，简斯维尔因此声名远播。

第二位是精明的商人约瑟夫·A. 克雷格（Joseph A. Craig），正是他让通用汽车留意到简斯维尔的潜力。第一次世界大战进入尾声之际，他一手策划将通用汽车引入简斯维尔，开始生产拖拉机。经年累月，工厂规模扩展至480万平方英尺[①]，相当于10个美式橄榄球场地。全盛时期，工人人数超过7000，创造了周边数千个生产配件的工作机会。如果说派克笔公司令简斯维尔成名，通用汽车则令它长盛不衰。事实证明，简斯维尔似乎总能扭转逆境，躲过历史低潮：大萧条时期，工厂一度关闭，但在一年后重开；静坐罢工时期——对美国劳工史产生重大影响的事件——其他地方的汽车工人爆发骚乱，简斯维尔却一直保持平静；第二次世界大战期间，工厂作为生产弹药的大后方，战争结束恢复生产后，又取得了更加瞩目的成就；甚至20世纪70年代，汽车工业开始走下坡路，纷纷改写了其他工厂的命运，简斯维尔的生产线却一路勇往直前。

因此，当生产线在2008年这个寒冷的12月早晨停摆时，城里的人怎么可能相信这次和以前不一样？过去的经历无法让他们意识到，这一次没有机会重来，这一次没有人能够拯救他们。

---

① 1平方英尺≈0.09平方米。

简斯维尔消失的工作岗位——2008—2009 年超过 9000 人失业——只是大衰退时期，美国消失的 880 万个工作岗位之中很小的一部分。这不是美国一些城市首次尝到失业大出血的滋味：早在第一次世界大战期间，马萨诸塞州洛厄尔的一些纺织厂就面临倒闭或迁往南部；1977 年的“黑色星期一”，俄亥俄州扬斯敦的钢铁及相关产业最终失去了 5 万个工作岗位。但是，这次规模罕见的经济大衰退——20 世纪 30 年代以来最糟糕的经济时期——不仅波及单一产业，不仅冲击一部分不幸地区，而是重创了所有经济阶层，从东海岸至西部无一幸免。这些地方既不属于锈带，也不属于其他经济不健康的地区，那里的人从未想过自己会受影响。比如，简斯维尔。

如今，装配厂已挂上锁链，禁止外人入内。大门处的装饰艺术风格门廊上，还可以辨认出公司标志。标志由三个设计各不相同的齿轮轮廓组成：左边的齿轮是通用汽车的标志，右边的齿轮是全美汽车工人联合会（United Auto Workers，以下简称为 UAW）的装饰；它们的中间，白色部分勾勒了威斯康星州地图，底部有一颗粉色的心，正是简斯维尔所在之地。上方，一行黑色大字写着：简斯维尔人同心协力。标志已经生锈了。

工厂里一片漆黑。原先的设备——车床、焊机、重达 5 吨的起重机等，停产后不再需要的所有东西都被搬走或拍卖。工厂外，停车场除了保安的一辆孤零零的小汽车外，空无一物。天空下，烟囱似乎保持着永恒的姿势，但不会再吐出烟雾。

工厂不远处的大片地区，大自然卷土重来。原先，闪闪发光的 SUV 在这里等待被运往各地，如今长满树苗。出口处的铁门上方有一行小字，但丢了几个字母，已无法辨认，写着：T FOR HE MEMORIES。

装配厂关门了，简斯维尔的生活还在继续。经历一场经济地震后，它的表面看起来惊人地完好无损。它尽力保持原样，尝试隐藏不断渗入的痛苦。这种现象往往出现在失去好工作，中产阶级失去优渥生活的地方。沿着从州际公路通往市中心的拉辛街，每座街灯上都飘扬着一面美国小国旗。主街林立着的 19 世纪的红砖建筑，依旧保持着优雅姿态。一些店面闲置了，但这早已不是新鲜事。自 20 世纪 70 年代起，购物中心就建到了郊外。最近，在一场“城市之心”户外艺术运动中，市中心建筑的墙面上装饰起大幅壁画，每幅画都浓缩了简斯维尔自 1836 年发端的一个 10 年。市政府后墙上的壁画反映了 19 世纪 50 年代铁路被引进当地的景象，一辆蒸汽火车，一位驾驶员，底部有一行字：“历史。愿景。磨炼。”

简斯维尔没有停下脚步，但变化已悄然发生：住宅区的街上挂出许多“待售”的牌子；从北部延伸至市中心的米尔顿大道上，数家承接发薪日贷款[①]（payday loan）业务的营业网点开张了；救世

① 发薪日贷款指一两周的短期贷款，借款人承诺在发薪水后即偿还贷款。如果到期无法还清贷款本金和利息，可以提出延期。——译者注

军[①]（Salvation Army）资助的家庭中心应需求不断扩张。

简斯维尔市民呢？他们开始重新发现家乡，发现自己。之后数年将证明，没有外人——既不是民主党人，也不是共和党人；既不是麦迪逊的官僚，也不是华盛顿的官僚；既不是日益失势的工会，也不是在困境中挣扎的企业——能够重塑简斯维尔的中产阶级。简斯维尔人从没有放弃，不仅是汽车工人，从杰出的银行家到热心帮助无家可归的孩子的社会工作者，人们彼此承担风险，他们对家乡的热爱使他们选择留在这座城市。

这不是件容易的事。荒废的装配厂象征着他们进退两难的困境：你如何打造一个未来——或者说，你如何接受必须放下过去——而与此同时，占地 480 万平方英尺的工业庞然大物的残骸依旧矗立在河岸？

尽管如此，人们还是紧抓简斯维尔不屈不挠的奋斗精神。装配厂关门前一个月，工厂经理和 UAW 本地分会的领导人共同宣布，最后一辆塔霍将捐赠给北罗克县的联合之路[②]（United Way），用于慈善抽奖。活动卖出了许多彩票——20 美元一张或 100 美元六张——购买者大多是不知下一笔收入会来自哪里的失业工人。活动

---

① 救世军成立于 1865 年，以军队形式作为其架构和行政方针，并以基督教新教作为基本信仰的国际性宗教及慈善公益组织。——译者注

② 联合之路是美国最大的慈善机构，收入大多数靠捐赠，在美国有 1300 个分支，为本地社区筹集分发物资，或提供社会服务。——译者注

共筹集善款 200460 美元，使联合之路在大衰退最糟糕的时期也实现了当年的筹款目标。

大奖获得者是通用汽车的一位退休工人，曾为工厂服务长达 37 年。他如此珍爱这辆塔霍，几乎从不让它驶出家中的车库。

登场人物

汽车工人和他们的家人

克里斯季·拜尔： 13 年李尔工厂工龄，该工厂专为通用汽车制造座椅

/ 沃恩一家 /

迈　克： 18 年李尔工厂工龄，全美汽车工人联合会地方 95 分会代表

巴　布： 15 年李尔工厂工龄

戴　夫： 在通用汽车简斯维尔装配厂工作 35 年后退休，全美汽车工人联合会地方 95 分会副主席

/ 惠蒂克一家 /

杰拉德： 13 年通用汽车简斯维尔装配厂工龄

塔　米： 在数据输入公司在家输入服务（Home Entry Services）兼职

他们的双胞胎女儿——阿莉莎、凯泽雅

小儿子——诺厄

/ **沃帕特一家** /

马　弗：在通用汽车简斯维尔装配厂工作 40 年后退休，通用汽车员工帮助计划代表，罗克县议会成员

马　特：13 年通用汽车简斯维尔装配厂工龄

达　西：在霍尔马克贺卡公司兼职

他们的女儿——布里塔妮、布鲁克、布里亚

• 其他工人 •

琳达·科尔班：44 年派克笔公司工龄

休·奥姆斯特德：19 年 SSI 技术公司工龄，该公司主要制造汽车和工业部件

• 政客 •

蒂姆·卡伦：州参议院的民主党议员，通用汽车保留工作小组联合主席

保罗·瑞安：美国联邦政府众议院的共和党议员，代表威斯康星州第一国会选区

• 教育者 •

安·福贝克：社工，简斯维尔教育系统中无家可归孩子的联络员

莎伦·肯尼迪：黑鹰技术学院负责教学的副校长

德里·瓦拉特：派克高中社会课教师，派克密室发起人

· 商业领袖 ·

戴安·亨德里克斯：贝洛伊特的 ABC 供应公司主席，罗克县 5.0 战略联合主席

玛丽·威尔默：M&I 银行地方行长，罗克县 5.0 战略联合主席

· 社区领袖 ·

鲍勃·博勒曼：威斯康星州西南部劳动力发展委员会执行理事，运营罗克县就业中心

斯坦·米拉姆：《简斯维尔公报》前记者，WCLO（1230 AM）《斯坦·米拉姆秀》主持人

目 录

第三部 2010

第四部 2011

第五部 2012

第六部 2013

第一部

2008

第 1 章　电话响了

保罗·瑞安别在皮带上的手机的铃声响起时，他正在家中客厅。如果不是这天，而是其他工作日晚上，他肯定身在华盛顿，工作至深夜，多半就睡在朗沃斯众议院办公楼办公室的简易床上。现在是周一晚上，他要等明天下午才回华盛顿。

保罗自 28 岁首次入选国会开始双城生活已近 10 年，常年在简斯维尔和国会山之间的 800 英里[①]两头跑。这 10 年来，回家是对他最大的安慰。而这个特殊的周一，2008 年 6 月 2 日，他比平时在家中留得更久。一个多星期前，他刚公布一项题为《美国未来路线图》（A Roadmap for America's Future）的宏伟计划，使他迈出成为共和党中举足轻重的预算专家的关键一步。接着是连续两周的休假，包括阵亡将士纪念日假期，保罗得以和太太扬娜、孩子们一起度过。

① 1 英里 ≈1.6 千米。

因此，电话响起时，保罗正在位于法院山的家中。那是一栋气势如虹的红砖楼房——乔治亚复兴式风格，位于一个入选美国国家历史名胜名录的街区，只要经过一片小树林，就能通往保罗小时候的家。

只要保罗回来，这里就是他从孩提时代起便不必费心给自行车上锁的家乡。他在这里被选为班长，还在主题舞会上打扮成《飘》中的男主角白瑞德。去五金店时，他会遇上大学里一起打橄榄球的伙伴，或者他们的兄弟姐妹、父母孩子。

他早已习惯简斯维尔波澜不惊的生活。这种印象如此根深蒂固，以至于电话响起时，他对即将发生的巨大改变没有一丁点准备。

保罗从皮带处抽出手机，拿到耳边，惊讶地认出电话那头是里克·瓦格纳——通用汽车主席和首席执行官。作为共和党人，保罗对自由市场深信不疑，通用汽车不仅是他家乡最大的雇主，还是威斯康星州第一国会选区的最大雇主，他很重视与公司高层的关系。只要里克在华盛顿特区，保罗就会抽空在早餐时间与他见面。几乎每个星期，保罗都会和通用汽车北美区总裁特洛伊·克拉克沟通。因此，他很清楚经济衰退令通用汽车举步维艰的事实，每加仑（约3.8升）汽油价格刚超过4美元，几乎达到历史最高位。简斯维尔装配厂生产的SUV由于耗油高，销量断崖式下跌。

保罗不是不清楚通用汽车的日子不好过，但根据他与里克及其他高层的私人谈话，他完全没有意识到装配厂已走到生死存亡之际。

因此，他很难接受里克告诉他的话："明天，通用汽车将宣布在简斯维尔停产。"

有那么一瞬间，保罗惊呆了。

接着，他突然气不打一处来。透过厨房的窗户，他可以看见夫妻两人都在通用汽车关联企业工作的邻居，他们靠这家制造汽车座椅的公司的收入过活，那是装配厂最大的供应商。如果装配厂关闭，肯定会导致数百人失业。

“你知道这么做会毁了这里，”保罗对着电话吼道，“你在这里拥有最优秀的工人，这个城市对你忠心耿耿。为什么你不关闭大城市的工厂，这样还不至于造成太致命的影响。”

然而，即使保罗脱口而出了这些话——与他平易近人的个性大相径庭，他的愤怒中也交织着一股别样的情感——自信。他肯定可以改变首席执行官的决定。这不难，他如此相信。如果人们不想购买简斯维尔生产的高油耗 SUV，通用汽车可以让工厂生产另一种更受欢迎的小型汽车。

这位议员开始喋喋不休地报出通用汽车的其他车型。“给我们科沃兹，”保罗告诉里克，“或者给我们小型卡车。”

挂了电话，保罗给他的国会幕僚长打电话——对方和他一样，也是简斯维尔人。今天早晨的第一件事，保罗告诉对方，必须打电话协调一份针对此事的回应。

保罗一夜未睡。他睁眼躺着，考虑通用汽车的在册职工人数，考虑将因此造成的经济打击。他想起与自己一起长大，在工厂工作的人，或者他们在工厂工作的父母。沉重一击。

尽管如此，他依然深信只要汇聚一切力量——无论是共和党还是民主党，整个城市的人一起为未来奋斗——肯定可以推翻通用汽车的决定。

因为从没有工厂在这里关门，保罗告诉自己。这里是简斯维尔！

“突发新闻！”广播电台 WCLO（1230 AM）的播报中带着一股肾上腺素的亢奋。时间还不到清晨 5 点 30 分，简斯维尔的资深记者、午间广播节目主持人斯坦·米拉姆一夜没睡。昨天，斯坦察觉谣言越来越诡异，感到通用汽车在特拉华州召开年度股东大会后，一定会发生什么大事。如果彻夜不眠能够换来他职业生涯中最重大的爆炸新闻，他绝不会合上双眼。时间分分秒秒过去，他在乱糟糟的书房中紧盯电脑屏幕，先是小道消息，但很快传来正式报道，通用汽车将关闭北美的四家工厂，简斯维尔的工厂是其中之一。他喊醒通用汽车公共关系部门的一位员工，对方推诿会很快召开新闻发布会。但是，斯坦才不会干等。他急忙赶到电台，风一般掠过值班主管身边，冲入控制室，对着控制人员吼道：“给我麦克风。”

装配厂的早班从清晨 5 点 48 分开始，当时新闻已经公布。但时间太早，几乎没人听广播，因此通用汽车工人陆续进入厂房时还不知道这个消息。对杰拉德·惠蒂克而言，这只是个平常的早晨。

到今天，杰拉德已经在通用汽车工作了 13 年零 6 天。他一直是生产线上的工人，先是生产中型载重卡车，后来是 SUV。事实上，无论他在生产线的哪个岗位，这份工作都让他感到无聊透顶。

但是，没有其他工作的薪水能比得上这里的时薪 28 美元，大多数时候——SUV 产量下滑前，他每周还有 10 小时加班。他的父亲、岳父都痛恨在工厂度过的 30 余年生活，直到开始领通用汽车丰厚的养老金。因此，当杰拉德步入中年时，他盘算着如果父辈可以，他也可以熬过来。至少下班后，他可以和塔米、三个孩子一起吃晚餐。家人就是一切。

杰拉德打卡上班。他走向自己的岗位，位于装配线最后阶段加注燃料的程序。此时，奇怪的事发生了。他接到一张传单，其他上早班的 1250 名工人也接到同一份通知。传单上写着，装配线将在清晨 6 点 30 分暂停，所有人去工厂二楼集合。因此，往即将完成制造的 SUV 中注入汽油、传动液约一个半小时后，杰拉德停下手中的活。他和大批工人一起走上楼梯。二楼有一片开放区域——这里原先是载重卡车驾驶室的装配线——底特律来的高层比尔·博格斯已经站在讲台上，身边还有数位 UAW 地方 95 分会的领导人，一众人表情惨淡。

博格斯的发言简洁、扼要。消息立刻传开了。简斯维尔装配厂将在 2010 年停产，距今还有两年时间。通用汽车不会让简斯维尔生产其他汽车。

仅此而已。博格斯没有接受提问。

杰拉德身边的几个人哭了，多数人则陷入沉默。人们相继回到楼下，装配线再次启动。

当杰拉德将汽油注入 SUV 时，他十分惊讶自己对这个消息的反应。他身边的一些人已经开始担心，而他却舒了一口气。装配厂的流水线工作向来不适合他。还有两年，装配厂就会停产。作为通用汽车工人，失业津贴加上工会的裁员补偿差不多接近他原来的薪水。这些钱会帮助他的一家渡过难关，他想，直到找到一份自己真正喜欢的工作。他清楚自己多么讨厌这份工作，也清楚失去它可以得到的补偿。

还有三天。今天是周二，到周四时，德里·瓦拉特在派克高中教社会课就满两年了。她在换上班的衣服，身边的床铺还来不及整理。罗布——派克高中的科学老师——正敞着浴室的门刮胡子。他的怀中抱着刚九个月的埃弗里，孩子正吸着奶嘴。卧室的电视开着，正播放美国国家广播公司（NBC）在麦迪逊的地方频道的节目。突然，电视台称将发布一项关于通用汽车的重要声明。

“该死。哦，该死。”德里说。

她知道这意味什么，肯定和裁员有关。

德里在简斯维尔以北一个半小时车程处的阿特金森堡长大，父亲是喜跃猫粮公司（Friskies）的经理。七年级时，她父亲的脊椎感染病毒，导致腰部以下瘫痪，几年后被迫退休。青少年时期经历父亲患病，使德里对人们所受的伤害十分敏感。

因此就像一种条件反射，她在想谁会在通用汽车的新闻中受伤害。她想起罗布的好朋友布拉德——装配厂的一位工程师。布拉德是埃弗里的教父，也有两个年幼的女儿。德里琢磨他该怎么办。从担心布拉德起，德里意识到一个更大的问题。她和罗布开始回忆究竟有多少人在装配厂工作。3000 人，他们想。这些人该怎么办呢？

德里想继续看报道，但还是关了电视。她要送埃弗里去托儿所，而罗布今天要早到学校。当德里到达派克高中时，老师们正相互打听是否看了新闻。德里决定，今天不在社会课上和学生们讨论工厂关门的事。现在掌握的信息还太少。

但是德里知道，简斯维尔的生活即将发生改变。她或许是理想主义者，但有务实的一面。如果城里有人需要帮助，她一定会到他们身边。她只是需要观察，弄明白该怎么做。

鲍勃·博勒曼正沿着 39 号州际公路向南返回简斯维尔，一艘小型赛艇固定在他驾驶的 GMC 索诺玛的车顶。他原本打算在卡米洛特湖度过一个轻松的下午，划着赛艇掠过平静的水面，或者找一个可以抛锚的地方，仰面漂浮在湖上昏昏欲睡地随波逐流。然而，就在他年假的第三天，罗克县就业中心的一位同事打来电话，告诉他通用公司将关闭简斯维尔装配厂。鲍勃是威斯康星州西南部劳动力发展委员会的负责人，属于就业中心的一部分。他最大的担忧莫过于通用汽车大裁员。他立刻意识到，假期已经结束。他有责任安抚人们长久以来的担心。现在可不是划小艇在一个名为卡米洛特[①]的湖上漂流的时候。

---

① 英国传说中亚瑟王的宫殿所在之地。——译者注

第2章 鲤鱼正在主街游泳

简斯维尔南部的罗克县就业中心，鲍勃·博勒曼把车停在宽敞的停车场，赶往拥挤的办公室，那里原先是一家凯马特超市。鲍勃在一家废弃超市中央的一间狭窄的办公室，负责调剂六个县的失业者，为他们介绍工作或协助他们找工作。他是美国各地数百个劳动力发展委员会其中一个分部的负责人，每个分部都像政府的一条管道——20世纪60年代以来，它们的地位在联邦法律中得到巩固——向需要工作的美国人提供补贴和专业知识。该委员会的宗旨是培训失业者和无法返回原先工作岗位的人。

通用汽车负责人宣判装配厂不幸的命运后，萦绕整座城市的焦虑一下落到鲍勃头上。鲍勃不是个容易慌张的人，经历十几年工厂关门的谣言、假警报后，他琢磨着，谁知道关门是不是真的。即使是，通用汽车的工人还有两年时间，足够做好应对准备。这么一想，多少让人松了口气，但他还是要分秒必争，如果支撑罗克县经济重头的数千份工作消失，这场灾难将是他从未面临的挑战。

鲍勃担任就业中心负责人已经有五个年头。25 年前，他曾是黑鹰技术学院的一名管理人员。这是一家两年制学院，提供城里绝大多数就业培训。他年轻时个性温和，不引人注目，直到学院院长留意到他身上的创新力，将他提拔为副院长，让他发出自己的声音。随着时间的推移，他更能直言不讳地表达自己的见解。即使现在年过六旬，精心修剪的胡子早已斑白，鲍勃有时仍会想，年轻时就认识他的人们可能无法想象他的巨大改变。

就算是自大，或者无论你认为这是什么，鲍勃相信他有能力解决问题：他是房间里的成年人；拥有博士学位；能够协调项目运作，而且比其他人更出色。不仅如此，鲍勃尤其擅长一件事，这在工厂关门时非常关键——申请政府补贴。

鲍勃很早就厌烦了麦迪逊和华盛顿的官僚，后者负责监督找工作和下拨职业培训资金，而这些钱可谓地方机构的生命之源。鲍勃的假期被迫中断，赶回办公室后，他立刻按照政府指引，采取所谓标准的正确措施。第一步：根据美国劳工部指引，快速反应。但是，鲍勃很快产生了疑问。快速反应要求劳动力委员会提前察觉公司正酝酿大规模裁员，尽一切努力防止它成为现实。鲍勃认为，这个步骤明显存在缺陷，因为公司在裁员前不会提前透露消息，而且装配厂的人事主管也没兴趣和他讨论让公司继续运作的可能。快速反应的真正价值，在鲍勃看来，其实是第二步：设法减轻打击。他于是打算从此处着手。

至少，人事主管愿意向就业中心公开员工名册。此刻，鲍勃清楚他需要其他人和他一起缓冲打击，比如 UAW 地方 95 分会主席、政府官员等。他还希望借此机会挽回几位社工，就业中心现在不能失去任何员工。

鲍勃预见，就业中心会安抚失业的汽车工人，明确他们现在是工作的重中之重。他还预见，可以打开政府援助的闸口，补助愿意重返校园的失业工人。

但是，他没有预见到一场大雨。6 月 11 日，周三，通用汽车宣判经济浩劫的八天后，美国国家气象局预报周末会有一场自然灾害：自有记录以来，罗克县遭遇的最严重洪水。志愿者和服刑人员垒起超过 26 万个沙袋。县警长求助了威斯康星州国民警卫队。

威斯康星州和艾奥瓦州的降雨量超过 7 英寸，而且土地尚未消化冬天融化的大量雪水。大水漫过市中心的河堤，灌入莫尔－萨德勒住宅开发区，淹没漂亮的特拉克斯勒公园。它们吞噬邻县的农田，流入地势低洼的湖泊。沿着主街，河道两侧林立历史悠久的店面。河水漫过商店和办公室，令光滑的家具泥泞不堪，法律事务所的文件浸水，电灯的开关发霉。

这场大雨打破了历史纪录。距离简斯维尔最近的观测站记录，罗克县的水位峰值出现在一个周六，通用汽车发布通告两周零四天之后。河水水位高达 13.51 英尺[①]——超过洪水警戒水位 4.5 英尺，

① 1 英尺 =30.48 厘米。

超过了 1916 年创下的 13.05 英尺的历史纪录。这是一场百年一遇的洪水。该县的损失预计高达 4200 万美元。

洪水漫过农田，灌入市中心的办公大楼，导致人们数个月无法正常工作。“暂停营业，复业无期”——主街上，20 世纪 50 年代开门的一家理发店窗口上贴着通知。店主留下家中的电话号码，以备顾客不时之需。

就业中心所在的废弃凯马特超市位于一片高地，没有发生浸水。但洪水导致大量停工，也成了鲍勃的麻烦。这或许是一个世纪以来简斯维尔降下的最大暴雨，但与如何应对失去数千个工作岗位相比，后者更让他和这座工业县城不知所措。鲍勃暂时从人心惶惶的汽车工人处抽身，为遭洪水破坏的地区争取到一笔紧急拨款。联邦政府的拨款用于在就业中心成立一个小组，这个小组类似大萧条时期的公共事业振兴署[①]（Works Progress Administration），处理缓慢、不讨好的修复工作。

然而，单靠拨款无法让就业中心驾驭自然。罗克河水流太急，水位太高，令鱼群偏离了生活轨道。如今，鲤鱼正在主街上游泳。在这条街道北部的尽头，北罗克县联合之路浸水的停车场中，鲤鱼找到了新的产卵地。

---

① 公共事业振兴署简称 WPA（1935—1943 年），大萧条时期美国总统罗斯福实施新政时建立的政府机构，以解决当时大规模的失业问题，是新政时期以及美国历史上兴办救济和公共工程的政府机构中规模最大的一个。——译者注

县里的人们听说迷途鱼群的故事后，纷纷视其为一场奇迹，而不是灾难。洪水从街道退去的第一天，各地均受到不同程度的破坏，但简斯维尔的人们——包括一些游客——却聚在一起，拍照，嬉笑，为数百条黄色鲤鱼游过身边拍手欢呼。

第 3 章　克雷格

通用汽车选择简斯维尔不是一个偶然。第一次世界大战结束之际，当地一个精明且有创意的拖拉机制造商把公司介绍到了此地。一个世纪后，他显然为塑造简斯维尔人不屈不挠的奋斗精神贡献了一点力量——人们乐观地相信可以掌握自己的命运。

约瑟夫·艾伯特·克雷格出生在宾夕法尼亚州西部，年轻时搬到密尔沃基，在一家农具制造公司当销售员，直到加盟公司的竞争对手简斯维尔机械公司。简斯维尔机械公司生产耕犁、播种机、割草机，再销往中西部各地。1897 年，克雷格在 37 岁时当上总经理。10 年后，机械公司成为简斯维尔各大制造企业中规模最大、前景最被看好的公司，厂房横跨三个街区，从南河街一直到南富兰克林街。

1909 年，城里最早的汽车制造厂开始在老铁路商店附近的南珀尔街生产欧文·托马斯汽车。第二年，威斯康星州运输公司组建汽车制造部，短暂诞生了一款名为威斯康（Wisco）的产品。之后数年，芝加哥的莫尼托汽车厂使用老烟草仓库的厂房，生产了城里第一批拖拉机。

但是，克雷格对另一项新发明更感兴趣——汽油动力拖拉机。根据他的指示，简斯维尔机械公司开始生产这种车。公司发展一路高歌猛进。1918 年，第一次世界大战停战前数月，克雷格接到来自底特律的邀请，对方是通用汽车创始人兼主席威廉 · C. 杜兰特。过去十几年来，杜兰特靠兼并小型汽车公司一手打造了通用汽车。杜兰特急于累积不停增长的农具机械化市场资本——一年前，福特汽车公司刚成为首家能够规模化生产拖拉机的制造公司。不久前，杜兰特买下一家财务状况不佳的加利福尼亚公司萨姆森拖拉机。他知道克雷格是个精明的商人，因此 5 月在底特律时，他邀请克雷格出任萨姆森的经理。正是在此刻，克雷格施展妙计，从此改写了简斯维尔的命运。他首先拒绝了邀请。数小时会面结束前，他改变了游戏玩法：杜兰特同意买下简斯维尔机械公司，与萨姆森合并，在简斯维尔组建一家新工厂，制造通用汽车的萨姆森拖拉机。克雷格将出任新公司负责人。

1919 年，简斯维尔的工厂诞生了通用汽车的第一辆拖拉机。第二年，公司买下市中心以南沿岸约 54 英亩土地，修建了造价昂贵的厂房。投产第一年，拖拉机的日产量就从 10 台飙升至 150 台。克雷格说服市里的官员改善道路、学校、住宅设施，以适应工人不断增长的需求。杜兰特亲自给简斯维尔促进协会写下 10 万美元支票，捐给商会。“我的整个职业生涯中，从未见过一个中等规模城市拥有比这里更值得称赞的集体精神和更卓越的成就，”杜兰特在信中热情洋溢地写道，“我相信简斯维尔必将迎接光辉的未来。”

但是，农业不振和杜兰特过度扩张的财务政策，对通用汽车的拖拉机业务造成了沉重打击。1921 年秋，拖拉机停产。接着，就像之后数十年不断上演的凤凰涅槃故事，克雷格说服公司把年轻的工厂改造成汽车和卡车制造工厂，使这里成为雪佛兰装配厂和费雪车身公司分部。1923 年 2 月 14 日，第一辆雪佛兰汽车驶下简斯维尔的生产线。

九年后，工厂在大萧条最严峻的时期关门。第二年春天，芝加哥召开主题为“进步的世纪”世界博览会时，通用汽车选中 200 名被裁员的简斯维尔汽车工人，参与展示一条装配流水线。“科学的奇迹——工作的艺术”是这届世博会的口号。每天，简斯维尔的男人拿着 7 美元日薪，穿着全新制服，在可以容纳 1000 名参观者的通道两侧，全力以赴生产雪佛兰大师鹰（Master Eagle）四门轿车。“这是现代工业大戏中最精彩的画面之一，”通用汽车在博览会散发的小册子上写道，“没有比观看制造一辆汽车更吸引人的事了。”

1933 年 12 月 5 日，简斯维尔工厂重开。时任威斯康星州州长艾伯特·施奈德曼现场购买了从恢复生产的装配线上驶下的第一辆卡车。

简斯维尔在美国劳工史上最重要的时刻曾扮演不可忽略的角色，生动展现了它在逆境中的冷静与温和天性：1936—1937 年的通用汽车工人静坐罢工。这是一种全新的罢工形式，工人不需要像往常一样走出工厂。工会成员发现不用离开工厂就能阻挠生产，并拒绝让步。通用汽车的静坐罢工后来成为采用新式罢工手段抗争的最著名案例，5 个联邦州的 7 家工厂响应罢工，最后达成首份全国性合同，使 UAW 成为通用汽车工人的工会代表。

在密歇根州的弗林特，罢工持续了 44 天。1 月的一个晚上还爆发了一场骚乱，保安和警察向给罢工者送晚餐的女人们发射催泪弹，还出手打人，开枪。作为报复，工人从工厂的窗户向警察投掷消防软管和汽车的金属铰链。

然而，简斯维尔的静坐罢工仅持续了 9 小时 15 分钟。当时，简斯维尔的城市管理是聘请专业人员负责市政运作，提倡“进步时代改革”理念。当时的管理者是相当老练的亨利·特拉克斯勒。1 月 5 日，静坐罢工刚开始数小时，特拉克斯勒就在办公室召见工厂的工会领袖，提出一项建议：工厂经理必须保证在美国范围的罢工平息前，简斯维尔不会生产任何汽车；作为交换，工人必须离开工厂。那天晚上 9 点，在警察局局长和主要负责人的陪同下，特拉克斯勒和工会领袖一起返回工厂，向 2700 名罢工工人表述了以上想法，工人们一致鼓掌通过。晚上 10 点 15 分，罢工工人走出工厂大门。“喜气洋洋，吵吵闹闹，欢呼着聚在一起，”据其中一人后来回忆，“穿过城里的商业区，直至深夜。”接下来五个星期，随着弗林特爆发骚乱，美国劳工部部长弗朗西斯·珀金斯亲自参与了全国性协议的谈判。一个小型委员会——由一名警长、两名商人和一名城市管理者组成——视察了简斯维尔安静的工厂，向当地 UAW 领袖报告没有发现生产汽车的迹象。

第二次世界大战期间，美国宣布参战数周后，因为政府禁止制造厂生产民用汽车和卡车，简斯维尔的工厂再次关闭。但过了不到 8 个月，工厂就重新运作。这次，工厂涌进了女人和上了年纪的男人，一起生产枪支弹药。他们的口号是“持续开火”，后来还制造榴弹炮的炮弹。战争部授予工厂“陆军－海军生产奖”，表彰“生产战争物资的杰出成就”，还给工厂每个老人、女人发了一枚胸针，作为“引领胜利的象征”。1945 年，恢复和平时期生产后，数百名简斯维尔居民聚在一起庆祝第一辆卡车驶下装配线。

几十年来，认可简斯维尔通用汽车工厂品质的不止战争部。工厂和其生产的汽车还曾赢得 J. D. 鲍尔联合公司的高度评价。工厂经理会为每位员工订购带有奖章袖套的夹克衫。1967 年，通用汽车让简斯维尔生产了该公司第一亿辆汽车——在通用汽车主席的见证下，诞生了一辆蓝色雪佛兰卡普里斯（Caprice）双门金属顶盖汽车。那天的开放日吸引了三万人。有时，人们在订购通用汽车时会特别注明希望是在简斯维尔制造的。

装配厂也经历过恐慌。1986 年，通用汽车转移了简斯维尔整条敞篷载货卡车生产线——当时工厂仅有的两条生产线之一。一夜之间，1800 个工作岗位被迁至印第安纳州的韦恩堡。工人只有两条路，要么搬家，要么失业，自己选择。超过 1200 名工人选择搬家。然而，通用汽车在数月后宣布，将在简斯维尔启动中型载重卡车生产线。工厂再次开始招人。工人们新签署了工会合同——每周工作四天，每天工作 10 小时，周五可能还有 10 小时加班，工作充实，回报丰厚。

通用汽车在 2008 年对简斯维尔的生产线宣判死刑前，工厂里早就流传关门的谣言，时间之久，已经成了简斯维尔生活的熟悉背景——虽然让人不安，但消息传得太频繁，乃至人们不愿相信这天会真的到来。就在三年前，通用汽车——其市场份额不停萎缩，财务状况日益混乱——宣布，为节省成本将减少三万个工作岗位。简斯维尔作为公司运行最悠久的工厂，处境岌岌可危，等待通用汽车做出裁员决定的数个月格外痛苦。但是，2005 年感恩节，里克·瓦格纳——正是不久前宣布工厂关门的那个人——最后透露，北美地区会关闭数家工厂或相应减小生产规模，但简斯维尔不在其内。

那天，《简斯维尔公报》的头版刊登了一条通栏大标题——《呦！》。

第 4 章　退休派对

马弗·沃帕特交友甚广。7 月第一个周六的下午，超过 200 人聚在施尔伯格公园的一间凉亭。沃帕特的家人租下这里，庆祝每一位通用汽车工人一生翘首期盼的重大仪式。

不久前，马弗从公司退休了。

到退休那天，马弗在装配厂已工作了 40 年零 4 个月。61 岁的他身材结实，一头银发。他在工会服务多年，如果工厂关门的结果无法挽回，工会也将不复存在。如今，他可以申领丰厚的退休金，这几乎就像通用汽车员工与生俱来的权利。不仅如此，作为忠心耿耿的工会人和公司员工，他获益良多。

年轻时，马弗曾沉迷酒精，好不容易才戒酒成功。其间，通用汽车对他不离不弃。公司给予他康复空间，随后又给他机会帮助他人。马弗的 40 年职业生涯中，有 25 年是 UAW 一员，还是工厂员工帮助计划的代表。他帮助人们摆脱上瘾问题，共同面对他们生活中出现的各种困境。这使他成为公司的一股中坚力量。而且，三个月前，他刚入选罗克县县议会。

马弗是哈雷摩托迷。他相当感性，容易流泪。这天下午，他欣慰地看着这么多人赶来公园的红顶凉亭。公园距他位于米尔顿的家很近，就在简斯维尔北边。他感到一阵不舍，知道自己已经站在十字路口的安全地带，而简斯维尔其他人的未来还不知会怎样。

就像县里的其他同龄人，马弗曾是个农场孩子。他出生在威斯康星州埃尔罗伊的一个奶牛场，从罗亚尔高中毕业两周后加入海军，拒绝了大学提供的奖学金——他曾因出色的拦截抢球能力，在橄榄球地区赛中斩获最有价值球员的荣誉。毕业典礼后，入伍前，他迎娶了球队的啦啦队女友。当时越南战事正酣，但他幸运地被分配到得克萨斯州的一个空军机场，驾驶消防车。1968 年，21 岁的马弗来到简斯维尔时，本打算加入当地的消防队，但他的一位亲戚——通用汽车员工——竭力推荐他递交简历。那时，迁往简斯维尔的年轻人通常来自北部农场或小城镇，因为这里可以找到好工作。而通用汽车也乐于聘用像马弗一样身材高大、强壮的农村小伙子。他从没在其他公司就职过。

这个下午，他的朋友们津津有味地咀嚼香肠和烧烤时，马弗发表了一场小型演说。马弗表示，他是个受祝福的人，能够在工厂工作一辈子。关于最难忘的记忆，他说——是和大家共事并帮助他人。他没有提工厂关门的事，小心回避着这个近在眼前的事实，尽管下午的气氛多少受此影响，但他从没想过自己的退休派对会撞上这种时候。马弗心中涌起的不舍渐渐转化为一种愧疚。事实上，马弗已经开始领退休金，而他的两个孩子还在装配厂工作——此刻就和他一起站在凉亭中，他们即将面临失业。

谁会预见到这样的结果？仅仅五个月前，2 月一个明亮的早晨，马弗曾听伊利诺伊州一个名叫巴拉克·奥巴马的参议员谈论他的白宫梦。那天抵达工厂时，他对国家的经济充满信心，相信简斯维尔的未来肯定像它的过去一样。

像往常一样，马弗在凌晨 2 点 30 分结束中班工作。他只睡了四小时，又返回工厂。当他靠近南大门时，一条炸弹嗅探犬正在附近徘徊，特勤局人员挥舞着金属探测器。但工厂保安认识马弗，挥挥手就让他进门了。

简斯维尔是一座小城市。但是，亚伯拉罕·林肯在 1859 年竞选期间造访此地后，后来的总统、总统候选人以及候任总统都会在此停留。奥巴马竞选期间，团队安排他在装配厂发表一篇重要的经济讲话。愿意出席演讲的中班工人需要经过挑选——就像其他班次的工人——主要依据各人资历。马弗则直接收到工会的电话，询问他是否愿意参加。他当然不会拒绝。马弗是民主党人，而且认为奥巴马相当关心工人阶级。

马弗进入工厂时，总统候选人已经抵达一楼会议室，那里挤满了通用汽车经理、UAW 地方 95 分会官员。纯粹是运气，当身穿炭黑色西服、雪白衬衣，系红色印花领带的奥巴马走出会议室时，马弗正好独自一人站在大厅靠近入口的地方。奥巴马直接走到他身边，两人开始交谈。

“你在这里工作多久了？”候选人问马弗。

身穿UAW图案连帽衫的马弗告诉对方，已经快40年。参议员又问起他的工作内容，马弗解释，他是员工帮助计划的代表，还从帽衫前面的口袋掏出一张皱巴巴的纸，那是《简斯维尔公报》最近刊登的一篇文章，将马弗列为改变简斯维尔的50人之一。奥巴马借了支笔，在报纸上签了名，才匆匆登上前往二楼的楼梯。

候选人站上讲台，开始演讲。威斯康星州州长、民主党人吉姆·多伊尔坐在第一排，身边是UAW地方95分会领导人和通用汽车高层，以及在折叠椅落座的近600名工人。讲台上竖着一块展示板，上面是和大门前一样的简斯维尔装配厂标志，还有那行字：“同心协力”。

在简斯维尔，奥巴马打算谈论的话题是工作。国家已经连续两个月陷入糟糕的经济衰退，汽车工人害怕了。就在一天前，通用汽车宣布2007年的损失高达390亿美元，创下公司的历史之最。此外，公司还提出买断7.4万名工人的工龄。此刻，坐在折叠椅上的许多人正考虑是否接受这项提议。几个月前，马弗就决定退休。他认为，汽车产业正不停萎缩，应该把机会让给更年轻的人们。

尽管经济和汽车产业的整体状况不佳，奥巴马却势头正劲——他刚赢下七个州的初选，还即将拿下威斯康星州，保持获胜态势。

“维持长期繁荣并不是件容易的事，”奥巴马说，“但是，经历好光景、坏光景，艰巨的挑战、巨大的转变，简斯维尔人的希望就是所有美国人的希望——我们国家繁荣昌盛的波涛能够而且必须托起汪洋中的每一艘小船。作为一个整体，我们一起上升，一起下沉。只有我们国家的中产阶级不断壮大，尽可能让所有人拥有机会，才能造就最强大的国家经济。”

接着，奥巴马放慢节奏。他抛出今天的主题，“实现梦想，恢复繁荣”。马弗毫不怀疑总统候选人的话：“我相信，如果有政府支持，提供过渡时期所需的帮助，这家工厂还会继续存在 100 年。”

州长、工会领袖、通用汽车高层，数百名包围他们的工人开始鼓掌，掌声震耳欲聋，淹没了参议员充满希望的讲话。鼓掌时，州长、工会领袖、公司高层和工人们，包括在工厂工作了 40 年即将退休的马弗，纷纷不由自主地站起身来。

工厂宣布关门的那天清晨，马弗被一位朋友的电话叫醒，得知了这个消息。挂掉电话，马弗立刻给在通用汽车工作的儿子马特和女儿贾尼丝打电话。他不希望儿女从别人口中得知这个消息。毕竟，他在两人成长时一再告诉他们，装配厂是最好的选择，工作稳定，工资优渥。即使如今出现令人担忧的状况，马弗在给孩子们打电话时仍不忘传递他的信念，公司只说会关闭简斯维尔的工厂，没有理由认为工厂不会被分配一条全新的生产线。即使工厂真的关门，他认为也只是暂时的，它肯定会重开。它总是会重开。

现在，站在施尔伯格公园的凉亭，马弗希望一切都会好起来。因此，他没有大声说出内心涌出的念头：马特和贾尼丝或许不会有机会在工厂工作到退休。

第 5 章　8 月的转变

工作结束后，马弗 · 沃帕特的儿子马特走向自己的衣柜，打开，取出一个特大双肩背包。他是个生性谨慎的男人，喜欢事前规划，早就计划好今天要带一个大容量背包。距公司宣布工厂关闭已经过去两个月零 5 天。对一些人而言，今天是个幸运的日子——2008 年 8 月 8 日：世界各地的新郎、新娘结婚，这是他们一辈子的纪念日；在北京，奥林匹克运动会盛大开幕。而在马特眼中，这个日子完全和幸运无关，令他产生一种超现实的感觉。这天，是马特在装备厂工作的最后一天。几分钟后，他会走向停车场，而他的衣柜必须在此之前清空。

今年 37 岁的马特记得，他从小就想成为一名汽车工人。马特年幼时，父亲在生产线工作。当他跨入青少年时期，父亲开始了长达 25 年员工帮助计划代表的生涯。这意味马特大部分生命中，他的父亲都在和酒鬼或陷入其他麻烦的人打交道，倾听他们的秘密、心事。因此，马特从小就清楚，通用汽车是个好地方，薪水优渥，福利完善，工作稳定，以及——如果你需要——还有一双愿意倾听的耳朵。1986 年，马特高中三年级时工厂大规模招聘，但他当时只有 16 岁——差两岁才达到应聘标准，这令他万分沮丧。他跨入 18 岁那年，工厂没有招聘。因此，他尝试了罗克大学的通识教育，威斯康星大学在罗克县的两年制学院。他没有找到感兴趣的专业，因此在一年后退学，成为全速前进（Fast Forward）的一名经理。这是一家滚轴溜冰场，他高中时打工地方的老板刚在麦迪逊开了新场地。四年后，通用汽车依旧没有招聘，他接受了李尔座椅公司（Lear Seating）的工作，这家简斯维尔的工厂专为通用汽车生产座椅。

即使通用汽车招聘，被录取也不容易，最重要的是人脉。应聘者需要一位推荐人，每位通用汽车员工只能推荐一个人，可以是亲戚或朋友。马特得到了父亲的推荐，虽然他的姐妹也很需要。随后，工厂再进行聘用抽签。1995 年 5 月 17 日，马特终于进入通用汽车，他立刻在这里找到了归属感。

马特身高一米八二，只比父亲矮一点。马弗体型宽阔，朝气蓬勃，马特却身形纤长，含蓄内敛。他是个有责任心的男人。进入通用汽车四个月后，他迎娶了达西。随后，两人领养了小女儿布里塔妮。他们还有两个女儿，布鲁克和布里亚。他的生活舒适、充实，很欣慰通用汽车的工资让他们一家过上宽裕的生活。

对工人而言，签约日至关重要，每个人都不会忘记这个日期。

每年的这天到来时，如果工厂有内部需求，它将影响晋升，还会决定工人的退休时间。今年夏天，它被赋予了另一个残酷意义。公司决定取消一个班次，而签约日将决定哪些人先失业，尽管工厂还没关门。马特的签约日——1995 年 5 月 17 日——正卡在交叉点上。如果他早几天获聘，现在就不用担心失业的事。当然，如果他晚几天获聘，现在可能已经失业。卡在交叉点上，使他能够以时薪 28 美元多工作两周。仅这一点，就让他心怀感激。

但是，马特很讲究生活节奏，这两周的作息颠覆了他的习惯。他一直上中班，但现在中班已被取消。因此，在来之不易的两周过渡期，他天没亮就起床上班——负责金属领圈的质量控制，SUV 100 个重要部件之一——这是工厂的早班，也是仅剩的一个班次。

由于这两周的工作都是早班，马特在下午 3 点左右就下班了。他打开衣柜，把很久之前休息时读的谋杀推理小说、过期的《猎犬》（*Gun Dog*）杂志装进大号背包。马特最后一次把工卡插进打卡机——13 年 3 个月零 22 天后——沿着熟悉的路离开工厂，走进对他习惯的下班时间而言有些离奇的日光中，一个气温 26.6 摄氏度的好天气。

如今，马特成了讲究生活节奏却无所事事的男人。他愿意听取马弗的建议，相信父亲在工厂累积的 40 年经验。他的父亲已经安全，开始领退休金，几周前刚举办热闹的退休派对，马特认为他的讲话充满希望，让人平静。马特不爱打赌，可他还是愿意赌上一把相信，工厂恢复全面生产只是早晚的事。

杰拉德·惠蒂克的双胞胎女儿阿莉莎和凯泽雅相信，两人在设法弄清某些事时会有心灵感应。她们是一对异卵双胞胎，阿莉莎一头金发，身高一米六八，比凯泽雅高 10 厘米。凯泽雅总是想，如果她早出生 5 分钟，身高肯定能超过阿莉莎。虽然她们不是同卵双胞胎，但没有影响双胞胎的心灵感应。现在，这种能力比任何时候都更实用，因为升入八年级前的这个夏天，她们从没遇见过像这样突然出现的谜题：忽然之间——虽然她们在慵懒的 8 月比平时更晚一些起床——父亲竟然开始回家吃早餐了。

她们大部分生命中，包括最近几年，父亲杰拉德在她们起床前就会出门。上个月，她们在厨房尽头的桌子上发现他的身影时，两人就讨论过一番。但她们记起工厂每年夏天都会停工两周，因此认为这不是大事。但如今，新学期即将开学，再过一周就是美国的劳动节（9 月的第一个星期一），父亲还在家中吃早餐。两人坐在地下室房间的床上，讨论目前的状况。阿莉莎的床上铺着一张 20 世纪 70 年代流行的复古绿、蓝色加紫色的床单，凯泽雅的床单则是灰色和橘色，中间绘着冲浪板图案。她们口中不停蹦出一些从父母谈话中听来的词，这对夫妻在谈话时本以为阿莉莎、凯泽雅和她们的弟弟诺厄不会留心。

有些词，比如买断、补充收入（指工会的补充失业救济金），她们完全听不懂。但有一个词，她们明白——搬家。这让她们感到害怕，她们绝不允许发生这种事。她们四年级时，父母带着三个孩子从富特维尔搬来简斯维尔。那是一个小村子，距离简斯维尔仅9英里，但足以让双胞胎转学，被迫适应新环境。搬家的唯一目的是让姐妹俩在简斯维尔上学。两人一向成绩优异，但富特维尔的学校没有AP课程①，母亲塔米则希望女儿们在高中时可以学习相关课程。她们的母亲总是这样，非常关注两人的学习。她总想证明当年医生判断错误。双胞胎早产了六周，医生曾告诉她婴儿太小，可能会出现学习障碍。事实并非如此，但医生的“预言”总让这位母亲在女儿取得成就时感到格外满足。

阿莉莎和凯泽雅在床上进行了一番心灵感应式的交流后得出结论，如果要询问父母发生了什么事，最好别问父亲。因为问题一定很敏感，如果他希望女儿知道，应该早就告诉她们了。因此，她们决定问母亲一些看似漫不经心的小问题。“我们正想办法”，这是她们得到的答案，依旧没有头绪。

她们从新闻和一些朋友处才拼凑出真相，父亲一定度过了相当糟糕的签约日，因为他工作的那个班次被取消了。她们的推论没错。马特在1995年5月29日入职，推荐人是他的父亲。他从小就靠通用汽车提供的稳定收入在舒适的环境中长大，就像阿莉莎、凯泽雅以及她们的弟弟——直到今年夏天为止。

解开父亲在家中吃早餐的谜团后，阿莉莎和凯泽雅更加担心会

① AP为Advanced Placement的缩写，美国大学的预修课程。美国高中生可以选修这些课程，参加AP考试，达到一定成绩后可以获得大学学分。——译者注

突然搬家，就像当初她们离开富特维尔。烦恼一大堆，阿莉莎意识到她最大的担忧是必须离开篮球队，而凯泽雅最担心失去她的朋友们。

当她们试图化解具体的困惑和担心时，发现最令她们好奇的是父亲的心情。她们记得，他一度有些沉默，但现在又重新讲起大家都喜欢的笑话。如果她们观察得更仔细一些，会发现母亲比以前更加焦虑了，几乎就要崩溃。但是，她们的父亲似乎喜欢多出来的睡眠时间，他喜欢在院子里干活，就好像是工作多年后应得的假期。

空气中洋溢着芬芳的香气，但8月的天气依旧闷热潮湿。早晨9点差几分，克里斯季·拜尔走进一栋低矮的砖石建筑。她在大厅迷宫般的走廊徘徊了一阵，终于找到2606房间。她在房间偏后的一张椅子坐下，发现四周的人看起来比她年轻许多。她尝试掩饰不知所措又激动的心情。

这是她在黑鹰技术学院上课的第一天。克里斯季今年35岁，体型矮壮，留一头利落的浅褐色短发。她正经历第二段婚姻，有个上大学年纪的儿子，如果他高中毕业后没有毅然加入威斯康星州国民警卫队。

这天早晨——8月的第四周，距克里斯季失去李尔工厂的工作还不到两个月。李尔工厂位于州际公路东边，自1990年起实行准时制（just-in-time）生产。所谓“准时制”，指公司制造的汽车座椅会被直接运往通用汽车的装配厂，三个小时后就会被组装到汽车上。通用汽车取消中班的同一天，她在李尔工厂的班次也被取消。

现在，黑鹰技术学院的秋季学期开学，只有寥寥几位失业工人选择重返校园，大部分是像她一样的李尔工厂“难民”。虽然他们也属于 UAW 地方 95 分会——和通用汽车员工一样——但他们的合约却不包含失业后享受补充收入。这使他们失去了缓冲带，得仔细思考自己的将来。

克里斯季在李尔工厂的生产线工作了 13 年。公司如果有人听过她的名字，可能是因为她曾设计过一款便于工人工作的围裙。她的围裙拥有符合人体工程力学的口袋，被夹进机器时还可以迅速摆脱它。她把设计卖给一家当地公司——安全供应实验室（Lab Safety Supply），如果有人购买她的围裙，她可以得到一部分提成。李尔工厂关闭后，她决定接受安全供应实验室买断设计的提议。谁知道还有没有工人想买围裙？如果围裙曾激发克里斯季的创业精神，那它也只是灵光一现。

如今，除了迫在眉睫的问题——她已经失业，丈夫鲍勃也很快会失去李尔工厂的工作——更令她焦虑的是儿子加入国民警卫队的事，他的一些同僚最近开始被送往中东。她 16 岁时就生下乔希。活得太着急——她的母亲总开她的玩笑。克里斯季和母亲的关系格外亲近，她是整个家族中唯一的女孩，她有两个哥哥和四个堂兄弟。克里斯季得知在李尔工厂的班次被取消后，第一个电话就打给她的母亲：“我们碰上麻烦了。”

活得太着急，意味克里斯季不会在失业后坐在电视机前打发时间。政府提供了重返校园的奖学金，这是她此刻能够坐在校园的原因。她小心掩饰着紧张，开始学习“刑事司法制度”的第一课。

教室中间距她不远处，坐着一个比她略高的女人，一头棕发，有一双眼窝深陷的大眼睛。她显然也不是个孩子。巴布·沃恩也在李尔工厂的生产线工作——至今已 15 年，比克里斯季多两年。她们属于不同班次，就像工厂其他 800 名员工，没有交集。

巴布也很早当上母亲。她在白水（Whitewater）度过青春期，疯狂喝酒，在派对玩得很凶，高中二年级退学，18 岁怀孕。一段时间以来，她是独自抚养三个女儿，打两份工的单身母亲，直到被李尔工厂聘用。待遇和福利改善后，生活比原先轻松了一些，她在工厂遇见一个善良的男人，离过一次婚的迈克·沃恩。尽管生活在变好，高中辍学生的身份却像如影随形的耻辱令她无法释怀。认识迈克五年后，她才向丈夫坦白这件事。进入李尔工厂前，在李尔工厂工作期间，告诉迈克之前，告诉迈克之后，她都在尝试获得 GED[①] 文凭。但是，生活总被各种事打扰——年幼的孩子，繁重的工作。就像无法取得的 GED 文凭，她认为自己不可能再走出辍学的失败阴影。

李尔工厂关门的谣言即将成为现实后，巴布很快明白她该做什么。迈克还在李尔工厂工作，他是 UAW 地方 95 分会领袖，这令他暂时保住了工作。常年在李尔工厂工作令巴布患上右肩关节炎，手腕也出了问题。两次手术已经够她受的。她向自己保证，告别工

① GED 为 General Educational Development 的缩写，美国教育部针对各种原因未获高中毕业文凭的人提供获得高中毕业证的机会。

厂生活。

她在闲下来后报了一项课程，以取得威斯康星州高中同等学力文凭。她使出有生以来最努力的劲头学习，参加考试；学习更多知识，参加更多考试。事情进展太快，连她自己也吓了一跳。如今，47 岁的她终于——终于——获得了高中文凭。她的内心涌动一股陌生的成功喜悦，黑鹰技术学院似乎是接下来最合理的选择。

那天早晨，克里斯季和巴布还不知道她们各自怀揣着恐惧。作为入读黑鹰技术学院，最早一批尝到经济衰退苦果的失业工人，她们也不知道即将经历一场脱胎换骨的旅程。这会促使她们改变工厂习惯，抛弃用工厂定义自身的思考模式，打开全新的视野。

克里斯季和巴布的经历很难令人相信，她们会是简斯维尔失业工人中最早一批踏上全新道路，重新发现自我的先驱。尽管如此，她们现在就在这里，坐在教室听第一堂“刑事司法制度”课。她们的老师名叫凯文·珀赛尔，正解释教学大纲、出勤率和参考书等相关事宜。对克里斯季和巴布而言，一切都很陌生。这天早晨，她们还不知道课堂将激发她们内心勇往直前、并驱争先的精神，以及收获一位人生挚友。

第 6 章　文艺复兴中心

弥漫衰退气息的夏天临近尾声时，保罗·瑞安经常希望可以分身两地。9 月的第二个周五，简斯维尔的一个代表团会前往底特律，试图拯救装配厂。同一天，通用汽车的首席执行官会抵达国会山，试图拯救汽车工业。该去哪里呢？保罗思考，哪里对他更重要。

他清楚，通用汽车在这个夏天的日子非常艰难。年中销售骤降 20%，股价跌至近半个世纪以来的最低位。汽油价格高企，从简斯维尔的生产线上驶下的 SUV 更加无人问津。CEO（首席执行官）里克·瓦格纳——三个月前给保罗打电话，告诉他关闭工厂消息的人——将作为美国汽车制造商的唯一代表，出席参议院的能源高峰会议。但是，瓦格纳有一个更加急迫的目标：在为汽车行业争取援助前，他希望国会批准一项高达 250 亿美元的联邦贷款，帮助汽车制造商开发节能汽车。瓦格纳答应在华盛顿会见威斯康星州的国会代表，后者正盘算靠他让工厂重整旗鼓。没有人比保罗和瓦格纳走得更近。

时机非常糟糕。在华盛顿会见瓦格纳的日子撞上了底特律的工厂营救任务。营救方案会向通用汽车展示一系列有说服力的理由，并提供巨额补贴。保罗认为，这是体现众人团结一致的时刻。因此，国会代表没理由缺席，包括共和党人，即他自己。

岌岌可危的工作岗位就在保罗的选区，受波及的人是他的邻居们。就像家乡的每个家庭，他和工厂有着脱不开的联系。他是瑞安家族在简斯维尔的第五代，他的家族和城里另外两大家族被称为“爱尔兰黑手党”，在建筑行业占相当大的份额，因此瑞安家族的许多人赚了大钱。从他的祖父起，他们家族选择了法律。尽管如此，他的父亲在就读法学院期间，暑假曾在通用汽车的生产线打工，还在一次机器事故中失去一部分拇指，用赔偿金支付了他的学费和参考书费。

这个周五早晨，保罗离开国会山，搭上飞往底特律的航班。

飞机降落后，他会见了威斯康星州州长吉姆·多伊尔，以及一同前来的市民、工会和商业领袖。其中包括州长在夏天时精心挑选的两个人，由他们负责领导通用汽车保留工作小组（GM Retention Task Force），尽一切努力营救工厂。其中一人是 UAW 的领导，另一人是前民主党参议员蒂姆·卡伦。蒂姆和保罗一向相处融洽，毕竟这里是家乡简斯维尔，不是尔虞我诈的国会。他个性温和、谦逊，曾担任威斯康星州多数党领袖。之后，政治生涯为他赢得蓝十字 / 蓝盾公司（Blue Cross/Blue Shield）高管职位，他一做就是 20 年。不久前蒂姆退休，刚入选简斯维尔教育委员会。就像保罗，蒂姆的家族也和工厂有些渊源，一直可以追溯到他祖父成立简斯维尔机械公司的时代。他的父亲高中辍学后进入装配厂工作，在那里度过了一辈子。1962 年，蒂姆高中毕业时，通用汽车正招聘员工子女，因此他利用夏天在生产线打工的报酬支付了大学学费。和城里大部分人不同，蒂姆一直担心工厂未来的命运。1971 年在市议会供职期间，他曾组建一个咨询委员会，调查城市该如何确保经济发展前景。委员会公布核心建议——多样化时，正值工厂鼎盛时期，聘用员工超过 7100 人，因此很少有人赞同蒂姆，认真对待委员会的提议。蒂姆认为，简斯维尔在将来某天必定会为它的短视付出代价，尽管他从未预见自己退休后发挥“余光余热”的任务，是从可怕的经济衰退中拯救城市的未来。

这就是工厂营救小组的背景：共和党国会议员加上民主党州长，工会领袖加上企业负责人，还有联邦、州、县、地方官员。这是一支团结坚定的队伍，共同迈向底特律市中心那栋装饰巨大玻璃外墙的塔楼。它拥有一个闪耀希望的名字：文艺复兴中心（Renaissance Center）。

营救小组登上玻璃观光直梯，底特律河壮观的景象尽收眼底。电梯逐渐接近 39 层——通用汽车总部所在地。他们来到大理石装饰的接待处，不远处就是公司高层办公室，随后被引进一间会议室。特洛伊 · 克拉克正恭候他们到来。他长相英俊，留着精心修剪的棕色小胡子，念大学时以带薪实习生身份加入通用汽车，在其旗下庞蒂克品牌工作。他从未在其他公司谋职，历经 34 年后，升任通用汽车北美区总裁。

会议室里，营救小组成员相继发表讲话——逐渐拼凑出他们的整体战略——强调通用汽车为什么应该继续在简斯维尔生产。保罗与克拉克很熟，两人几乎每周都会交流。这次，他的任务是提醒克拉克，他会在国会山为通用汽车关心的退休金成本问题出力。蒂姆的任务是罗列有说服力的事实，如果在简斯维尔生产 SUV，每辆车的成本会低于得克萨斯州阿灵顿工厂生产的同型号产品。那是一家较新落成的工厂，不在关闭名单之列。

最后，州长总结：威斯康星州将致力维护与通用汽车的关系。为了表达诚意，州政府、罗克县、简斯维尔市以及当地商业团体正讨论一套金额庞大的经济激励措施，挽留通用汽车。会议室里的每个人都知道，为了应对经济衰退，通用汽车打算生产一款超小型平价汽车。州长表示，威斯康星州会凸显其价值，争取公司信任，在历史最悠久的工厂生产最新款汽车。

文艺复兴中心的会议室里，没有人提及通用汽车的首席执行官此时正在华盛顿展开一项平行营救任务。保罗知道，他和克拉克关系的牢靠程度，与后者如何决定简斯维尔的命运息息相关，也包括克拉克自己的未来——通用汽车的未来，毕竟这位总裁在公司奋斗了一辈子。而如今公司的命运风雨飘摇，取决于未来数月华盛顿将如何对待美国汽车制造商。

至少现在，克拉克还大权在握。他恭敬地聆听发言，表示会仔细考虑威斯康星州提出的经济激励措施。他没说关闭工厂是通用汽车的最后决定。对营救小组而言，这就是好消息。

蒂姆搭乘州长的私人直升机返回麦迪逊，保罗搭乘航班返回密尔沃基。就像每个周五，他跨上平时停在机场的雪佛兰萨博班，沿着 70 公里熟悉的路途回家。他认为营救小组已经使出浑身解数。他们尽力了。可接下来会发什么，保罗完全没有头绪。

第 7 章　妈妈，你会怎么办呢

另一只靴子落下，就像之前那只一样出人意料。10 月的第二个周一，底特律的高管再次来到装配厂，暂时幸运保住工作的工人在早班开始 18 分钟后接到通知，出席另一个会议。通用汽车还没决定是否让简斯维尔生产超小型平价汽车，但做出了另一个决定。通用汽车的状况与四个月前相比更加糟糕。公司早前宣布会在 2010 年关闭简斯维尔工厂，如今看来这太乐观。现在，公司决定工厂在 10 周后就停产。孜孜不倦生产雪佛兰 85 年后，轰！一切消失。就在圣诞节前两天。

消息立刻传遍整座城市，也传到主街上的 M&I 银行，传进玛丽·威尔默耳中。玛丽是 M&I 银行地方行长——简斯维尔最大的银行。数个星期来，她都被不安情绪笼罩，身处她的位置，坏消息接踵而来。四周前的周一，她眼看着传奇的投资银行雷曼兄弟倒闭，创下美国历史上最大的破产纪录。一周前的周一，股市崩盘。

到周五时，道琼斯工业平均指数暴跌 18%，创单周最大下跌幅度。周六，在华盛顿——距离白宫仅几个街区——召开的一次会议上，IMF（国际货币基金组织）总裁警告，欧洲和美国脆弱的经济“正把全球经济体系推向崩溃边缘”。

玛丽几乎认识简斯维尔的所有重要人士，而且知道在绝大多数非金融行业从业者眼中，这似乎是离他们非常遥远的危机。但今天，危机来到了他们的家乡。

玛丽熟悉这个地方，知道这波危机意味什么。她年近五旬，25 年前进入 M&I 工作。当时，她是城市南部一家分行的初级职员，就在装配厂附近。她的客户中有通用汽车员工，还有供应链上其他工厂的工人。她的哥哥一辈子都在工厂开铲车，直到几年前退休。她的嫂子至今还在工厂工作。

这次让人意外的裁员非常糟糕，但玛丽担心的不只是通用汽车员工。雷曼兄弟倒闭，华尔街受重创，M&I 的将来会怎样呢？她的银行——总部位于密尔沃基　不仅是简斯维尔的“老大哥”，还是威斯康星州最大的银行。但是，她也知道 M&I 的业务相对多元，与某些银行相比，相对安全。尽管如此，她最近还是在思考，在她的职权范围之内，有什么好方法可以规避 M&I 可能面临的风险。

她的大脑一整天都受到两股压力冲击——工厂和她的银行，晚上回家时已经筋疲力尽，而她的丈夫——M&I 的抵押贷款经理，和她的两个孩子正精力充沛。她站在厨房注视整个家。15 岁的女儿切尔西正和一群朋友在一起。玛丽已经习惯孩子邀请朋友来家中做客，享受舒适的客厅和温暖的壁炉，但绝不是像现在这样。10个十来岁的孩子围成一圈坐在地上，一言不发。有些孩子在抽泣，而流泪的人中就有切尔西。

玛丽走进客厅打招呼，但很快发现没法轻易安慰孩子们。她认为目前最好的做法是退回厨房，给他们弄些吃的。

厨房装修得十分奢华，两个食品储藏柜、硬木地板、花岗岩台面，透过窗户还可以望见露台和后院游泳池。玛丽很少在人前提及，她的生活并非一直如此优越。她的父亲是南斯拉夫移民，梦想拥有一个威斯康星州的奶牛场。多年后，他梦想成真。因此，玛丽在白水乡下的一个小农场长大。她10岁时，父亲罹患癌症，四个月后去世。之后，她和母亲就生活在农场一小块土地上，穷得家徒四壁。一天，她们去超市，她的母亲从钱包翻出一种玛丽从没看过的折扣券。她问这是什么，得到的答案是——食品券。一阵尴尬和恐惧突然涌上她的心头，她永远不会忘记这个时刻。数年后，她凑够钱在威斯康星大学白水分校学习金融，下决心成为一名银行家，既可以拯救他人，又可以保护自己。毕业后，她的母亲在一次心脏病发作后去世。她还是按计划搬到简斯维尔，在一家房地产公司工作了三年，等待进入银行工作的机会。在升任地方行长的漫长岁月中，她成为简斯维尔的杰出市民——扶轮社社长、市民顾问委员会主席、联合之路主席、简斯维尔杰出女性。但是，玛丽心中有一个角落，始终无法忘记当初的恐惧，她和母亲可能会失去仅有的一切。

正是这个私密、恐惧的角落，令玛丽对切尔西的话感同身受。女儿啜泣着走进厨房告诉她，客厅里一半朋友家中至少有一个父母失业，包括她最好的朋友埃丽卡的父亲。

望向泪眼汪汪、敏感聪明的女儿，玛丽明白，切尔西肯定无法理解当年那个农场女孩的恐惧——如果没有食品券，就没有东西可吃。在切尔西眼中，她是银行家、杰出市民，人们信赖她，相信她能找到解决问题的方法。

“妈妈，”切尔西恳求她，“你会怎么办呢？”

第 8 章 “当一扇幸福之门关闭，一定会开启另一扇”

6 月的洪水已经退去，联邦政府通过国家紧急拨款把临时支票输送到修复基础设施的公共项目中。因此，就业中心的鲍勃·博勒曼再次把焦点集中到关注已久的人群身上——汽车工人。

鲍勃认为，即使州长和他的营救小组尽全力挽救通用公司，即使他们成功，工厂也不可能在一夜之间配备新产品的生产线。但是，两天后就是圣诞节，数以千计的工人正面临严峻的现实——他们的最后一个工作日。自 7 月工厂取消中班以来，已经有数千名工人失业。进入大衰退不足一年，新工作并非唾手可得。人们不知该怎么办，鲍勃感受到了他们的焦虑和漫无目的。

多年来，鲍勃一直为失业问题奔走。他很欣慰如今为此迈出了一大步：整合城里所有资源，为失业或即将失业的人制作一份指引。他的心中油然升起一股强烈的满足感。他和就业中心的工作人员联系了罗克县各大机构的负责人，把他们的机构编入指引目录，内容涉及就业培训、消费信贷、房屋、健康、教育、食品、反抑郁、反上瘾、反家庭暴力——超过 200 家机构愿意提供协助。

他的主意来自不久前出席的一个华盛顿会议。吃早餐时，他和另一位运营就业中心的女士聊天。那位女士负责的东海岸地区曾面临一波失业潮，促使她制作了一份援助指引。这种做法正合鲍勃的心意——稳健冷静、可行性高。当时，他为那位女士负责的地区感到难过，简斯维尔从没遭遇而且可能永远不会遭遇这种不幸。但是，他在心中记下了那次对话。

如今，简斯维尔的运气眼看就要用完，他记起了那位女士的做法。指引包括提供协助的机构名单，以及在失业后如何处理情绪问题。第八页的标题是“失业后可以做什么”，列出了 14 项要点，第一条就是抑郁情绪的关键“解毒剂”。“不要羞愧”，第一条写道，“被裁员不是你的错。”

指引收录了不少面对困境的名人名言。亚伯拉罕·林肯说过：“永远记住，成功的决心比任何事都重要。”海伦·凯勒说过：“当一扇幸福之门关闭，一定会开启另一扇。但我们总是太留心被关上的大门，忽视了为我们新开启的大门。”

秋天时，以失业工人为对象的指引编纂完成。鲍勃十分欣慰，它不仅实用、励志，而且秉承了简斯维尔政府应对逆境的优良传统。因为这种传统，才在 70 年前平息了本可能引发暴乱的静坐罢工，成功把工人罢工转化为一场夜间游行。

一如预期，整合援助机构名单产生了连锁效应。罗克县的联合之路——数月前，它的停车场曾沦为鲤鱼产卵地——以及其他机构负责人敦促鲍勃迈出更大的一步，成立一个联盟，共同应对裁员危机。

太棒了，鲍勃如此想，联盟可以协调提供帮助的组织，将它们的力量和效率最大化。在简斯维尔生活多年，鲍勃知道他还需要一个人，才能让联盟发挥不同凡响的作用。他脑海中的名字是莎伦·肯尼迪——黑鹰技术学院负责教学的副校长。他还需要城里各大学区、图书馆负责人的协助。他向新联盟的合作者发出邀请不久，身在华盛顿、麦迪逊的简斯维尔政客听说了这项计划，也请求参与其中——他们大多是民主党人，也包括保罗·瑞安的一名助理。该助理提议让密歇根大学的一个团队加入，该团队曾作为顾问，为中西部20多个遭遇失业潮的地区提供问题解决方案。

因此，12月10日下午，鲍勃现身“协作应对混乱局面组织”（Collaborative Organizations Responding to Dislocation，CORD）的首次会议，聆听来自安娜堡的拉里·莫尔纳的演讲。他的身份是密歇根大学地区经济调整计划研究员和经济重建专家。莫尔纳阐述了简斯维尔与他的项目合作的好处，包括如何申请超过600项援助经济困难地区的政府拨款，加上引荐联邦及州内负责拨款的相关人士。

听着他的演讲，鲍勃——一个现实主义者、实用派，年近六旬，不乏幽默感的男人——心中涌出一股希望之情。毋庸置疑，工厂会在13天后关门，通用汽车留下了一个烂摊子。但他相信，就业中心、安娜堡的顾问，以及由他汇总的各大援助机构，或许可以陪伴人们走出困境。

在鲍勃看来，过去 30 年甚至 40 年来，通用汽车优渥的报酬使人们产生了自满情绪，继而被束缚在生产线上。工人搭上了一辈子职业生涯，即使对自己的工作恨之入骨。随着 CORD 诞生，以及近在眼前的诸多拨款，鲍勃相信这场灾难或许会成为难得的机遇，帮助人们寻找适合自己的职业道路。当然，工人需要回到学校接受教育，但这是他的专长，他可以帮助人们一边学习，一边等待大衰退中隐现的就业机会。

鲍勃深信，就业中心和 CORD 一定可以帮助简斯维尔的失业工人找到自己潜在的梦想。

第 9 章 派克密室

德里 · 瓦拉特担心有些学生可能会经历一个古怪、悲伤的圣诞节。现在是 12 月中旬，距离她向派克高中校长提出运作“派克密室”（Parker Closet）的想法已经过去三个月。作为一名教社会课的老师，她原先没考虑过“密室”计划，但此时与她第一年进入派克高中相比，它似乎已不可避免。当时，她教的第一门课上，一个名叫萨拉的一年级女生经常迟到，而且日益消瘦。一天，萨拉告诉德里，她的母亲离家出走，留下她和弟弟，家中既没电，也没吃的。德里把萨拉的情况告诉她的指导顾问和其他几位老师，大家开始为萨拉筹集食物和衣服。德里由此想到，肯定还有其他学生需要帮助。

这项工作非德里莫属。她刚进入青春期时，她的父亲因感染病毒导致瘫痪。他当时 40 多岁，几年后被迫中止工作令他悔恨不已。她的家庭开始不堪重负，过去的悉心储蓄和残障人士社会保险渐渐无法应付日常开支。父亲生病时，美国的《残疾人法案》刚生效一年。因此，人行道、餐厅、办公室等场所，供残障人士使用的无障碍通道还很少见。德里记得在阿特金森堡，到处有人带着怪异的眼光打量他们，传播谣言："他得了艾滋病吗？"不，他只是非常不幸，感染了一种病毒。这段经历使德里明白，即使白人中产家庭，也可能遭遇不公。

从很早起，她就开始寻找需要帮助的人，以及能够帮助人的场合：帮助参加轮椅奥运会（Wheelchair Olympics）的高中朋友，在威斯康星大学白水分校就读时自愿清扫空地。一位教授曾形容她拥有20世纪60年代嬉皮士身上的激情，总想纠正生活中出错的地方。

毕业后，她致力打造绿色世界，幸运地被一家环境咨询公司录用，却在数月后失业。后来，大学时代的一位朋友告诉她可以在学校教书。德里很快意识到这是她的使命召唤，因此取得了历史和教育第二学位，从2006年秋起，在派克高中得到人生的第一份全职工作。德里总记得最喜欢的一个故事：一个聪明人留意到，海边一个年轻人正不停地把搁浅的海星抛回大海。海岸线无边无际，聪明人告诉年轻人，需要拯救的海星不计其数。年轻人一边把一只海星抛回大海，一边告诉聪明人："我至少改变了这只海星的命运。"

德里改善了萨拉的艰难处境，还观察到其他几个挨饿、身心俱疲的孩子。最近，她留意到曾经属于中产家庭的孩子们，他们的父母开始失业。今年开学时，德里的校长同意给她一间空闲的储藏室，就在她的社会课教室隔壁，房间号1151。"派克密室"梦想成真。这里成了 12 个孩子的避风港，他们的朋友和其他人都不知道，孩子可以在捐赠的乐柏美垃圾箱中翻找牙膏、二手牛仔裤和罐头汤。

随着圣诞节临近、工厂关门，德里知道“密室”孩子可能不会在家中收到礼物。于是，她开始组织特殊的捐赠活动——她称之为“大惊喜”。她询问一年级学生特伦特想要什么，他的答案令她大感意外：一张床垫。一张床垫？“家里的那张呢？”她问，试图掩饰语气中的惊讶。特伦特告诉她，家里的床垫太旧，弹簧不是突出一块就是松懈下垂。他年纪小时还没事，现在个子长高了，有些晚上疼得睡不着觉。她又问特伦特还想要什么，期待一个更像圣诞礼物的答案。男孩的回答说：“你可以为我的母亲找些什么吗？”

德里的头脑中不停出现派克高中一年级男生夜晚因为床垫太旧辗转难眠的画面。此时，她遇上了特伦特的双胞胎兄弟梅森。她告诉梅森，他的兄弟想要一张床垫做圣诞节礼物，他有什么想法。男孩回答：“我们真的需要新床垫。”德里想：“哦，上帝，我该去哪里弄这种东西？”但她真的找到了一家愿意捐赠两张床垫的商店，对方还愿意免费配送。她接着想，似乎还应该搜罗一些床上用品。

一天放学后，她从车里拖出一大堆东西——两个枕头，一条海军蓝被子，配套的床单和枕套——站在一栋整洁的蓝色平房前。她按响门铃，大门打开时，面前出现了一间游戏室。特伦特、梅森和他们的母亲谢里·谢里登就住在这里。虽然两人素未谋面，但谢里登给了德里一个大大的拥抱。她对德里充满感激之情，给她端茶倒水，好像德里不是在放学后执行任务的30岁老师，而是一位真正的客人。德里认为不便立刻离开，于是问起他们的生活。

这栋简陋的蓝色平房距离装配厂仅一英里。但是，谢里登太太不是通用汽车员工。她是一位高龄母亲，在46岁时生下双胞胎。从很早之前起——比她在怀孕时赶走孩子的父亲更早——她就独立运营一家日间托儿所。但最近，孩子们一个接一个离开，游戏室几乎空无一人。他们的父母都受到大衰退冲击，而且不仅是通用汽车员工。一位父亲是铺地毯的，另一位父亲是泥水匠，现在他们都没工作，整天赋闲在家，可以自己照料孩子。“他们不需要我照看孩子了。”她告诉德里，突然哭出了声。

一个想法跳进德里脑中。所有工厂关门的说法——她突然意识到——都忽略了一个重要部分。《简斯维尔公报》总在报道通用汽车工人将失业，其实还包括在货运场工作的人，他们不再需要为通用汽车装载汽车部件；经营小商店的人，客人不会在经济拮据时光顾他们的生意；建筑工人，他们没有房子可建；铺地毯的工人、泥水匠，没人再雇得起他们。所有曾辛勤工作的男人、女人如今都回到家中照料孩子，不再需要谢里登太太。这个女人一再拥抱她，向她道谢，感谢她送来床垫、床单和所有东西，还包括德里为她准备的一个钱包，里面塞了一张老鹰旅馆家庭餐厅的礼品券。餐厅离中央大道仅数个街区，即使托儿所生意受经济衰退影响，即使挣扎在生存边缘，人总要外出吃饭，至少偶尔光顾一下餐厅。

德里想告诉这位母亲她的想法。但是，她没有。因为她的想法太让人泄气，虽然她运营“密室”的时间不长，还是个新人，但她明白，最好任由对方发泄情绪——依靠她，说出他们心中的愤怒、沮丧、恐惧——而不要太过流露自己的情感。如果她放纵自己，那些孩子和母亲，比如谢里登太太，可能会察觉他们令老师感到难过，从而不再向她吐露心事，这就违背了“密室”的初衷。

因此，她任由谢里登太太再次感谢她。但是，当她回到装满礼物的庞蒂克汽车前，她无法控制脑海中挥之不去的想法：天，我们的问题太多了。这些念头徘徊在她脑中，她再次检查了地址清单，驶往下一个目的地。

第二部

2009

第10章　罗克县5.0战略

玛丽·威尔默没有忘记10月那个晚上。她回家时，15岁的女儿切尔西正和父母刚失业的朋友围成一圈，默默哭泣。女儿问她，是否打算做些什么。答案随着1月到来逐渐清晰。工厂关门不久后，一个人数有限的小组开始每周一次召开秘密会议。

会议经常在位于主街的M&I银行二楼会议室举行，就在玛丽的办公室隔壁。成员包括“前进简斯维尔”主席约翰·贝科德，作为城内商业机构的代表；罗克县的经济发展经理詹姆斯·奥特斯坦；有时还有其他人出席，当然也包括玛丽。

他们面对的核心问题听起来沮丧，但每个人都很清楚：如何遏制当地经济状况不断恶化。他们很快意识到其中的障碍，前进简斯维尔、罗克县、简斯维尔市政府、该州第二大城市贝洛伊特，均没有资金可以投入经济发展运动。

私下讨论持续数周后，一天，约翰·贝科德来到玛丽的办公室。约翰性格讨人喜欢，一头棕发，蓄着胡子。他在促进经济发展领域拥有丰富经验，8 年前从艾奥瓦州搬来简斯维尔。他告诉玛丽，前进简斯维尔真心想为此出力。简斯维尔最大的雇主在大衰退中弃城而去，如今城市形象受损，外界都知道它在经济上遭遇重挫。挽回城市形象——向当地商业机构募款，做市场公关，挽留公司，吸引新投资等，都需要一位强势的领导。这是一份重大的责任和承诺。他直截了当地问玛丽，是否愿意担此重任。

玛丽没料到他会这么问。她的脑海中首先浮现出一连串疑问。他们谈论过许多议题，但团队还没有任何实质性计划。她虽然是前进简斯维尔的领导人之一，却不是经济发展领域的奇才。一切都没有定论。

忽然，灵光一现的时刻不期而至，玛丽立刻抓住了答案。她告诉约翰，能够成功的唯一方式是，“我们必须放眼整个地区。不仅是简斯维尔，不仅是贝洛伊特，而是整个地区，发表一项大胆声明”。

对许多城市而言，这可能不是个令人意外的答案。但在简斯维尔，它却是一种大胆创新，近乎疯狂。在每个人根深蒂固的记忆中，简斯维尔和贝洛伊特就算不是真正的敌人，也是杀得面红耳赤的竞争对手。贝洛伊特在 13 英里开外，位于威斯康星州与伊利诺伊州交界处。从简斯维尔市中心走中央大道，经过设置在废弃凯马特超市的就业中心，驶上 51 号国道，直到蜿蜒的罗克河尽头。随后，道路沿另一条河流进入贝洛伊特。在地理位置上，两座城市如此之近，很多方面却大相径庭。有些城市是体育比赛上的死对头，但简斯维尔和贝洛伊特是所有竞争中的死对头。如果你住在其中一座城市，绝不会去另一座城市的餐厅吃饭，购物，或翻阅对方城市的报纸，收听对方的广播电台。简斯维尔几乎一直是白人社区，房地产市场在过去十分活跃。而贝洛伊特的工业是 20 世纪初大迁徙时期，从南部迁来的非裔美国人一手发展起来的。但是，两者的竞争焦点从来不在种族问题上，而是身份认同。过去数十年，一直是简斯维尔的经济更胜一筹。内战前，贝洛伊特的工业从钢铁铸造厂起步，逐渐发展为全国最大的造纸机器厂，高峰期拥有 7700 名员工，比简斯维尔装配厂的规模更大。但它后来没能逃过变卖资产、破产、关门的命运，从曾经的工业辉煌沦为政府资助的污染清除点。简斯维尔有好工作，因此一直遥遥领先于贝洛伊特。可如今随着通用汽车的工厂关门，玛丽认为简斯维尔和贝洛伊特正面临相同的困境。

她给约翰的答复是：是的，她会领导这场还没有组织框架、没有名字的经济发展运动——如果，她可以在贝洛伊特找到一位同伴。他们讨论了数个名字后，在理想人选上达成了共识。贝科德会见戴安 · 亨德里克斯——全美最富裕的白手起家的女人，正是出于这个原因。

戴安就像霍雷肖 · 阿尔杰[①]（Horatio Alger）故事中的主角，但

① 阿尔杰是美国儿童小说作家，他的作品大都讲述穷孩子如何通过勤奋和诚实获得财富和社会成功。——译者注

不幸的是她最近刚成了寡妇。她出生在一个生下9个女儿的农场家庭，17岁时怀孕结婚，21岁时离婚。她遇见肯·亨德里克斯时，正从事房地产业，后者则是屋顶修理工的儿子，高中辍学，在21岁时成立了自己的屋顶修建公司。他们一起在贝洛伊特成立了ABC供应有限公司。起初，肯就决定避开简斯维尔的商业市场。数年后，亨德里克斯夫妇将ABC发展成美国最大的屋顶修建、窗户和护墙板批发商。2006年，《公司》杂志将肯评为年度企业家。根据《财富》杂志在2007年12月20日的报道，他们的财富高达350亿美元，使肯荣登全美富豪榜第九位——那是在简斯维尔装配厂关门前一年零三天。那天晚上，他们从一场商业派对回家。几分钟后，肯去车库查看正在进行的改建工程——他们计划把家打造成占地一万平方英尺的梦想之屋。不久后，66岁的老屋顶工意外从自家车库的防水布上跌下。戴安发现时，肯已经失去知觉。黎明到来前，他停止了呼吸。

此后，戴安继续管理公司，但退出了许多社会活动。61岁的她依旧身材苗条，眼眸动人，留着一头波浪式棕发。她住在占地200英亩的庄园，饲养了一小群鹿，可以从河水上游俯瞰简斯维尔和贝洛伊特。这是她在丈夫死后新建的房子。

玛丽更熟悉肯，而不是他的妻子戴安。因此，她不知道一位刚失去丈夫的寡妇是否愿意在经济大衰退时期，参与一项尚未成型的大规模经济发展运动。但是，约翰·贝科德一开口，戴安就点头了。

玛丽和戴安见面后，欣喜地发现两人存在许多共识。她们最核心的共识之一：无论该运动如何发展，当地商人必须出钱投资。“我们不会眼巴巴等政府来救我们，”戴安喜欢这么说，“我们不会眼巴巴等通用汽车来救我们。我们要靠自己。让我们自己搞定这件事。”

她们必须尽快行动，向当地商业领袖解释她们的理念，请他们捐款。但首先，她们有一个难题：第一次活动应该包括简斯维尔和贝洛伊特两地的商人吗？从一开始就为罗克县的经济利益确立一种非“正统”立场，即一个统一的声音？玛丽和戴安都认为，这么做太突然，可能会超出人们的承受范围，于是决定从简斯维尔着手。

她们选择了一个冬日夜晚作为玛丽的首次路演。她会阐释振兴简斯维尔经济却羽翼尚未丰满的愿景，试探当地商业社团是否站在她的身后。当晚还会有一场筹款活动。这就像一场赌博。很残酷，玛丽知道，这是简斯维尔的未来，所以非常惶恐。

前进简斯维尔偶尔会在当地商业领袖家中举办聚会。这天晚上，众人聚在贝恩农场和港湾（Bain’s Farm and Fleet）的联席总裁家中。她也是玛丽的朋友，她所拥有的豪宅气派地俯瞰着河流峭壁，宅邸装修奢华，高挑的屋顶，经典欧式情怀风。两间屋子的餐桌上，为近20名商人和女士准备了晚宴。“城市的航空母舰。”约翰·贝科德如此形容这次聚会。晚餐结束后，当晚的正式议程开始。该玛丽登场了。

在她和戴安的带领下，这场刚刚诞生，联合简斯维尔、贝洛伊特的政府和社会资本的合作运动刚有了新名字：罗克县5.0战略，涵盖五大领域以及恢复经济的五年计划。玛丽对计划娓娓道来，重点解释它为什么重要，避过了它可能遭遇的困境。她和戴安还接受了提问。最后，玛丽公布当晚的筹款目标是 100 万美元。她宣布，她供职的 M&I 银行会捐出 5 万美元。戴安宣布，ABC 供应公司愿意出资 5 万美元，其实她后来的捐款额远高于这个数字。

玛丽等待着。会有人跟进吗？

房间一片寂静。玛丽担心计划可能在华丽的客厅胎死腹中。

最后，一只手举起来。他是 JP 卡伦公司（JP Cullen）主席，经营当地最成功的建筑公司。过去几十年来，这家公司与装配厂交往甚密，现在即将失去这部分业务。一只手举起后，其他人也纷纷举手，一只接一只。

筹款活动大获成功，玛丽十分激动，受宠若惊。她需要一个人冷静片刻。她打开装修优雅的浴室的大门，站在那里，颤抖，大松一口气般地抽泣。大门另一端，简斯维尔的商人领袖纷纷慷慨解囊，为她的新希望投下赞成票，而此刻，罗克县 5.0 战略甚至尚未完全成型。如果今天晚上失败，她没有任何后备计划。但现在望着镜子，玛丽告诉自己："我们就要开始奔跑了。"

第 11 章　第四次告别

机器的电源被拔下，装配厂的生产线停摆，工人不再出现在工厂。4 月 10 日，是迈克·沃恩在李尔工厂上班的最后一天。近 20 年来，李尔工厂一直是通用汽车在简斯维尔最大的供应商，为后者生产的每辆汽车制造座椅。它于 1917 年在底特律成立，后来被一位发明家、商人威廉·李尔并购，李尔还发明了八轨道磁带和李尔喷气机。李尔公司在 30 多个州拥有超过 200 家工厂。在简斯维尔，通用汽车装配厂是李尔公司唯一的客户，两者的命运紧密相连。

现在，迈克站在工厂门口，向它投去意味深长的一眼。

在这里，他遇见了妻子巴布。两人的正常收入加上加班费，李尔工厂每年向他们提供六位数年薪。直到去年夏天，巴布失业，时薪 22 美元的工作突然没了。离开生产线对巴布是一种解脱，她很快回到了学校。他们在努力应付新局面。今天以后，他们仅剩的一份收入就要归零。

迈克是 UAW 地方 95 分会中李尔工厂的工会代表，负责保障

800 名兄弟姐妹的权益。这使迈克成为沃恩家在 UAW 地方分会中的第三代领导人。他的祖父汤姆从铅矿进入通用汽车，在生产线工作了 30 年零 6 个月后退休。他的父亲自 19 岁起开始在装配厂工作，工龄 35 年，也顺利退休。

时年 41 岁的迈克直言不讳，一头黑色短发，做事极为认真。高中毕业后，他就给通用汽车投简历，但一直未获雇用。他在罗克大学念了一年书，但没有找到感兴趣的领域，退学后成了梅西医院食堂的一名厨师。通用汽车还是不招人，他最终选择效仿兄弟 DJ 的做法，加入李尔工厂。他先是在生产线工作，后来成为生产替班，在整个工厂填补空缺。随后，他又培训其他工人成为生产替班。2000 年，他已加入工会多年。此后，他离开生产线，开始代表早班 250 名工人的利益。四年后，工友选举他为李尔工厂工会谈判小组主席。他向资方申诉，确保每位工人清楚工厂规定，代表李尔工人——就像当年他的祖父和父亲，工会是庇护所。

但今年春天，迈克肩负的职责是他的祖父和父亲从未想象过的。他会协助筹备向美国劳工部申请贸易再调整补贴——政府对受海外贸易影响的工人的补贴。迈克代表的工人逐渐离开工厂，每一拨工会兄弟姐妹们失业，他都与大家站在一起。因此，今天就像他第四次与工厂告别。

第一次告别是在 15 个月前，数十位中班工人失业。它看起来就像一次常规裁员。SUV 的市场反响不佳，装配厂的产量降低，因此通用汽车不需要那么多李尔工厂的座椅。第一批工人拿到裁员通知时，迈克和这群不幸的人一起坐在人事部会议室。他确保每个人都清楚失业补贴、COBRA 健康保险以及就业培训机会。他站在工会立场回答大家的提问。直到他们在工厂的最后一天，迈克都是他们的代表。

第二次告别是在夏天。装配厂取消了一个班次，同一天，李尔工厂一半工人失业，其中有些人已经在工厂工作了 15 年。这次，惶恐的失业工人中也包括巴布。那时，通用汽车已经宣布会关闭工厂，因此迈克知道自己也会失业——就像妻子，只是早晚问题。这是对他的当头一棒。他从内心深处感到了惊魂未定。

第三次告别是在 12 月 23 日，装配厂关闭那天。这次，李尔工厂的失业工人中包括迈克的兄弟 DJ——当年鼓励他加入公司的人。随着这天临近，与以往两次不同，迈克来到生产线，亲自向一小群 UAW 的兄弟姐妹告别。他共需要向 371 人说再见，因此花了好几天，他尽量与更多的人说话，告诉男人和女人保持乐观，谨记他们是骄傲、聪明、勤奋的人。“你必须找到最好的应对方式，”迈克说了一遍又一遍，“早做计划。”他知道，巴布也在精心规划自己的将来，拿到高中同等学力文凭，在黑鹰技术学院学习刑事司法课程。他在工厂到处鼓励人们早做计划时，有时会忍不住流下泪来。

迈克在向众人道别之际就知道，受波及的不仅是李尔工厂——它会在夏天申请破产；不仅是李尔工厂和通用汽车工厂的工人——两家公司的高薪和休假福利常令当地其他供应商的工人心生不满，虽然 UAW 地方 95 分会代表该地区所有工人。通用汽车员工最受嫉恨，但人们不难接受这种现状，因为如果没有装配厂，许多工作岗位根本不会存在。如今通用汽车的工厂关门，整个城市不知有多少岗位会受波及。圣诞节前两天，通用汽车和李尔工厂停止生产的同一天，物流服务公司（Logistics Services, Inc.）的159名员工失业。该公司拥有一间存储汽车部件的仓库，主要业务是把部件运往装配厂。联合系统公司（Allied Systems Group）的117名工人突然不再需要把通用汽车的产品运往中西部的汽车经销商。在附近的布罗德黑德，木桥公司（Woodbridge Group）的70名工人停止生产李尔工厂所需的泡沫制品，它们原先被塞在通用汽车的座椅里。木桥公司的另外99名工人会在来年春天工厂倒闭时失业。不，绝不仅是通用汽车和李尔公司，到2月时，罗克县的失业率已经上升至13.4%。

随着数千名工人失业，迈克常在夜晚担心他们该怎么办。他还清楚一件事：等第四次告别来临，就该轮到他了。作为工会代表，他和数名工作人员得以继续留在工厂，还有几位叉式升降机操作员。圣诞节以后的每一天，直到复活节前两天——耶稣受难日——他眼看着这支队伍拆解工厂设备，一座接一座，一条生产线接一条生产线。每一天，工厂都会消失一点。到此刻，它已经空荡荡的，就如迈克的心。

这天早晨，他和团队的每个人告别，突然发现他其实和这些人并不熟，他的老朋友们早已离开工厂。现在，轮到他在工厂度过最后一个下午。迈克不想陷进某场冗长的谈话，因此他望了一眼大门，李尔工厂的18年时光就此烟消云散。

第 12 章　竞标战

6 月 11 日下午 6 点，马弗·沃帕特走进罗克县法院四楼一间宽敞的审判庭。也许他在工厂的 40 年时光已经结束，但他为工人奋战到底的精神却没有折损半分。或者，说得更准确一些，为了那些工作到最后一刻的男人、女人，为了再就业而头疼的人们，包括他的两个孩子，他等待这个傍晚已经很久，他要奋力一搏。

这个周二是县议会每隔两周在法庭开会的日子。成员坐在前两排，中间被走道隔开。过去 14 个月来，马弗把肥硕的身体挤进椅子，坐在靠中间走道右边的第二个座位。他代表的是位于简斯维尔北部的米尔顿县。与他之前从事的工作不同，无论在董事会还是委员会，倾听上瘾者的忏悔或某人被搞得一团糟的生活——这是他 62 年生命中，首次担任选举产生的职位。

这天晚上，坐在过于拥挤的座椅上的马弗举手了。讲台上的主持人留意到他。马弗用中气十足的声音提议——他的声音太响，以至于每次举起麦克风，工作人员都会下意识把手放在调节音量的按钮上——召开一次闭门核心会议。

现在是春末时分，距工厂宣布关门将满一整年，距马弗退休满一年也仅差几周。这是10天来议会成员首次开会，通用汽车在不久前刚宣布，简斯维尔是三家竞争生产下一代超小型汽车的工厂之一，公司希望利用这款汽车挽回销售颓势。通用汽车公司宣布简斯维尔入选最终名单一天后，它向曼哈顿法院提交了破产申请，尽管美国财政部已经向公司提供了194亿美元贷款。作为重组的一部分，公司宣布将关闭14座美国工厂，削减超过2.1万个工作岗位。之后，政府又向它提供了3000万美元贷款。这次，里克·瓦格纳不再是宣布最新坏消息的人，他已经在3月离任CEO一职。

在接踵而来的沮丧消息中，马弗却看到了机遇。应他的提议，大门关闭，法庭中现在仅剩县议会成员和几位经理。众人要商谈的主题是，县里会为威斯康星州递交给通用汽车的经济激励计划提供多少资金。大部分成员认为500万美元足够了。他们表示，在如此糟糕的经济环境下，县里的财政收入无法负担更大的数字。

马弗再次展现了他的坦率。“我们应该拿出最好的条件，”他用响亮的声音说道，“如果我们不这么做，其他地方就会赢得竞标。”

马弗和其他竭力想让装配厂恢复生产的人都不知道另外两座城市的竞标价——田纳西州的斯普林希尔和密歇根州的奥赖恩镇。但是，马弗知道他不是唯一赞同应该在竞标价上倾尽全力，从而扭转工厂命运的人。

该市的两大医疗系统梅西和迪安同意，如果工厂重开，会减免工人的健康保险费。联合能源承诺会降低工厂的电费。当地一些商人联合起来，同意无论如何都会买下察霍的旅馆（Zachow's Tavern）。旅馆在那一小片土地上存在了几十年，但让通用汽车头疼的是，现在装配厂的停车场已经扩张到它的门前。如果工厂重开，商人们计划把旅馆改造成日间托儿所，供通用汽车员工的孩子使用。

每个人的态度逐渐坚定，马弗气势如虹，罗克县绝不该提交一份廉价的方案。他做了一些计算：以工厂加班一天的工资为计——通用汽车员工、李尔工厂员工，货运列车司机运来原料，运走简斯维尔生产的汽车，他们的薪水可以达到正常薪水的一倍半，再考虑支付这笔工资所需缴纳的税金，一天的资金流就高达 500 万美元。

这便是马弗的论据。考虑到现实状况，如果工厂保持关闭，人们持续失业，"罗克县不会再有钱花"。一个令人担忧的未来，毕竟他们是被人民选出来制定财政预算案的。

马弗结束讲话，投票统计结束，有人打开法庭大门让公众回到原先的座位。县议会同意向通用汽车提交马弗建议的数字——2000 万美元。

公众暂时还不会知道这个数字。尽管如此，马弗松了一口气。他已经完成今晚的任务。他相信，2000 万美元——一个经济严重受挫的县城所能提供的财富——足以改变现实。

第 13 章　索尼克的加速度

美国的汽车制造商决定在哪里生产新产品时，往往希望州政府和当地政府能提供一大笔“陪嫁”，包括税收减免和其他财政优惠。因此，为了让简斯维尔赢得制造最新小型汽车的生产线，几天后，罗克县议会又在原先数字的基础上提高了四倍报价，才通过威斯康星州向通用汽车提交最终版本的经济激励方案。方案的报价高达 1.95 亿美元：财政减免和能源资助 1.12 亿美元；马弗从县议会争取的 2000 万美元；简斯维尔市政府虽然资金短缺，但愿意出资 1500 万美元，贝洛伊特出资 200 万美元，加上私人性质的优惠，包括当地商人联合买下通用汽车停车场附近的察霍的旅馆等设施。这还不包括 UAW 地方 95 分会愿意妥协 2.13 亿美元，交换人们重回工作岗位。

这是威斯康星州历史上价值最高的经济激励方案。

竞争依旧在三个地方之间展开——田纳西州和密歇根州的工

厂，以及简斯维尔。通用汽车高层称，他们会评估十几项因素，最终决定在哪里生产新型汽车，三方提出的报价只是提高各自竞争力的因素之一。但毋庸置疑的事实是，对一家已经破产的公司而言，资金至关重要。

最终，简斯维尔根本没有机会。

6 月 26 日清晨 7 点，州长多伊尔接到一个电话。电话另一端是蒂姆·李——通用汽车北美区负责制造的副总裁。17 个月前，奥巴马在装配厂发表热情洋溢的竞选演讲时，李就坐在第一排，和州长右侧相隔两个座位。当奥巴马预言，这家工厂还会存在 100 年时，李和其他人一起欢呼喝彩。

这天早晨，李给州长带来一个坏消息。通用汽车决定把新汽车的生产交给密歇根州的奥赖恩镇。

这对简斯维尔是个毁灭性消息。大萧条时期，工厂在一年后重开。在 1986 年的危机中，中型卡车取代了从生产线消失的小货车。人们很难相信，这次的工厂营救任务竟然失败了。

由于输掉了竞标，州长的声音听起来十分消沉。多伊尔只是简单宣布通用汽车把新汽车的生产交给了奥赖恩镇的工厂。他说，公司利用威斯康星州的提案从密歇根州获得了更多好处，“密歇根州配不上我们”。

所有城市的竞标价直到现在才公开。事实证明，州长错了。威斯康星州的竞标价或许创下了历史纪录，但密歇根州的竞标价几乎是前者的五倍。

密歇根州是美国汽车制造的大本营，当地的失业率高达15%，为全国之最。密歇根州州长愿意使出一切解数为奥赖恩镇争取新的生产线。为了爬出破产的泥潭，通用汽车计划关闭的十几家工厂中有一半在密歇根州。奥赖恩镇距离底特律40英里，那里的工厂也位列死亡名单之一。赢得竞标战会为奥赖恩镇工厂和附近生产钣金冲压件的通用汽车工厂创造1400个工作岗位。“我们会穷尽一切手段为密歇根州赢得这款产品。”通用汽车宣布破产后，该州州长珍妮弗·格兰霍姆立刻告诉公司高层。

穷尽一切手段意味在州首府兰辛的密歇根经济发展有限公司设立一个作战室，在短短数周内制定一项战略，在未来20年内向通用汽车提供7.79亿美元税收减免，1.35亿美元职业培训资金，加上奥赖恩镇提供的用水便利，以及一个基金会将协助公司聘用更优秀的员工。密歇根州总共将动用10亿美元公共资金。密歇根州向一家公司提供的价值最高的经济激励方案，足够拿下一辆小型汽车的生产线。

近来，密歇根州代表奥赖恩镇的竞标策略在汽车制造业中并非孤案。去年，通用汽车决定在俄亥俄州的洛兹敦生产小型汽车科鲁兹时，州政府向公司提供了2.2亿美元经济激励方案；去年，福特汽车决定投资7500万美元改造密歇根州韦恩的卡车生产线，转而生产紧凑车型福克斯时，州政府同意减免福特公司3.87亿美元税收；同样是去年，大众汽车决定在田纳西州的查特怒加修建工厂生产帕萨特时，公司从州政府得到了 5.54 亿美元税收减免。

所有地方付出的代价均高于威斯康星州为简斯维尔争取工厂重开的报价。即使在如此高风险、高价格的竞争环境中，密歇根州在竞标中的表现依旧打破了纪录。

输掉竞标意味着，威斯康星州州长和简斯维尔市民无法了解获胜的昂贵代价。随着时间推移，胜利的代价不仅局限于密歇根州庞大的公共投资，奥赖恩镇的工人同样付出了巨大牺牲。

通用汽车将新款小型汽车命名为索尼克（Sonic）。这将成为在美国境内生产的唯一一款紧凑型轿车。实际上，也是通用汽车自 20 世纪 80 年代以来在国内生产的首款紧凑型轿车。起初，公司想把生产放在中国，但重新考虑美国市场疲软的经济表现后，决定将它纳入重新定位消费者战略的一部分。因此，便宜的小型汽车生产搬回了美国，但许多零部件依旧在韩国生产，正如通用汽车之前推出的小型车爱唯欧（Aveo）。这个决定带来一个疑问，按照工会制定的工资标准，公司该如何赢利？

通用汽车早就预见了这个问题。早在数年前，公司就说服 UAW 在一份全国性的劳工合同中做出重大让步：实行工资双轨制。它允许公司以时薪 14 美元的价格雇用新员工——仅为标准时薪 28 美元的一半。在这一合同的约束下，公司中 25% 的员工拿的是较低的薪水。

奥赖恩镇的工厂在重新配置生产线时，当地的 UAW 在全国性劳工合同框架下做出了更大的让步。当地工会担心通用汽车可能会夺走工厂赖以生存、保住工人工作的小型汽车，因此同意进一步削减工资：工厂重开制造索尼克时，五名工人中有两人——包括老通用汽车员工——的薪水只有隔壁工厂生产线上员工的一半。通用汽车北美区的新总裁称，这项安排“非常激进”，将“考验我们在当地的真正竞争力”。UAW 奥赖恩的一名成员称：“这总比工厂关门，工人不知道下一笔工资从哪里来好。”

工厂等待重开期间，公司给数百名近期迎来签约日的失业员工一个更坏的选择——选择调往 250 英里外的洛兹敦工厂。如果他们选择调岗，就可以保住 28 美元时薪。如果他们选择留在奥赖恩等待工厂开始制造索尼克，就要在凭资历保住原来的工资和工资减半之间赌上一把。

数十名奥赖恩的员工聚在团结之家——UAW 位于底特律的全球总部。“快叫警察，我们被抢劫了。”一个人手举的牌子上写道。还有人向美国劳资关系委员会提交抗议——不要反对通用汽车，应该反对 UAW 的地方分会在未告知成员的状况下做出重大让步。美国劳资关系委员会没有做出回应。

2011 年 8 月 1 日清晨 6 点，工厂开始生产索尼克时，40% 的工人时薪降为 14 美元。许多零部件是从韩国运来的，引擎则来自墨西哥。作为另一项“创新”，一些零件供应商开始在奥赖恩的工厂内部工作。他们的平均时薪仅 10 美元。

这就是获胜的代价。

胜利的代价还会出现在不久的将来。自从夏天传来坏消息后，简斯维尔人备受打击，拯救工厂的努力宣告失败更与人们长久以来相信的浴火重生的传统背道而驰。

保罗·瑞安和三位威斯康星州的国会代表发表了一份联合声明。其中包括参议员拉斯·范戈尔德，他也在简斯维尔长大，他的祖父曾在 1923 年买下了第一辆从生产线驶下的雪佛兰卡车。“正是因为人们勤奋工作、决心坚定、团结一致，简斯维尔的工厂才能走到今天，才能撑到现在。”保罗和民主党议员称，“我们一定会帮助罗克县的人民……我们会继续努力，包括州长和其他人士，尽我们一切所能。”

他们的声明彰显了艰苦斗争中的统一战线。但从这天起，一道意识形态上的裂缝开始浮出水面——最初很不起眼，但随着时间推移日益加深。这道裂缝直指简斯维尔当今问题的核心——接下来该怎么办。

保罗认为，不值得眼巴巴等待通用汽车回来。他表示，简斯维尔应该趁机买下通用汽车位于河边如沉默巨兽般的工厂，改作他用。“我们应该向前看。”他说。

保罗的这番话代表了当地商业领袖的意见。这也是前进简斯维尔和玛丽·威尔默的观点。过去数个月来，她不动声色地努力为罗克县 5.0 战略筹集 100 万美元资金——那场经济发展运动，如今还未向社会公开。

然而，对许多失业工人而言，这种观点太异想天开。他们认为，“向前看”就像一种侮辱，是对简斯维尔过去的背叛，是对沮丧的他们想要抓住的渺茫希望的漠视。这一线希望是：通用汽车在选择奥赖恩时，本可以宣布永久关闭简斯维尔工厂，但它没有。工厂目前的状态是“待命”——遥遥无期，但只要通用汽车的业绩回升，有一天公司或许还会需要这里。在“待命”状态中，简斯维尔的工人看到了那一丝残存的希望。

第 14 章　一个工会人该做什么

就快到 8 月 24 日了。上课的第一天。迈克·沃恩知道他不能再拖了。他已经不记得上次对父亲说谎是什么时候，更别说像这样的弥天大谎。但在威斯康星州炎热的夏日，每当他想象告诉父亲真相时的场景，都无法回避他脸上浮现的失望表情，很可能他的父亲——那个总是站在他身后的人，这次不会选择与他站在一起。因此，迈克等了几天，又等了几天，直到最后一刻。

你该怎么向父亲开口说要选择站到另一边呢？

令他无法开口的原因是沃恩家三代——包括他自己——为工会服务的历史。他对家族的故事如雷贯耳。这也是他自己的故事。它一直可以追溯到铅矿时代。那时，威斯康星州西南部星罗棋布着新矿区、斯温得勒的山脊、麦凯布矿区等，他的曾祖父就在这种地方丢了性命。迈克的祖父汤姆曾试图在矿区成立工会，后来在 20 世纪 50 年代“驾驶雪佛兰周游美国”的广告召唤下来到简斯维尔，进入通用汽车工厂，工资从每小时一美元提高到两美元。他的祖父一直没有放弃加入工会的志向。在米尔顿大道加油站的工作结束后，他会和其他 UAW 的人一起讨论工人的工资和工作条件。他赢得了大家的信任，被选为该地区的代表，为 1000 名通用汽车工人发声。数年后，他参与筹划了沃尔特 · P. 鲁瑟纪念堂，这里如今依旧是地方 95 分会的办公场所。

迈克的父亲戴夫在简斯维尔长大，1967 年受聘进入装配厂做点焊机操作工时，还是个十来岁的孩子。他只在生产线工作了三年，就爆发了争取工资和养老金的罢工。他的父亲（指迈克的祖父）还在工厂，是工会谈判小组成员，因此他们发起了长达 11 周的罢工。迈克受雇李尔工厂数年后，戴夫成为地方 95 分会副主席，从此他们在工会有了交集。戴夫如此热爱工会，即使装配厂关闭后已经没有工人像往常一样工作。他和一位伙伴迈克 · 马克斯从退休生活复出，担任工会主席与副主席。这次，是以志愿者的身份。

城里仅有两个家族三代人都在地方 95 分会的管理委员会供职，沃恩家是其中之一。迈克的任期持续了 11 年。他解决日常支付上的争议，以及在工人赔偿金和《家庭医疗法案》（Family and Medical Leave Act）上更大的分歧。他还曾是 UAW 国际委员会成员，负责评估零部件供应商的各种不满。身为工会人的骄傲深深烙印在三代人的血液中。但事实是，他的父亲退休五年，他的祖父已经去世一年——同一年，他的妻子巴布失业，迈克自己的工作也岌岌可危。

一个工会人该做什么？如果工人一个不剩，他又能代表谁？迈克开始和 UAW 国际协商在底特律的一份工作，但总部至今没有确切回应。而且，迈克考虑得越多，越不愿离开简斯维尔。为什么他要抛弃和巴布一起精心打理，种满蔬菜、鲜花和草木的宽敞后院，为什么要抛弃这里的家人和老朋友们——只是为了继续在工会工作。

可是，他依旧无法放弃对工会的忠诚。数个月来，他上工会的招聘网站，浏览威斯康星州、明尼苏达州和伊利诺伊州的所有空缺职位。问题是，他没有找到一份工作能够让他继续从事自己热爱的事业——代表工人。所有职位都在招募组织者。迈克曾参加过两次 UAW 组织的类似活动，深知自己不是敲陌生人家门的料。许多人得知他们的来意后立刻表现出敌意，而且他听说了许多组织者的故事，遭遇疯叫的看门狗或者挥舞的手枪。除了疯狗和手枪外，他无法忍受每个月要在路上度过三周。这种生活不适合他。

这是一趟自我发现之旅——令他本人都惊讶不已——一切都是慢慢浮现的，但答案是，尽管他从心底继承了 UAW 的传统，可还是存在一个限度，令他对是否留在工会产生了动摇。

他现在面对的问题是，家族中无人有过类似经历。生活的现实是他和巴布都失业了，失去了两份工资，而且没有后备方案。当他挣扎着弄清楚该怎么办时，惊讶地望见巴布的头正深深埋在学校的功课中，试图把危机转换成机遇。

他不停思考该如何应付这史无前例的时刻，一个想法逐渐在他内心清晰起来，起初很模糊，慢慢变成了坚定的信念。他的工会经历可以成为一种基础，从事人事工作的基础。这个想法浮现时，黑鹰技术学院的人力资源项目正在招人，称学生有希望踏上全新的职业道路。这似乎是个正确的选择，转变正在他眼前发生：他在李尔工厂时争取的权益——根据《联邦贸易调整法案》的相关条款，将支付他的学费；一个大学学位；一份他认为适合自己的工作；留在这里。如果他不报名，简直是疯了。

但是，这不是工会工作，他会成为一名管理人员。

当他坐下来仔细思考这个选项，他感到正在慢慢接受它。他不认为自己是个坏人。但是，他的父亲会怎么想呢？

那个无法逃避的时刻终于在 8 月初的一个午后来临。他的继母朱迪邀请全家人参加他父亲的 61 岁生日会。迈克知道，他和父亲最后会一起走到露台抽烟。他亲自为父亲卷了万宝路香烟。开口前，他呼了口气。派对在他们缺席的情况下依旧欢快地继续，他转向父亲说道："我决定要做什么了。"

他从轻松的部分入手。比如，20 天后会重返大学，黑鹰的新项目，政府的培训津贴。几个月来，在李尔工厂经历的四次告别的伤痛逐渐平复，但它们不会被彻底遗忘。他还是非常紧张，可他的未来出现了一颗小小的希望的种子。

接着，谈话进行到了艰难的部分。他谈及为什么人事管理也是教育工人的一种途径；他如果从工会外部努力，公司内部可能会发生多么重大的改变。

他边说边密切关注父亲的表情。那是一闪而过的悲伤吗？是的。但是，即使他父亲布满皱纹的脸背叛了他内心的真实感受，他始终没有说出让迈克最担心、最害怕的话：迈克成了投奔黑暗一方的叛徒。不，这位年迈的工会领导告诉年轻的工会领导，他为儿子利用这个机会成为更好的自己而骄傲。接着，父亲走近他，沃恩家最后一代工会领袖紧紧拥抱在一起。

有了父亲的拥抱，希望他成为更好的自己的鼓励，迈克知道内疚会逐渐消失。尽管学校生活充满未知，但他必须抓住面前的机会。他对工人的热情，他的家族在工会中的独特地位——没有人可以夺走这一切。

但是，他必须谨慎判断当下的处境，就像他经过李尔工厂的走道，向他代表的工友们道别时嘱咐他们的话：必须制订自己的计划。多年前，李尔工厂的座椅生产从模块式升级为线性装配时，他也给出过同样的建议。审视现状，他记得那时曾告诉工会的兄弟姐妹们拥抱现实。

父亲的双臂依旧环抱着他，他再次听见内心的声音：如果你不随时间改变，就会被时间抛下。

第 15 章　黑鹰技术学院

培训失业工人是一个大而普遍的想法。实际上，这或许是像保罗·瑞安这样的共和党人和像总统奥巴马这样的民主党人，在经济政策上唯一的共识。这种想法根深蒂固，来自遥远、悠久的文化传统，一直可以追溯到美国建国，这片土地会提供人们重新发现自己的机会。

美国的职业培训可以协助失业者找到更稳定的工作——这种说法并没有足够证据。即使政府在投资创造工作岗位上从未取得政治上的共识，却一致同意应该让失业的工人重返校园。这就是鲍勃·博勒曼在由凯马特超市改造的就业中心办公室面对的现实，他申请到了联邦政府下拨的数百万美元用于职业培训。

这笔联邦拨款对一个小城市而言十分可观，即使这里有数千名失业工人。拨款来自数个机构。鲍勃用老练的写作技巧从国家紧急拨款项目申请到 180 万美元，主要用来振兴遭遇失业潮的城市。另一笔 110 万美元拨款来自奥巴马推动国会签署的一项经济激励法案——如今，他刚在白宫度过第一个夏天。所有拨款都要求鲍勃将每 5 美元中的 4 美元用于职业培训——共计 230 万美元。此外，罗克县还根据劳工部的《劳动力投资法案》(Workforce Investment Act）相关条款，得到一笔近 100 万美元的拨款，用于培训不太可能重返原先工作岗位的工人。除了就业中心，《贸易调整法案》下拨的培训资金——迈克 · 沃恩为李尔工厂的工会兄弟姐妹争取的拨款，资助在国际竞争中受损的工人——今年将为失业工人提供超过 90 万美元，支付他们的学费、书费和通学的汽油费。

就业中心的顾问会见简斯维尔的失业工人，告诉他们即使没有工作，也可以有接受教育的机会。从一开始，这种说法就像一段不停重复的副歌，通用汽车、李尔的工人和其他工人首次领取失业津贴和寻找可能的帮助时，就会在他们耳边响起。但是，有些人用了数个月——另一些人用了超过一年——才接受现实，在简斯维尔用一份工作取代另一份工作并不容易，学习一项新技能或许是个好主意。

因此，8 月的最后一个周一，黑鹰技术学院秋季学期开学的第一天，简斯维尔那些流离失所，尚未找到工作，还不知道该怎么办的失业工人，把汽车停满学校的停车场、草地的路边，乃至从玉米地穿过的县公路 G 的路肩两侧。

一年前，巴布 · 沃恩和克里斯季 · 拜尔是最早一批领到校园入场券的失业工人。现在，巴布的丈夫迈克迎来了开学第一天。他发现自己竟置身于一个“兄弟营”。“兄弟营”成员包括马特·沃帕特——前通用汽车员工，他的父亲马弗曾说服县议会提高四倍报价，参与争夺新生产线，却失败而归；杰拉德·惠蒂克——前通用汽车员工，他的双胞胎女儿曾对父亲突然出现在早餐餐桌困惑不已。他们在黑鹰技术学院的轨迹终将分叉，但开学的第一天，三个男人都既紧张，又兴奋。

黑鹰技术学院因一位知名的印第安索克人[①]（Sauk）战士得名。19世纪30年代，他与附近的白人定居者作战，即黑鹰战争，最后以失败告终。使用该名字的大学是威斯康星州运行长达一个世纪的技术教育系统中的一环。1911年，它成为首个获国家资助的贸易技术教育系统，将农村的男孩培训成工人，以适应20世纪早期的工业繁荣。如今，这所两年制大学就像社区大学，学校主要注重在工作中派得上用场的实践技术，培训学生成为焊接工、电脑专家、医学实验室技术人员，或者——像巴布和克里斯季学习的课程——将使她们进入刑事司法系统。在包括16个院校的系统中，黑鹰技术学院的规模最小。但在开学第一天早晨，8月24日，校园中涌现了建校以来最大的学生规模，增长达54%。

应对突然增长的学生人数，成了落在莎伦·肯尼迪身上的重任。她是负责教学的副校长，这意味她是黑鹰技术学院的首席学术官和二把手。莎伦刚过60岁，留一头金色的短发，笑容明媚，拥

① 索克人是使用阿尔冈昆语（Algonquian languages）的北美印第安部落，1667年法国人首次遇到他们时，他们居住在今威斯康星州绿湾地区。——译者注

有法律学位，敏锐而且聪明。加入黑鹰技术学院前，她就拥有丰富的管理经验。她上任不久后，城里人得知了通用汽车即将关闭装配厂的消息。

过去数个月，她惊讶又紧张地看着秋季学期的注册人数不断攀升。莎伦在汽车挤满停车场、“兄弟营”的伙计们在开学第一天因为找教室而迷路之前就知道，把工人改造成成功的大学生不是一件容易的事。不像一些两年制大学，上了年纪的失业工人往往在那里不受重视，她从一开始就决定，对黑鹰和简斯维尔而言，城里的失业工人是他们的首要关注对象。春天以来，莎伦和一些人策划了数个实践项目，研究了最有可能在不久的将来招人的工作岗位。秋季学期人头攒动的开学日的几周前，黑鹰技术学院增加了惊人的 88 门课程。作为莎伦的一项杰出成就，她和一个团队共同说服威斯康星州的民主党参议员赫布·科尔，在联邦预算中加入专项拨款，促使资金从华盛顿回流：学校将在两年内每年获得 100 万美元，把没有准备好成为合格学生的失业工人培训成适应其他工种的人才。这笔钱直到冬天才会生效，但令莎伦舒了一口气。

人力资源管理的副学士学位——迈克·沃恩的选择，是以找到工作为前提开设的新项目。和大部分新入学的学生相比，迈克如此与众不同。他已经有明确的奋斗目标，经过理性思考，结合自己在工会的经验才选择了人力资源专业。但是，这天早晨他走进第一堂心理学课的教室，还是非常担心。他真的知道如何学习吗？他会写研究报告吗？他能学会使用办公软件 Word 吗？除此之外，还有更大的疑问。现在，他和巴布都在学校念书，他们会失去自己的房子吗？毕业后，他们真的能够找到工作吗？

这些问题也令马特·沃帕特苦恼不已。马特是今天入学的典型新生，随便挑选了专业，不是出于热情，甚至不是出于好奇，仅仅因为似乎可以靠它得到一份体面的薪水。

勤奋如马特，他在去年夏天就拜访了就业中心。就像通用汽车的其他工人，他在最后一天清空柜子前，得到了这样的建议。虽然去了就业中心，他和父亲马弗同样深信，工厂一定会重开。他会去就业中心，换句话说，只是为了以防万一。

马特参加了一项名为工作匹配的职业倾向测试，可以定量表示他的学习风格（属于视觉/语言）、数学能力（可以迅速掌握数字信息），以及社交适应性（既适应团队工作，也适应单独作业）。随后，马特得到一份“职业生涯兼容性通行证”，告诉他适应的工作包括数据库开发员、足病医生或者注册护士——他最适合从事的50种工作——紧随其后的是园艺家和软件工程师。

后面有一个打钩的选项，表示他得到推荐参加职业培训。一名就业中心员工手写道：“专业未定。”

他真的没有做好决定。他的失业津贴加上工会的补充失业福利等于通用汽车时期72%的收入，而且还可以持续一段时间。在通用汽车工作时，他就和一伙人一起修屋顶，上班前和休息日，他都会利用屋顶的工作挣一些外快。他本以为会接到更多修屋顶的工作，但无论是和他一伙的人，还是一个从事屋顶工作的表兄都没有接到太多工作，因为现在已经没人想在屋顶这种事上浪费钱了。每个月，马特只能接到寥寥几件修屋顶的工作。

他尝试保持轻松心态，相信会没事，很快工厂会重开，他就会回到生产线上。他接了一些园林工作。失业的第一个秋天，他开车去了城市以西的一片空地，10 月是打野鸡的季节，下个月是猎鹿的季节。他喜欢户外工作，行走在自然之中。他还喜欢把巧克力色的拉布拉多犬库珀训练成猎犬。生活如此平静。但是，他留意到不停增长的汽油费。他真的可以承受每次打猎花费的 10 美元至 15 美元的汽油费吗？

这年的打猎季节结束后，马特开始思考怎么把"专业未定"转化为一个决定。他没有太拘束于"职业生涯兼容性通行证"告诉他的答案。他关注的是学习什么能够带给他与通用汽车同等的回报，而且保证能找到一份工作。城里人都知道，美国联合能源公司即将招人，因为上了年纪的工人很快会退休。

因此，马特认为黑鹰技术学院开设的电力分配项目——教人如何爬公共事业电线杆——是他最好的选择，虽然与电流打交道令他不免担惊受怕。或许他可以去电缆公司，或许通用汽车的工厂会重开，他会回到原先的工作岗位。就算是最坏的情况，他只要在学校待一年，获得一张技术文凭，而不是花两年得到一个副学士学位。说到底，这只是备用方案，为了以防万一。

可是，备用方案并不那么容易付诸实践。许多失业工人都听说联合能源公司会招人，马特去黑鹰技术学院报名时，电力分配项目已经满员，连候补名单都排得老长。现在，马特对他的后备方案认真起来——为了以防万一。随着时间推移，他留意到达西的工作时间仅为全职工作时的一半，补充霍尔马贺卡（Hallmark cards）进货的工作的报酬刚超过最低工资线；布里塔妮、布鲁克和布里亚都需要添置东西，他们的银行存款数目不停下降，到了令人发愁的地步。他查找了密尔沃基一家技术学院提供的电力分配项目，距这里仅一个半小时路程。他本打算去密尔沃基上学，直到黑鹰技术学院正好多出空缺。

开学第一天，杰拉德·惠蒂克也打算学习电力分配项目。他的考虑和马特类似。很早之前，他就失去了健康保险。工厂重开遥遥无期。就业中心还在卖力宣传就业培训津贴。一段时间后，杰拉德明白，每天睡觉，把失业当休假已经是不现实的策略。

像马特一样，杰拉德再过一个月就满 40 岁了。他上一次出现在学校是 20 年前。高中毕业后，他一度入读黑鹰技术学院，学习柴油机修理技术。他完成了学业，却没有等来修理师的工作。那是简斯维尔陷入可怕的大衰退很久之前的事了。杰拉德虽然害怕，但很欣慰得到了候补转正的机会。

杰拉德和马特入读同一个项目，上课时间却不同。很快，马特就有了自己的生活节奏。他把通用汽车时期的习惯带到了校园，就像许多离开熟悉的环境，进入黑鹰技术学院的不知所措的工人。他们很早到校，围成一圈东拉西扯，就像工作时一样，还在教室桌上放着工厂时期使用的保温杯。

杰拉德的开局不错。他喜欢在 9 月末晴朗的天气中，随指导员迈克·道布尔迪一起走出教室。道布尔迪是黑鹰技术学院的毕业生，早前是一名架设临时线路的工人，直到受聘教候补名单上的学生。指导员将 18 名学生分成几个组，每个组相互协助，在地上挖一个 12 英寸乘 6 英尺的洞。没问题。

另一天，洞里竖起一根公共事业电线杆，每位学生必须试爬一次。轮到了杰拉德，他爬到 5 英尺高时，膝盖处突然传来一阵剧痛。他滑向地面，粗糙的木头柱子表面一路摩擦他的胸部皮肤。

跌到地上时，杰拉德惊魂未定。他的皮肤被擦红，寻思还好只是一次练习。如果他在一根货真价实的电线杆上会发生什么，30 英尺高，突然他的腿抽筋，跌下来呢？他还能为塔米和孩子们做什么？不仅如此，谣言称联合能源公司的好工作——本该在一年学习后开放的职位——恐怕不会这么快招人。他听说，那些上了年纪的员工不再考虑退休，而是继续工作，因为如今的经济状况下，他们的退休金 401（k）严重缩水。如果最后他不能找到一份工作呢？

思考过各种担惊受怕的可能，秋季学期开学两周后，杰拉德从黑鹰技术学院退学了。

第 16 章　优等生

克里斯季·拜尔 37 岁生日时，她入读黑鹰技术学院刑事司法课程第二年的第一个月，巴布·沃恩送给她一份礼物。那是一块木板，原木涂成银色，上面写着一行浅绿色的字：一株玫瑰是我的整个花园……一位朋友是我的整个世界。

巴布看到这句话后，在她和迈克的车库找到木板，亲手写了上去。这句话十分应景，入读黑鹰技术学院 13 个月以来，她们曾一起掩饰紧张和激动，如今已经成了对方不可或缺的朋友。起初，她们相互支持，把自己从工厂工人改造成学生。如今，她们相互竞争，有时感到似乎全班只有她俩遥遥领先其他学生。

巴布从没想过会成为一名有力的竞争者、一个奋斗者。以前，一位负责人曾问她是否想做领导——在她入职李尔工厂之前，一家专门制造高尔夫球的公司——她拒绝了这个机会。但现在，她绝不接受低于 A 的成绩。她不知道转变是从什么时候开始的。总之，她成了现在的样子。

克里斯季的母亲琳达 · 哈伯曼从没见过学习如此卖命的人。哈伯曼在 29 岁那年从黑鹰技术学院毕业，之后经历了一段失败的婚姻。就像简斯维尔的许多人，克里斯季很重视绿湾包装工队[1]（Green Bay Packers）的比赛。克里斯季 37 岁生日之际——9 月 22 日，正是橄榄球赛季，客厅的电视自然在转播比赛。

“难道你不想放下书本吗？”她的母亲问。

“我要学习，”克里斯季说，“周一要考试。”绿湾包装工队比赛期间，她的视线从没离开书本，学习从不曾中途打断。

克里斯季和丈夫鲍勃、母亲同住。如今距离她的丈夫从李尔工厂失业已经 9 个月，他还不知道接下来该做什么。7 年前，三人找到这栋黄色平房，离城市西部的派克高中仅数个街区。琳达已经从医院的秘书岗位上退休。她靠退休金买下房子，每月还贷，克里斯季和鲍勃则负责其他开支。克里斯季知道，母亲当她是最好的朋友。即便如此，她的母亲仍不时提起，克里斯季和鲍勃该拥有自己的独立空间。克里斯季总是反对，告诉母亲她属于这个地方。去年夏天，两人坐在客厅看电视。那时，克里斯季刚从李尔工厂失业，还不知该怎么办。克里斯季总是掌握遥控器的那个人，因此并不意外，她会把频道调到一部侦探剧。这天晚上的剧集讲的是指纹，她的母亲寻思，女儿总是对犯罪剧情有独钟。

① 绿湾包装工队是美国威斯康星州绿湾市的美式橄榄球球队，成立于 1919 年，是国家橄榄球联盟（NFL）中队史第三长的球队。——译者注

“为什么你不做那方面的工作？”琳达问。

“是啊，或许。”克里斯季回答。

克里斯季是一旦决定某件事就迅速行动的人。她很快决定入读黑鹰技术学院，在那里遇上巴布，巧合地发现对方也十分钟情侦探剧。

这些日子，克里斯季从周一到周五都在学校上课，回家后就坐在客厅沙发上，打开书本——只在晚餐时休息片刻——学习到上床休息。虽然她们每周五个白天都在同一个教室上课，每天巴布都会给克里斯季打电话，或者克里斯季打电话给巴布。她们谈论生活、作业、课堂教学。这些对话中，她们总在竞争谁能拿到更好的成绩，虽然事实是她们都拿到了 A。

她的母亲通过倾听、观察，发现了克里斯季没有说出口的话。克里斯季需要向自己证明：37 岁的她还不至于太老，还可以重新站在起跑线上。

第 17 章　一项计划和令人沮丧的信号

玛丽·威尔默和戴安·亨德里克斯打算公布她们的计划。数月来，银行家和百万富翁寡妇，以及几位促进经济发展的人士共同协作，勾勒大胆的愿景，打造了简斯维尔和贝洛伊特的命运共同体。在玛丽颤抖着大舒一口气，走出另一个女人家浴室的大门后，她们又邀请商界领袖参加了另外几场私人聚会。尽管如此，她们依旧对自己的工作保密，寻找公开的合适时机。

万圣节前，她们认为时机已到。罗克县 5.0 战略还没有达到 100 万美元筹款目标，但已经接近 40 万美元，相当可观。而且，项目现在已经有五大精心诠释的目标，以及五年战略支持它 5.0 的名字：说服当地公司留下及扩张业务，吸引新公司，向小型企业和创业公司提供特殊协助，筹备土地以供商业使用，打造企业主愿意聘用员工的商业环境。这是罗克县充满希望的愿景，但纯粹是一种商业意图——尽早摆脱简斯维尔的汽车制造身份。

她们的想法是联合整个地区的命运，但玛丽知道，她们终究要面对媒体，长期以来的死对头《简斯维尔公报》和《贝洛伊特每日新闻》，以及没有人会阅读对方城市报纸的事实。因此，她和戴安邀请两家报纸的记者来到 ABC 供应公司位于贝洛伊特的总部。

第二天，10 月 29 日，两家报纸分别在头版刊登了罗克县 5.0 战略的消息。

“假以时日，它会改变罗克县的文化生态。”文章引用玛丽的话。

“也许失去通用汽车公司是一场灾难，但它最终会把所有社区团结起来。”戴安说，“这不是因为我们失去了通用汽车，而是因为罗克县的需求。”

她们立刻赢得了肯定。“好主意，”第二天，《贝洛伊特每日新闻》的社论写道，“罗克县 5.0 战略值得获得人民、政府代表、私人企业的坚定支持。当然，现在情况严峻，但保持积极的态度和制订一项计划总是一件好事。如今，我们欣慰地得知大家站在一起。”

这是玛丽的胜利。但是，站在她 M&I 银行高管的角度，很难忽视某些信号，城里有些人正经历艰难的时光，很难把他们真正团结起来。

令人沮丧的信号并不是立刻浮现的。通用汽车取消早班的六个月后，李尔工厂和其他供应商也受到波及，城里逐渐出现个人宣告破产。如今，威斯康星州西部地区破产法庭的个人破产申请正越积越多。2007 年下半年以来——当时大衰退尚未显出全貌，没人知道装配厂会关闭——到 2009 年下半年，简斯维尔递交个人破产的数量翻了一倍。

无法负担住房贷款的人们在草地竖起“待售”的木板。在有一人失业的家庭中，每三户就有一户无法继续偿还贷款或支付租金。1/6 的家庭为了节省开支搬入亲戚或朋友家中。有些家庭没能找到“逃生方案”。今年，罗克县的丧失抵押品赎回权的案例——约 1200 件——比前两年增长了 50%。其中，有一半人会彻底丧失赎回权。这是全国性房屋赎回权危机的缩影，既是爆发大衰退的原因，也是它导致的结果——先是出现偶然性的次级抵押贷款危机，接着是房屋价值缩水，导致人们无法承担每月的房租或偿还贷款，因为金额已经高于房屋现在的价值。现在，每个周三早晨 10 点，县警察局的一名警长都会在罗克县法院的大堂举行拍卖会，那些房主已经无法保住自己的房产。

丧失抵押品赎回的申请，以及坚信失去工作的美国人不该同时失去他们的房子，使玛丽产生了一个新想法。她邀请所有银行的总裁、信用合作社领导人来到她的办公室，举行一场会谈，探讨他们掌握的事实以及该如何应对。这是一场艰难的对话。拼凑起所有人提供的信息后，情况比玛丽和在座每一个人想象的更加糟糕。谈话得出一项共识，银行和联合之路将全力支持陷入困境的家庭，提供一切债务咨询，竭力削减彻底丧失赎回权的案例。他们会提供一年宽限期，希望人们找到新工作，重新开始偿还贷款。玛丽认为，这是大衰退中的人性一面，银行让步，不再向客户施压。

但是,《简斯维尔公报》上丧失抵押品赎回权的名单还在不停增长。玛丽对此不忍直视，加上她内心深处童年时代对食品券的悲伤记忆。有些人正在失去他们的房子，因为他们的贷款合同掌握在全国性公司手中，而后者不愿做出任何让步；或者因为他们的新工作不足以应付宽裕时期签下的银行贷款；或者因为今年秋天，罗克县的失业率仍高位徘徊在 12%，有些人根本找不到新工作。

第 18 章　节日食物募捐活动

经济景气时，简斯维尔仍有贫困家庭，装配厂是一股慈善力量。在城里，人们难免会因为通用汽车优渥的工资和丰厚的福利对其员工怀恨在心。但是，公司的工会和管理层还是为崇尚奉献的企业文化传统而骄傲，资助家乡的非营利组织，实现其无法满足的需求。如今，圣诞节即将来临，最后一辆塔霍驶下生产线已经快一整年。往年，这是通用汽车公司大展拳脚，体现慷慨精神的时刻，公司每年都会组织食物募捐活动。但如今，工人都离开了，城里的需求比往年更大。食物募捐活动会怎么样呢？

没有人比马弗 · 沃帕特更为这个问题苦恼。过去 25 年来，食物募捐活动就像马弗一手带大的孩子，是他最大的快乐源泉之一。每年 12 月，作为 UAW 通用汽车员工帮助计划的代表，他会在一位工厂的护士，也是马弗的朋友的协助下，收集大家捐赠的食物和生活用品，再分给需要它们的家庭。

起初，马弗的食物捐赠活动不是一项宏大计划。20 世纪 80 年代，那位护士在一天深夜突然接到电话，一家人刚在一场大火中失去了一切。两天后就是圣诞节，这家人急需帮助。还有什么比给工厂打电话更好的主意呢？工厂有慷慨助人的文化，而且为了生产雪佛兰科沃兹，工人们会工作至凌晨。圣诞节时，通用汽车可以为这个家庭做些什么呢？护士转告了马弗这件事。当天晚上，他们走进生产线，走完一圈后，共筹集到 3000 美元。

第二年，他们给七个家庭送去了圣诞食物。第三年，15 个家庭。数字不停增长，马弗从教育系统和县健康部门汇总信息，困难家庭已经知道可以要求加入这份名单。随着时间的推移，每年资助的家庭数量达 375 个，有时是 400 个。

每年，马弗都会精心挑选热心、友善的工人帮忙。他们来自生产底盘、车身，熟练工种的各个部门。12 月的第一周，他们会在生产线走动，鼓励人们捐款。5 万美元善款目标，不过是小事一桩。钱会被存入黑鹰信用合作社，之后取出购买食物。伍德曼的超市和位于州际公路附近加工豌豆、混合蔬菜、土豆的塞尼卡食品工厂会提供罐装蔬菜。伍德曼的超市自 1919 年开始在简斯维尔营业，同一年通用汽车开始生产拖拉机。因此，超市总会给公司的善举一个好折扣。

募捐活动不仅事关食物。马弗和工厂里一些哈雷摩托车爱好者还会收集玩具。他们整理受助家庭名单时，会详细列出每个家庭的孩子数量、年龄，是男孩还是女孩。另外，通用汽车员工也会向救世军求助。

这场慈善活动的高潮总是出现在圣诞节前的那个周六，数百名志愿者——UAW 的工人和管理人员，许多人都会带上孩子——于凌晨 4 点 30 分抵达工厂，在装卸区等待包装食物。第一排是猪排，第二排是鸡肉，接着是花生酱，等等。人们展开伍德曼的超市捐赠的袋子，写上编号。

食物准备就绪，袋子经编号后，身材结实的马弗站到人群正中。那天，他总是穿圣诞老人装，为了逗孩子一乐。年复一年，他开始最钟爱的一番讲话："我们必须感谢每一位前来帮忙的人，工会的工人和管理人员，上帝保佑每个人在发放食物时平安顺利。"接着，他慷慨激昂地下令："去拿袋子！"

短短半小时，所有食品袋准备就绪，交付者相继上路。对马弗而言，这是他一生中所见的最美妙的生产线。

去年，2008 年的食物捐赠活动中，通用汽车工人筹到足够的钱，为 350 个家庭各自准备 6 个食品袋。最后一辆塔霍驶下生产线的三天前，装卸区垒起高高的食物。当天参与装袋的一些工人已经在夏天被裁员，他们被调岗到数百英里外通用汽车的其他工厂。尽管如此，他们还是赶来参加活动。有些工人甚至不清楚，工厂关门后自己是否买得起食物。

在那个食物包装日，装配厂即将关闭之际，马弗提议：过去 25 年来，食物捐赠活动体现的慷慨精神非常可贵。他告诉《简斯维尔公报》记者，即使工厂关门，食物捐赠活动也应该持续下去。如果可以，他会在工厂的停车场指挥捐赠活动。“你走出去，告诉人们你需要帮助，此时人们就愿意放下自己的工作。”他告诉记者，“这种精神太宝贵了，我们不该失去它。我们已经失去了太多。”

如今，随着另一个圣诞节来临，工厂陷入沉寂，一年前说的话回荡在马弗耳边。他清楚城里最主要的食物银行[①]ECHO 的现状——ECHO 是“人人合作帮助他人”（Everyone Cooperating to Help Others）的缩写。20 世纪 60 年代，简斯维尔的一些教会发起了这个组织。如今，它的总部——位于市中心南主街和法院街的交叉路口，寻求帮助的人数不停增长，甚至出现了一些从没经历过以及从没想象过贫穷生活的求助者。今年，ECHO 会分发 140 万磅食物，几乎是去年的两倍，前年的六倍。ECHO 当年的捐赠者第一次加入了受助者队伍，他们也开始大清早起身，排队领面包、肉和罐装食品。

马弗知道，社区行动组织（Community Action, Inc.）的供应压力也很大。20 世纪 60 年代中期，联邦政府发起向贫困宣战的运动。该组织即是在此期间孕育而生的反贫困非营利组织。在社区行动组织的员工看来，今年的需求非同寻常，走进密尔沃基街总部的人们不再是他们昔日熟悉的身影。员工发现了许多新贫民，他们不像原来的穷人，十分排斥听到食品分享券和巴杰关爱计划等字眼——分别是食品券和医疗补助计划在威斯康星州的叫法，以及政府对低收

① 食物银行主要为经济有困难人士提供暂时性膳食支援，鼓励他们自力更生，食物来源主要由团体及私人捐助。——译者注

入群体的其他资助。这些新涌现的穷人正在承受巨大的压力，他们透支信用卡，动用 401（k）退休金账户，有些人甚至搬入亲戚家。在空前的压力下，他们急需一种具体的帮助，才能令他们暂时放下骄傲，走进社区行动组织的办公室。他们想知道的几乎都是该怎么找到一份工作，但这比找到申领食品分享券电话的难度高多了。

马弗在简斯维尔生活的时间和 ECHO 在这里运营的时间相同，社区行动组织的运营时间也与之不相上下。现在，圣诞节即将来临，需求水涨船高，他从方方面面思考该如何保住他的食物捐赠活动。一个让他意外的事实浮出水面：该如何继续运作食物捐赠活动？现在工厂一个工人都不剩，没人在空无一人的装配线来回走动募款，没人会在凌晨 4 点 30 分在食物装卸处集合，没人为食物装袋。食物捐赠活动该如何继续？随着通用汽车离去，有些人的生活质量下降，有些人根本没钱捐给其他需要食物的人。

他憎恨必须承认这一点。这已经成了不可能的任务。

因此，今年他接受《简斯维尔公报》采访时表示，停止食物捐赠活动会留下一个巨大的空洞——在这个社区，也在他的内心。

第三部

2010

第 19 章　派克笔公司的最后一天

2010 年的第八天，派克笔公司的最后一部分资产被清理，工厂整体迁往墨西哥。

即将到来的周五，是琳达·科尔班的最后一个工作日。这个日子在她实现了一项重要个人目标的三个月后来临。秋天，一位同事退休后，琳达成为公司留下的 153 名员工中最资深的人。得到第一位，琳达花了 44 年。

她和派克笔公司的关系始于 1966 年。那年春天，就像那时的每个春天，派克笔公司人事部为了招聘毕业生，直接来到当时简斯维尔唯一一所高中。派克笔公司会举行一项敏捷度和速度测试，三年级学生只要有兴趣，就可以参加。大部分参加者是女生。结合当时城中的情况，幸运的男生如果接到通用汽车的录取通知，就会去生产线上班；而幸运的女生如果接到派克笔公司的录取通知，就会去阿罗公园中整洁、友善的工厂上班，而制造、组装钢笔部件，需要娴熟的动作技能，这是女人的手能够胜任的好工作。

琳达参加了测试。她需要将一些钉子插入木板。她是 600 名毕业生中，20 位能够灵巧地完成任务的人之一，她被聘用了。琳达在 8 月 1 日入职，43 年后，她依旧清晰记得 18 岁那个清瘦的自己，金棕色的头发剪得很短，城里的人们问她做什么工作，琳达总是自豪地告诉对方，她是派克笔公司员工。给出这个回答本身就是一种荣誉。那时在简斯维尔，珍贵的派克钢笔或者上好品质的圆珠笔是特别有意义的礼物，赠送者很可能亲手参与制造，或者和其他人一起制造，或至少认识派克笔公司的某个人。

现在，她的最后一个工作日——1 月 15 日，已经来临。琳达很难接受——实际上，对城里的许多人都是，派克笔公司的名字很快会成为简斯维尔历史中的一块碎片。

派克笔公司创始人的生命轨迹与实现美国梦的弧线完美吻合。内战期间，乔治·萨福德·派克出生在威斯康星州舒尔斯堡的农村，位于简斯维尔以西 68 英里处。他父亲一支的祖先，在 1632 年从英国多佛搬往康涅狄格州。派克在艾奥瓦的一个农场长大，总渴望去看世界。长大后，他这个年纪、野心勃勃又喜欢四处旅行的男人大多热衷从事铁路上电信指导员的工作。他带着 55 美元学费，入读简斯维尔的瓦伦丁电报学校时，刚满 19 岁。学校由瓦伦丁兄弟经营，是国内唯一一家与铁路公司签署合约的电报学校。派克是个聪明的学生。毕业时，他很高兴被芝加哥、密尔沃基和圣保罗铁路公司录取，直到发现他的工作并非横跨西部铁路四处旅行，而是龟缩在南达科他州一个偏僻的车站。几个月后，理查德·瓦伦丁询问派克是否有兴趣回学校教书，他立刻抓住了这个机会。回到简斯维尔，他一边给比自己年轻几岁的孩子上课，一边给俄亥俄一家钢笔公司打工，学生抄写电报代码时经常使用这家公司的钢笔。约翰·霍兰公司的钢笔有漏水的毛病，因此派克学会了修理和改造钢笔的特殊技能。“总能制造出更好的钢笔。”派克在 1888 年时说。这年，他成立了派克笔公司，时年 25 岁。第二年，他获得第一项钢笔专利。五年后，另一项被称为幸运曲线的专利使派克钢笔走向国际舞台，大放异彩。

20 世纪初，他的公司向联邦政府销售大量钢笔，在主街上拥有一家四层的工厂和销售办公室，后来又搬入法院街上一栋光鲜的钢铸大楼。随着生意扩张，派克在员工面前有一种大家长式的慷慨，这是当时典型的福利资本主义，为了培养员工的忠诚度，平息骚乱。一家供员工开派对的俱乐部；位于河流悬崖边，他名下的夏季度假屋中的“加油营”（Camp Cheerio）；一项面向公司高层，名为帕克伍德的住宅开发计划。20 世纪 20 年代，他资助派克笔公司的管弦乐团，如果乐手需要帮助，他会为他们购买乐器；派公司华丽的汽车接送团员往返表演场地。他指示公司人事部与乐团负责人保持沟通，了解缺少演奏哪种乐器的乐手，应聘者如果正好会演奏那种乐器会得到优先录取。

派克实现了童年时四处旅行的梦想，他满世界跑，打开钢笔的出口市场，最早是1903年的荷兰。他去世后，派克工厂于1953年在派克大道落成，派克笔公司的旗帜插遍了88个国家——这是当时公司产品的销售版图。派克记录了他的旅行，诸如南太平洋、中国的长江，带回大量珍贵的象牙，他享受朋友们，包括建筑家弗兰克·劳埃德·赖特，欣赏他的收藏。

派克钢笔与20世纪最重要的历史时刻密不可分。第一次世界大战期间，美国战争部与派克笔公司签署了一款“战壕笔”合约，前线士兵只要往干燥的笔芯加水就可以变成钢笔。1945年5月，德国参与签署投降协议，终结第二次世界大战欧洲战场的战事时，使用的是一对派克51号钢笔。盟军最高指挥官艾森豪威尔将军举起两支钢笔，在镜头前摆出了V字造型。1964年的纽约世界博览会，派克馆赞助了有史以来最大型的国际书写项目。它的最大特色是一台早期“电子计算机”，能够在数秒内为世博会参观者在海外寻找一位年龄相仿、兴趣相近的笔友。身穿制服，来自简斯维尔和世界各地的女性向众人分发钢笔、明信片和文具。

两年后，即琳达获聘那年，创始人的孙子乔治·S.派克二世成为公司总裁和首席执行官。他是最后一位经营派克笔公司的派克家族人士。在他漫长的任期内，高端钢笔的市场缓慢萎缩。1986年，他把公司卖给数位英国投资人，后者在英吉利海峡沿岸的纽黑文拥有一家英国工厂的股份。第二次世界大战刚结束时，那家工厂曾制造过派克笔。简斯维尔依旧制造钢笔，但公司的名字改为派克笔控股有限公司。1993年，吉列公司买下派克笔控股有限公司。六年后，钢笔制造业务再次被出售，这次买下它的是纽威尔乐柏美公司。更准确地说，是该公司办公用品部门的一个供应商桑福德 B2B，它后来为派克笔制定了“促销笔”战略。因此，最后 153 名工人，包括琳达，都在为一家名叫桑福德的公司工作，而不是派克笔公司。他们早就不再生产钢笔了，主要是在海外制造的笔上印上制药公司或其他企业的名字。

从英国派克笔，到吉列公司，再到纽威尔乐柏美旗下的桑福德，被牺牲的不仅是一个名字。随它逝去的还有一段工人与当地家族企业的关系，一段企业经营者与社区的珍贵关系。

雇用琳达的派克笔公司总是洋溢着一种家庭氛围。女孩跟随母亲的脚步进入派克笔公司，就像男孩跟随父亲的脚步进入通用汽车装配厂。工作时忙时闲，毕业季节和圣诞节临近时，工厂总是格外忙碌，虽然其间也有过几次临时裁员。女员工怀孕后，公司允许她们回家待产，等婴儿一岁时再重新雇用她们。琳达 20 岁结婚，五年后离婚，没有孩子。因此，她的工龄从没有中断。

周五傍晚，琳达和其他人准备回家度周末时，广播里总会传来一首歌：

愿上帝保佑你，看顾你，

无论你近在眼前，还是远在天边……

每当周五，工人的耳边响起这首歌，琳达总能感受到公司对她的关心。在歌声响起之前，周五也是特别的，因为那天工人会穿得正式一些，有些部门有“工资抽奖”活动——每人掏出一美元，纸币上后四位（或五位）数字与工资单的四位（或五位）数字相加，是否会出现连续号码或对子等现象。

每位员工生日都会收到蛋糕，每年圣诞节都有冷餐会。派克笔公司的员工制作了两本厨艺书，收录了他们最喜欢的食谱。每天的休息时间，从一个女人推着咖啡车在整间工厂走动开始，还提供硬面包和方形奶酪，有时甚至有烤苹果和甜甜圈，主要根据季节变动。为了鼓励员工运动，公司颁发走路奖励，因此午餐时间员工会在厂区散步。如果工人需要在家陪伴生病的孩子，往往能得到经理的体谅。每年有一次家庭日，丈夫和孩子来工厂参观，还可以得到笔作为礼物——一支乔特圆珠笔，或者一支发明于 1982 年的维克托中性笔。夏天，派克笔公司会在全州不同公园赞助员工野餐，有几次甚至包括特拉什门公园。员工可以免费乘坐崭新的蒸汽列车，还可以利用发动机的蒸汽烤附近农田里收来的新鲜玉米。简斯维尔的劳动节集会上，派克公司会派出精心装饰的花车。1994 年的花车是在公司内部改造的，工人们把蓝色绉纸（crepe paper）塞进一根长长的圆柱形铁丝网，拗成巨大乔特笔的形状，庆祝派克笔公司最成功的书写工具迎来 40 周年纪念。

多年来，琳达一直在一项派克联赛中打保龄球。夏天，她会参加派克高尔夫联盟。在派克笔公司还意味做慈善。工人组成的慈善委员会每年都会从城里众多社会服务机构中选出代表，向对方捐赠 5000 美元——有时是 1 万美元——这是公司每年的慈善预算。管理者鼓励工人参与其中，琳达就曾为人道协会筹款。

她受雇的部门专门制造钢笔笔尖——一小点硬金，为了保持钢笔持久耐用，书写流畅。多年后，她转岗到质量控制部门，之后是库存部门。一到库存部，她就感到自己属于这里，符合她把一切整理得井井有条的个性，还可以在整个工厂四处穿梭。派克笔公司由派克家族经营期间，几乎没有员工辞职。

琳达从没想过离开，即使吉列公司接手工厂，周五下午的广播不再播放洋溢祝福的歌曲。歌曲停止后，她感到自己只是一名工厂工人，650 名工人中的一个，每个人都不再特别。1999 年 1 月 19 日，她正在处理库存，吉列公司的一位负责人宣布工厂即将关闭，下午放假，大家明天再回公司。工厂可能再继续运作数个月，直到工人的工作正式结束。

最后一天生产钢笔，是阵亡将士纪念日之前的那个周五。在此之前，琳达的一些同事拆解钢笔零件，按顺序黏贴在一块木板上，寄往英国纽黑文，以便英吉利海峡那边的工人了解如何正确组装钢笔，这项工作已不再属于简斯维尔的工人。派克工厂关门前，琳达和其他库存部的同事需要装箱，免费派送多余的钢笔。它们被寄往加利福尼亚州的一家工厂，纽约一家忠心耿耿的百货公司，以及其他数个地方。直到库存部的一位同事问负责人，是否可以留一些笔在这里，捐给食物银行、ECHO、救世军，甚至简斯维尔的学生。

谁会拒绝一支漂亮的派克笔呢？最后剩下的是一些造型优雅的圆珠笔，纯银制造，它们也计划被送走。琳达的一位同事走进最高负责人的办公室提议，库存部的女士们是在派克笔公司工作到最后的一批员工，难道她们不配得到一支纯银笔吗？最后一天，琳达和其他人每人得到了一支圆珠笔。

琳达时年 51 岁，单身，需要一份工作维持生计。她从没想过在其他地方工作。因此，新雇主纽威尔乐柏美旗下的桑福德 B2B 表示，需要 65 人往世界各地生产的笔上印标识时，琳达申请了。这次，员工将在位于城市北部的制造车间工作，比派克笔公司小得多。65 名工人都经过精心挑选，就像当年她高中毕业时一样，琳达很荣幸被选中了。

之后 11 年，65 名员工增长到 153 名，琳达依旧在库存部工作，她成了部门负责人，这意味着她既要管理，又要处理库存业务。她的薪水——时薪 18 美元，是工厂最高的。一切井然有序，直到去年 8 月 19 日，在没有任何预警的情况下，桑福德在简斯维尔的最高负责人来到工厂。为了让每个人都能看见他，他脚踩在一只木箱上宣布，公司决定关闭工厂。就像吉列公司 11 年前一样，他告诉大家下午放假。

在纽威尔乐柏美位于伊利诺伊州的总部，一个月前，公司决定关闭英国纽黑文的钢笔制造厂。之后，8 月的这天，公司一名公共关系部的经理发布了一篇新闻稿。文章写道，简斯维尔的工厂是产能过剩的牺牲品，一家墨西哥从事印制标识的工厂会接下所有工作。“这个决定是公司对市场趋势变化过快导致结构性问题的回应，”文章继续写道，“绝不是因为不满简斯维尔工人多年来杰出的表现。”

对琳达而言，这不是结构性问题，而是关于人的问题，关于她经历的半个世纪。她很快就满 62 岁，如果现在离开，拿到遣散费后就可以开始领退休金。因此，虽然她还可以在工厂留得更久一些，就像多年前派克笔公司关门时一样，她选择了放弃，把位置让给更年轻的同事，好让她们再多撑几个月。

新年伊始，她的离开被视为一次裁员，而不是退休。因此，在工厂度过 44 年后，没有人给她送来庆祝退休的蛋糕。

她已经准备好离开，因为不想经历接下来数个月她的同事将经历的一切。如果她愿意飞往墨西哥培训那里的员工，她可以像其他人一样多留一段时间。多年来，琳达一直参与培训新人，知道其中的要点和诀窍。如果要她培训简斯维尔的工人，她一定会答应，但培训远在墨西哥的那些人——墨西哥！——只为了取代她的工作？工作了 44 年，她已经没有这种心情。

第 20 章　成为吉卜赛人

出发吧，马特·帕沃特低声告诉自己。出发。他坐在福特塞拉卡车里，在自己家的车库，距离洗衣房很近，达西和女孩们正挤在那里。他望着她们，就像望着一幅画。她们在哭。她们向他送来飞吻。

他看见女儿们从门口跑开。他看见达西，好像她已经无法承受更多，向他最后一次招手，关上大门。只剩他一个人了，他努力忍住眼中的泪水。他尽力安慰自己，安慰她们，一切都会好起来。如今他怀疑这些话有多少说服力，因为说实话，连他自己都不太相信。

钥匙转动，点火装置被点燃，马特感到有些年头的卡车引擎开始空转。他的手伸向换挡位，但他无法挂挡。他知道为什么。

一种沉甸甸的分量正压向他，这种分量如此难以招架，以致他在活了 50 年后才发现，做对每一件事还不够。至少不能保证永远按计划生活，就像他的父亲、他的岳父、他的叔叔，以及数千个男人，几代人，计算着自己在装配厂度过的日日夜夜，当年数累加至 30，就可以退休。他有一个备选方案，学习攀爬公共事业电线杆，以防万一工厂不会重开，虽然他的父亲马弗还在坚持它一定会。但是，备选方案看起来不太妙。

这个周日下午，3 月 7 日，马特学习电力分配已经七个月——他挤在一群失业工人当中，围着黑鹰技术学院打转。起初，他感到古怪、尴尬，但渐渐习惯晚餐后拿出课本学习，和十二年级的布里塔妮、九年级的布鲁克、七年级的布里亚一起。四个人都在写作业，有时他还会问布里塔妮几个数学问题。一个好榜样，他认为这是自己为女儿们树立的形象——勤奋工作的榜样，走出逆境的榜样。

他的主要指导老师迈克·道布尔迪出生在克林顿——简斯维尔东南部 15 英里外的一个小镇，家里种植玉米和大豆。高中毕业后，他接过家里的农活，因为他的父亲受伤了。但是，他的农夫生涯并不长久。他进入黑鹰技术学院，学习目前自己教的专业，接着在埃文斯维尔找到一份维修大楼电力线路的工作，距简斯维尔西北部 20 英里。15 年来，他从一名学徒做起，渐渐成为临时线路工人，直到他听说学院需要一名导师，教一批想成为临时线路工人的学生。这个机会相当吸引他。马特入学时，迈克刚教书一年，但他已经预见——这时新学期才开始几周——有些学生会成功，有些学生会放弃，有些学生会不停在两种选择之间艰难挣扎。迈克认为，马特具备成功所需的素质。就像大多数人，马特认为电路学的计算很麻烦。但是，他常和班上其他五个前通用汽车工人交流，其中一个人的计算能力格外突出，直到每个人不再害怕计算。马特给迈克留下的印象是诚实、坦率，一个勤奋的工人，不算开朗，但遇到不懂的问题也会开口提问，如果他先掌握某个知识点，会热心地向他人解释。而且，修建屋顶的经验给了他一些优势。他一定可以成为一名优秀的临时线路工人，迈克毫不怀疑。

但是，迈克·道布尔迪没有留意到的是，马特一边在班上和同伴们研究电路学计算，一边愁眉不展。马特是个有担当的人，一个有担当的男人不会拖欠房贷，但事实已经沦落至此。他和达西的生活不算精打细算，通用汽车公司时薪 28 美元的工作刚好够应付家里的开支。就像许多通用汽车工人，他们每月花 270 美元露营，卖掉刚买不久的车换更新的车型，甚至偶尔动用 401（k）账户支付女孩们的旅行费。即便如此，作为一名通用汽车工人，马特很幸运能够在失业津贴之余领到工会的补充津贴，他的学费、书本、通学的汽油费由联邦政府支付，甚至还得到了攀爬电线杆所需的免费制服。但是，所有费用相加，离时薪 28 美元依旧十分遥远。现实是，他和达西已经没有太多缓冲余力，工会的补充津贴即将减半，通用汽车的健康保险很快就会中断。

马特告诉自己，只需要撑到 5 月。只要得到技术文凭，他就可以找到一份迈克为了成为教师而放弃的工作。但谣言传来，而且愈传愈盛，当地的公用事业公司——联合能源公司，平均年龄达 55 岁的临时线路工不会退休，所以不会有新招聘。因此，另一个学习爬电线杆的通用汽车工人告诉马特，通用汽车在印第安纳州的工厂会招人，马特认为他应该多留心这件事。

到今天冬天，数百名简斯维尔的通用汽车工人已经成为其他城市的汽车工人。UAW 的合同给了他们转岗的机会。近 200 人在通用汽车堪萨斯城的工厂工作。人数太多，以至于当地人开玩笑说，堪萨斯城已经成了简斯维尔西部的卫星城。近 140 人在简斯维尔南部、得克萨斯州阿灵顿的工厂工作，那里依旧在生产简斯维尔曾经组装的塔霍 SUV。至今，55 名工人转岗至简斯维尔东部、印第安纳州的韦恩堡，组装雪佛兰索罗德皮卡。这款卡车十分受欢迎，工厂决定增加一个班次，因此向另外 67 名简斯维尔的通用汽车工人发出邀请，也包括马特。

通用汽车的“吉卜赛人”——人们如此称呼离开简斯维尔的汽车工人，因为即使在 1000 英里以外的阿灵顿工作，他们也会找一切机会与留在简斯维尔的家人团聚。马特决定，他绝不做吉卜赛人，绝不可能。

但是，他和达西也不愿搬家。他们已经就这个话题进行过多次漫长、推心置腹、内容重复的谈话。他们达成了共识。这里距两家人的父母都近，他们怎么可能离开？达西的母亲去世后，她每个月都去父亲那里，用通用汽车的退休金为他缴纳各项费用。女儿们已经加入学校的体育队。马特愿意在餐桌上做功课，有一个毋庸置疑的理由——重新武装自己，找到一份新工作，这样他们就可以留在简斯维尔。

然而，这是在还不上房贷之前的事，他的津贴不停被削减，而通用汽车正打算在韦恩堡招人。工厂距简斯维尔四个半小时车程，比阿灵顿或堪萨斯城都近。因此，马特和一群学习爬电线杆的通用汽车工人决定课后留下，询问导师迈克一个棘手又尖锐的问题：如果他们在学校留到毕业，能找到临时线路工的工作？还是不能？

迈克首先罗列了学习电力分配知识的诸多好处。但是，他说得越多，越感到应该坦诚面对这些男人，因为他们已经失去了太多。事实上，他不得不承认，去年黑鹰技术学院的毕业生的就业情况不太理想，而且今年的预期也不乐观。公用事业的确有许多职位空缺，但在威斯康星州南部几乎没有机会。他告诉这些男人，他们或许需要考虑南达科他州、北达科他州、得克萨斯州，或西南部地区。

听着这个直言不讳的答案，导师的一句话格外击中马特的大脑："如果我是你们，有机会拿一份通用汽车工人的薪水，肯定会立刻动身，绝不回头。"

马特此刻才意识到，他本打算拒绝的机会可能是他仅剩的机会。他甚至不能称这是一个选择，因为他意识到如果没有韦恩堡的机会，他可能会立刻申请破产，但一个有担当的男人不会提交破产申请。

他的脑海中盘旋着各种想法，奇怪的是他找不到应该责怪谁：不是指导员，那个可怜的男人刚说服了他；不是政府，它尽责地为失业者支付学费，为了一份可能永远不会到手的工作；不是通用汽车，公司还在为员工的利益着想，即使它已经破产；更不是达西，她拼命求职，不满足于一周几天陈列霍尔马克贺卡；也不是他自己，因为他每次反思重大问题时，都会反省是否漏掉了某条线索。他是否忽视了某种微小的可能，而这种可能本可以带他离开迷宫？他得出的答案是没有。

获得文凭仅剩九周，马特离开了学校。

因此现在，24 小时内，他即将在一个从没去过，没有任何概念的城市，开始新工作。他想不出多做了什么，也想不出少做了什么。

他、达西和女儿们刚吃完周日的午餐。他站在温暖、明亮的厨房，告诉自己这个决定不会太糟。只是五天，周一到周五，他拥抱妻子和女儿时说，他每周都会回来。谁知道呢，也许简斯维尔很快就会出现一些好事，他可以再次找到时薪 28 美元的工作。

现在，他坐在福特塞拉中，手放在中挡位上，是时候离开车库，向南驶往威斯康星州的边界，驶入伊利诺伊州，经过贝尔维迪尔的克莱斯勒工厂——当然，那里不缺人——接着，向东驶往印第安纳州，一路驶向韦恩堡。他会暂住在一个简斯维尔的通用汽车工人的家中。这个工人是另一个在几周前放弃学习爬电线杆的男人，因为马特不知道自己该在哪里落脚。

是时候了，但他又在那里坐了五分钟。十分钟过去了，他还在沉思，盯着某件东西，耳边唯一的声音是卡车引擎发出的空转声。马特记得很久之前的一个时刻，那时他比布里亚还年幼。当时家里很缺钱，因为他的父亲在成为员工帮助计划的代表前曾酗酒。他驾驶父亲那辆开始生锈的凯迪拉克在城中乱转，感到它似乎是满街飞驰的新车中唯一一块废铁。他的一个朋友出现在人行道上，他为自己驾驶的凯迪拉克尴尬不已，低下头假装系鞋带，直到朋友走远。

事实再清楚不过：他不能让自己的孩子为缺钱而抬不起头。原计划、备用计划，无论什么计划，他至少要做一直以来坚持的那个自己。谁真的想把他推出这个家呢？谁总说他能找到一份工作？他该信守承诺。谁又能理解为了保护家人，他必须离开家人？

他抓住方向盘，拨动挡位，塞拉离开车库，驶上了车道。

第 21 章　家人比通用汽车更重要

杰拉德·惠蒂克抓住了被通用汽车买断的机会，就好像抓住了一块香饽饽，那是在威斯康星南部刚迎来春天的时候。虽然钱不多——4000 美元加上六个月的健康保险，但它至少是一笔收入。

杰拉德在文件上签字后，意味他放弃了在通用汽车内部转岗的机会，无论任何时候，无论任何地点，就为了眼前这笔遣散费。他自愿把无限期待岗的状态，改写为了前通用汽车工人。看起来，两者没有太大区别。但对杰拉德而言，他的父亲和岳父在生产线度过了 30 年，如今正领着丰厚的养老金，他却选择抛弃了原本憧憬的未来。

起初，做出决定并不容易。他和塔米讨论了现有选择，以为附近的双胞胎和诺厄都没在听。任何选择都不妙。毫无疑问，他们需要现金和保险。工厂刚关门时，杰拉德把突然不用上班的日子当作应得的假期，这种日子似乎已经非常遥远。在所有的糟糕选择中，这个选择的好处至少反映了杰拉德对生活的基本理解——家人比通用汽车更重要。

家人比通用汽车更重要，它就像一句颂歌——简洁又坚定——很符合杰拉德的作风，沉默中埋藏着对家人的深厚情感。因此，当他说“对我而言，家人意味一切”时，双胞胎姐妹阿莉莎和凯泽雅完全明白父亲的意思，即使他不经常把这句话挂在嘴上。她们认为，父亲可能从没有真正从1986年12月22日那晚走出来。那时他16岁，生活在富特维尔，只比现在的她们大一岁。他的父母正在圣诞大采购，因此警察出现在家门前时，家中只有他一个人。杰拉德的兄弟迈克尔刚在一场车祸中丧生。他们日后得知，他驾车行驶在简斯维尔西部的乡村地带时刹车突然失灵，他撞向一个停车标志，与另一辆车追尾。他和女朋友在一起，女孩也因此丧生。迈克尔当时20岁，是杰拉德的哥哥。他的死令父母只剩下一个孩子，也令杰拉德在每年圣诞节前都笼罩在一片阴郁之中。

抱着家人就是一切的态度，杰拉德不太喜欢在工厂度过的第二年。他在油漆车间工作后，开始上中班，下午4点30分上班，凌晨2点30分下班。他讨厌不能和塔米、双胞胎一起吃晚餐或夜晚不在家，讨厌诺厄出生前几天他还要工作，只有周末才能和家人共度。他讨厌减少和家人相处的时间。一年后，他设法调往中型载重卡车生产线，尽管工作变得更繁重，但当时那条生产线只有一个班次——早班，这意味他每天下午3点48分就能打卡回家。几年后，中型载重卡车的生产线从简斯维尔迁往密歇根州的弗林特，这时杰拉德已经够资历在调往塔霍的生产线时依旧选择早班。

这些日子，杰拉德无法想象最好的朋友凯文的生活。凯文转岗至通用汽车在堪萨斯城的费尔法克斯装配厂，距简斯维尔 500 英里。他也爱家人，因此单程花费 7.5 小时往返在工厂和家之间，每周如此。直到费尔法克斯开始加班，现在只能每月驾车往返一次。绝不可能过这种生活，杰拉德想。

杰拉德得到转岗机会时——就像他的朋友凯文，像马特·沃帕特以及其他数百人，这个选项根本不在他的考虑范围之内。塔米和孩子们不想搬家。他不想去任何没有家人的地方。此外，他的母亲露西尔已经感到离唯一的儿子和孙辈太远。杰拉德的父亲在 50 岁生日前一天从通用汽车装配厂退休。不久后，他们搬到 300 英里以北，一座点缀着美丽湖泊的小镇斯普纳。即使塔米和孩子们愿意搬家——事实并非如此，杰拉德也不希望离父母太远，他不愿让孩子们离开疼爱他们的祖父母。家人就是一切。

因此，去年夏天，杰拉德在电力分配的实践课中从电线杆上失手滑下之际，他接到一份工作邀请，并接受了它。这是他找工作以来收到的第一份录用通知，简斯维尔几乎没有空缺职位。“见鬼去吧，学校。”从电线杆滑下，胸口被磨得生疼，让人神经紧张的事件后，杰拉德如此想，“我要去工作。”

他知道这不是完美的解决方式。这家名叫 GOEX 的当地公司主要生产塑料薄膜和塑料卷。新工作的内容是生产塑料，而不是汽车。但是，这不是问题。问题是，工厂实行 12 小时倒班，早 6 点至晚6点，这导致他隔周的周末也要工作。他虽然和家人住在简斯维尔，不是几百英里以外通用汽车工厂附近的某间公寓，但还是无法参加孩子们的课后活动，而且要牺牲一半的周末时间，星期六或星期天。这份扰乱他与家人相处的工作付给杰拉德的报酬是时薪12.48美元，还不到通用汽车公司时薪28美元的一半。

收入有限，全家总动员该如何周转日常开支。塔米一边照顾三个孩子，一边在家兼职，为一家名为在家输入服务的公司输入数据。公司称她每天可以工作六小时，但往往会提早结束。这是一份计件工作。她的平均时薪为10美元，但工作量很不稳定。在担任志愿者及弄清各项规定后，她后来被聘为学前班的兼职助理教师。

阿莉莎和凯泽雅也出了一分力，现在她们已经15岁，在派克高中上学。威斯康星州允许14岁以上的青少年在上学日每天工作3小时，周末工作8小时。阿莉莎先行动，在城市北部的得克萨斯牛排馆做服务生，时薪2.23美元，还有小费拿。凯泽雅以最低时薪在卡尔弗餐厅做收银员，那里以黄油汉堡和奶油冻闻名。很快，阿莉莎也开始在卡尔弗餐厅工作，因为两人在一起方便些，而且卡尔弗离家近，可以步行前往。她们在为手机和二手车存钱。她们的父母不可能为这些简斯维尔青少年的基本支出买单。她们仔细倾听父母的谈话，虽然后者不希望女儿如此。不久后，在父母没有开口的情况下，她们拿出餐厅打工存下的一部分钱，缴纳家庭的各种账单，虽然这意味她们还要过些日子才能拥有手机。

事实上，塑料厂的收入有限，加上计件的数据输入工作，加上兼职教师工作，无法让惠蒂克的五口之家维持以前的中产生活。杰拉德被通用汽车裁员时，他和塔米有 5000 美元储蓄。一年半后，为了偿还贷款和支付水电费，他们的存款已消耗一空。

他们尽量节省开支。原本每周 200 美元超市购物的额度降至每月 200 美元，他们开始更多吃意大利面，减少肉类；不再外出吃饭；取消周末出行，以前他们总会驾车去乡间，如今他们当然不会把钱浪费在汽油费上。阿莉莎和凯泽雅不再参加高中舞蹈班，除非自己支付学费。

塔米和杰拉德知道，他们家不是唯一紧缩开支的家庭。城里，"待售"的标志出现在小艇、露营用品和供成人消遣的玩物上，它们以前都是享受中产生活的标志。越来越多的人在抛售房产，塔米和杰拉德也讨论过是否卖掉带后院游泳池的房子。2004 年，他们以 14 万美元价格买下它。之前，靠杰拉德在通用汽车的薪水和周末 10 小时的加班费，他们又再次贷款，在地下室为双胞胎和诺厄建了卧室。他们总共在房子上支出 16 万美元，这在 2008 年 5 月时还没有问题——通用汽车宣布装配厂关闭前，它的估价是 16.1 万美元。但此后，价格每况愈下。最近，他们得知房子仅值 13.7 万美元，但这年头根本没人在简斯维尔购置房产。每次塔米和杰拉德讨论这个问题，都会得出相同的结论：在岌岌可危的地产市场抛售一栋没还清贷款的房子不是明智之举。

如果不能卖房子，他们至少可以像其他人一样卖东西。杰拉德和塔米已经卖掉了机动雪橇和两辆汽车。最近，塔米在一次旧货出售活动上卖掉了她的哈雷摩托车。尽管家中急需现金，她画出一条底线：绝对不卖客厅角落那只橡木古董玻璃柜，这是她从小的梦想，杰拉德在两人结婚时买下它当作礼物——那时他 22 岁，她刚 18 岁。

不管是古董，还是非古董，必须卖掉什么。买断工龄看似是个不错的选择。这对通用汽车也是件好事。过去五年来，公司试图摆脱财务困境的方式之一便是哄骗员工离开——为了节省养老金和福利开支。2006 年 3 月，在一场尚未波及简斯维尔却人心惶惶的大裁员中，通用汽车向 11.3 万名工人提出买断工龄，约 3.5 万人接受了此条件，包括 900 名简斯维尔工人。2008 年 2 月，奥巴马在工厂发表竞选讲话前，通用汽车向 7.4 万名员工提出“特殊裁员计划”，买断他们剩下的工龄，约 1.9 万人接受了此条件。如果杰拉德那时就选择买断，会立刻丧失福利，但可以得到 14 万美元现金，比现在选择买断整整多出 13.6 万美元——如果他可以早点做出选择。但是，谁知道工厂会关门呢？

买断工龄得到的现金无法让他支撑多久，这几千美元相当于补充失业福利，根据 UAW 的合同，会一直支付到今年晚些时候。而且，买断意味他无法享受通用汽车的养老金。不过，考虑退休福利是几年后的事，现在已经到了做决定的关键时刻。最棘手的问题是健康保险。如果买断，接下来 6 个月，杰拉德和塔米不用自己支付 GOEX 的健康保险费。在所有的糟糕选择中，买断似乎是最好的。

在杰拉德签署文件，把自己的身份转换为前通用汽车员工后，他似乎为自己、为家人做了件好事。通用汽车从政府获得了 500 亿美元贷款，用于支付买断金和应对破产，公司还在设法缩减员工规模。5 月，公司给“待业中”的简斯维尔工人另一个机会，转岗至 8 小时车程外的俄亥俄州洛兹敦。这次转岗机会和马特·沃帕特的不同。他已经开始周一驾车前往韦恩堡、周五回家的生活。这次机会也和任何转岗至得克萨斯州阿灵顿，或杰拉德最好的朋友前往的堪萨斯城的不同。这是一次强制转岗，主要针对已经三次拒绝转岗的员工。简斯维尔剩下的通用汽车员工必须去洛兹敦报到。否则，通用汽车不会再提供任何机会，除非简斯维尔的工厂重开。

现金不多，保险也撑不了太久。但转岗去洛兹敦的消息传来时，杰拉德依旧认为自己够聪明，抓住了最后一块香饽饽。

第 22 章　荣誉生

梦想中心是位于贝洛伊特的大礼堂，黑鹰技术学院即将在这里举行毕业典礼。巴布·沃恩觉得仿佛在做白日梦，戴着黑色学士帽，坐在成排披着毕业袍的学生中间。她的脖子附近挂着一条两年制大学优等生荣誉联合会颁发的肩带；帽子的流苏是皇家蓝和金色，在她身后跳跃着晃动。智慧、抱负、纯粹——二年制大学优等生荣誉联合会的名字借鉴了希腊人的美德。巴布曾彷徨着不知如何摆脱 16 岁辍学的耻辱，如今她通过拼命学习，以全 A 成绩为自己赢得了优等生荣誉联合会中的一席之地。几个月后，她还会被授予副学士文凭。

巴布没有坐在她的朋友克里斯季身边。今天，3 月 15 日，268 名学生将被授予烫着金边的毕业证书。所有人按姓氏的首字母顺序落座。因此，披着荣誉肩带的克里斯季坐在刑事司法专业毕业生的前排，巴布则在后排。当黑鹰技术学院的校长喊道“刑事司法专业”的名字时，所有人一同起身，走到弧形舞台的右侧。两人都以优异的成绩毕业，尽管最后克里斯季略胜巴布一筹——巴布无法原谅在青少年法课程上得了 A-——完美记录上的一个污点。

戴着毕业徽章，她们骄傲地走向舞台，此时距离她们离开李尔工厂仅两年。巴布和克里斯季是 2010 年毕业生中最受人瞩目的一批。今年的毕业生包括大衰退中重返黑鹰的第一批“工人难民”。在其他失业者——包括巴布的丈夫迈克——在一年后涌入校园前，第一批“工人学生”重塑了学校的风貌。巴布和克里斯季入学的第一个春天，学校新生较前一年增长 850 人，增幅近 20%，大多是刚丢掉工作的工人。

今天早晨毕业典礼的致辞者本身就是“美国梦”的化身，一个名叫蒂凡尼 · 贝弗利 – 马洛特的女人。她从一家果冻厂的夜班工人奋斗起，如今是一家网络营销公司的董事会成员。在此期间，她靠卖化妆品成为百万富翁，经常发表振奋人心的演讲。她站上梦想中心的舞台，身穿优雅的米色翻领套装，直接把目标对准了今天最不像学生的那批毕业生，包括巴布和克里斯季，他们从没想过大衰退会夺走工厂的工作。“我们会迎来数波衰退，我很肯定，这个城市的经济将面临极为严峻的考验。”她告诉毕业生们，“许多人抱怨，许多人哭泣，许多人放弃。有些人等待事情恢复如初……但有一小批人，他们决定为自己和这个地方创造全新的未来。他们决定把经济发展上的挫折当作新的经济机遇。那些人，正是在座的各位。”

马洛特的讲话非常坦率，但穿套装的“美国梦”代表却忽略了故事的另一面。许多入读黑鹰技术学院的工人早已退学。2008年秋，和巴布、克里斯季一同来校园的工人中，近一半在未完成学业前就离开了。剩下的以副学士学位——黑鹰技术学院授予的最高学位——为目标的300人中，比如巴布和克里斯季，仅有1/3坚持在几年内达成目标。和巴布、克里斯季一同入读刑事司法专业的31名失业工人呢？仅有一半在今天获颁证书，或能够在明年毕业。

这种落差在二年制大学很常见。不过在黑鹰技术学院，第一波失业工人中完成学业的人数超过同班同学中没有失业的人数。尽管如此，梦想中心没有说，即使人们迫切需要一份工作，即使他们像就业中心鼓励的那样接受培训，他们并非总能取得成功。

如今，保罗·瑞安是众议院预算委员会主席，他与总统奥巴马在失业工人培训问题上很可能不再是盟友。尽管如此，黑鹰技术学院清楚一个无法回避的事实：培训失业工人绝不是件容易的事。即使在黑鹰技术学院这样的小地方，学校也费了一番心思。

黑鹰技术学院负责教学的副院长莎伦·肯尼迪在装配厂关门前数月来到简斯维尔，她对职业培训深信不疑，且相当坦率。在不多的空闲时间，她开始为写书做研究，对象是中西部地区重返校园的装配厂工人。不久前，她驾车前往威斯康星州首府麦迪逊。她告诉立法者，迫切希望威斯康星州的工人能创造浴火重生的故事，而她的手下正抓住每个机会，帮助茫然、困惑的失业工人重新适应学生角色。尽管在第一年，巴布和克里斯季入学那年，大裁员爆发之前，莎伦曾表示新生人数过于庞大，“打乱了正常的教学秩序”。

这是黑鹰技术学院增加 88 门课程的原因，聘用额外的指导员，比如迈克·道布尔迪；从其他学校调用财务援助人员；教室不够用时，开始夜间和周末授课，发起“晚上是学习的好时光”活动，吸引学生利用这段时间来教室学习。学校为学生雇了一位心理健康咨询师，还为学校的教师、行政人员开设减压课程。不止于此，2008 年秋季学期开学前，莎伦和工作人员尝试为失业工人营造一种大家庭氛围，毕竟工人太久没有走入校园。黑鹰技术学院组织了家庭野餐，为孩子们准备游戏，为考虑入学的工人创造与校长、教师交谈的机会——边吃汉堡或热狗。野餐会时，工作人员带着电脑，现场为感兴趣的人士办理入学手续。莎伦惊讶报名人数如此之少，她告诉立法者：“为了解决迫在眉睫的问题，这是我们掌握的第一条线索。”

让莎伦和黑鹰技术学院的老师最为惊讶的是，新入学的许多工人不会使用电脑，甚至不知道如何开机。“我们惊讶他们竟不掌握如此基本的技能，他们则惊讶当今世界竟需要这些技能才能成为一名学生。”莎伦表示。黑鹰的工作人员迅速行动，开设电脑训练营，很快又增加了一门“成功学生”的课程，教大家如何学习。即便如此，有些学生发现老师不接受手写的论文后，还是退学了。

杰拉德·惠蒂克在开学两周后退学不是个例。马特·沃帕特离开黑鹰，领取通用汽车的薪水时——举行毕业典礼九周前，他已经比许多同期入学的工人留得更久。

在这个清冷、晴朗的早晨，穿着毕业袍，戴着学士帽的学生，包括没有佩戴优等生荣誉肩带、荣誉流苏的人，当他们走上梦想中心的舞台，已经意味他们的与众不同。

当巴布和克里斯季脱下毕业袍聚到一起，和她们的丈夫、巴布的岳父母、克里斯季的母亲一起，在橄榄花园享用午餐庆祝毕业时，她们取得了双重成就：以优异的成绩毕业，而且即将开始新工作。

12月，她们刚完成第三学期，两人都申请了罗克县警察局新公开的四个职位。由于整个城市的人都需要工作，申请名单很长，约1000人。县警察局邀请其中的400人参加了测试，巴布和克里斯季都位列其中。

这是一份入门级别的工作，县监狱的惩教官，时薪达16.47美元。它比李尔工厂的时薪低约6美元，但比城里绝大多数地方开出的工资高。而且，惩教官是公务员，享受全面健康保险和公共假期。再者，这份工作属于刑事司法系统，正是巴布和克里斯季在学校时定下的奋斗目标。她们的老师凯文·珀塞尔接到背景调查电话时，表示对两人都留下了极为深刻的印象，不仅因为她们的成绩，还因为她们在实习期间的优异表现。克里斯季的实习在贝洛伊特的缓刑和假释办公室；巴布的实习在中途之家，主要面对刚从联邦监狱获释的性犯罪者。

“如果你不雇她们，简直就是疯子。”他告诉警察局官员。

因此，克里斯季即将在六天后开始在监狱的新工作。她的母亲琳达万分激动，家里终于有人开始领薪水了。“哦，天啊。”这是琳达的第一反应，当克里斯季告诉她找到工作时，“我们可以保住房子了。”

警察局徽章、卡其制服，立刻让克里斯季成了众人的榜样。她鼓励了依旧困惑的简斯维尔失业工人，尽管经济形势严峻，他们还是可以找到一份好工作。“克里斯季 · 拜尔把困境转化为了胜利。”6 月 1 日，CORD 编纂的新闻通讯头版大标题写道，这是鲍勃 · 博勒曼的就业中心针对简斯维尔失业者的出版物。文章中，刑事司法课程教师凯文表示，她是自己在黑鹰的十年教学生涯中遇见的最优秀学生，克里斯季“拥有难以置信的成功动力和学习欲望。她不仅是学生的榜样，也是对我作为教师的鼓舞。她改写了游戏规则”。

两个月后，巴布也会接到监狱的录取通知。那时，克里斯季会再次登上《简斯维尔公报》的版面。当时，一名记者碰巧遇上周日从监狱下班的克里斯季。“我每天穿上这套制服，越来越为它感到骄傲，”克里斯季告诉记者，“我实现了自己的目标，正在维护社区的安全。”

对在废弃的凯马特超市办公的就业中心工作人员而言，他们迫切需要一些好消息，鼓舞其他正寻找工作的失业同胞。这对好朋友的经历可以证明，简斯维尔依旧拥有重塑现实的美国式信念。巴布和克里斯季为她们的成就无比骄傲，没想过从此以后，她们会走上截然不同的道路。

第 23 章　白宫的人来镇上的这天

在罗克县就业中心，鲍勃·博勒曼刚赢得了一场胜利。6 月 11 日，周五，早晨 9 点 30 分前，他恭候在就业中心宽敞的大厅，等待一个名叫爱德华·B. 蒙哥马利的男人。蒙哥马利是经济学家。说得更准确一些，他是白宫汽车制造业地区和工人委员会的执行董事。

鲍勃花了一年多时间策划这次访问，绝不是件容易的事。

简斯维尔和华盛顿之间 800 英里的距离，常令鲍勃觉得漫长。在经济不景气时指导人们就业很不容易，他只是迷宫般的政府机构中的一小点，而其中规矩太多，阻碍联邦政府向就业中心拨款。但是，鲍勃不是轻言放弃的人。他留心观察首都出现的每个新机会。因此，奥巴马在宣誓就任总统两个月后发表一场重要讲话，称将关注过去一年千疮百孔的汽车制造业中的 40 万失业工人时，不会逃过鲍勃的注意。

许多公开讲话都在阐述向通用汽车和克莱斯勒汽车公司注资的理由，两家公司已经收到数十亿美元联邦紧急贷款。总统表示，汽车工业是“美国精神的象征”，“是国家的经济支柱，支撑着数百万人民的梦想”。因此，这些公司应该获得另一轮联邦资助，得到重组的机会。总统宣布，为了做出改变，里克·瓦格纳已经辞去了通用汽车 CEO 一职（他是被白宫排挤走的，虽然得到了 2300 万美元养老金和福利补偿）。

在鲍勃看来，通用汽车将得到额外数十亿美元资助以及解雇 CEO，是奥巴马在演讲中做出的承诺，直接瞄准“所有从事汽车工业的男人和女人，或无数居住在靠汽车制造为生的地区的人民”。总统承诺，“在暴风雨袭击我们的汽车制造城市时”，政府会像关注被龙卷风、飓风摧毁的地区一样，关注那里的人们。作为关注的具体形式，将成立白宫汽车制造业地区和工人委员会，以及一个全新的下属劳工部的办公室，一同协助那些地区和人民恢复正常生活。总统表示，爱德华·蒙哥马利将全权领导两个机构。蒙哥马利事业顺遂，在政府和学术圈游刃有余。克林顿政府时期，他曾出任劳工部副部长，如今是马里兰州大学的一位院长。他在这两大领域的敏锐视角，出自在匹兹堡度过的童年，那里的钢铁产业正日益爬满锈斑。

鲍勃不清楚爱德华·蒙哥马利究竟会在白宫内部做什么。重建遭汽车工业裁员风暴袭击的社区，比向汽车公司注资数十亿美元买断工人的工龄要复杂得多。蒙哥马利的角色似乎融合了许多新计划，还可以突破联邦政府机构之间的官僚障碍。此刻，他正准备在全国展开“聆听之旅”。

鲍勃明白，必须想办法让蒙哥马利拜访罗克县。他不喜欢官僚主义作风，不会干等这位新人坐在白宫的办公室思考具体现实，而任由简斯维尔的经济每况愈下，惹出各种麻烦。

鲍勃向 CORD 表达了自己的想法。该机构是他以简斯维尔经典的好政府风格为基础成立的，主要帮助流离失所的工人。CORD 很快意识到这是项紧急任务。鲍勃给简斯维尔的国会代表发信，包括保罗·瑞安的工作人员，请求对方撮合这次访问。最好有一整天时间，因为他们有太多问题想和白宫汽车委员会的人探讨；最好是在夏末，因为政府如果打算帮助受重创的城市，比如简斯维尔，最好不要浪费任何时间。

白宫委员会的执行董事抵达简斯维尔时，他已经在前一年到访过 26 个其他汽车制造城市。鲍勃期待的全天访问被削减为三个半小时。

尽管如此，当蒙哥马利走进就业中心的双层玻璃大门，依旧是个激动人心的时刻。他身穿细条纹上装，陪同人员包括来自 8 个联邦机构的 13 位官员。鲍勃诚挚地感谢他来罗克县，带着他和随行人员穿过由从前的凯马特超市改造的拥挤办公隔间。工作人员都在工作，就像没有白宫委员会的董事视察的普通一天。鲍勃想让蒙哥马利注意就业中心多么繁忙，平均每月有 1.5 万人造访，因为中心所提供的服务以及需要这些服务的人们。

参观结束，在大厅举行简短的新闻发布会后，鲍勃陪同蒙哥马利和其他随行人员来到数个街区外，UAW 地方 95 分会的一场论坛。超过 100 人等在那里，涵盖可以想象到的各个领域的罗克县领导人，玛丽·威尔默代表罗克县 5.0 战略出席。鲍勃也邀请了国会代表，但真正现身，而非派助理打发此事的，只有麦迪逊的一位自由派民主党人。工厂营救任务失败以及投票支持救援汽车产业后，保罗·瑞安的注意力逐渐远离家乡的需求。他正致力于放大右翼在联邦财政政策上的声音，抨击政府开支，抨击国家债务。这天早晨，他在华盛顿，担任一档全国收听的电台谈话节目嘉宾，主持人是一个标榜自己为“茶党爱国者之声”的男人。

蒙哥马利在一张铺着桌布的小桌子落座，还有威斯康星州的劳工部长、麦迪逊的民主党议员。他们身后的墙上是一幅巨大的黑白照片——1936—1937 年静坐罢工期间的夜景，拍摄于简斯维尔的通用汽车工人同意离开工厂，放弃暴力之后。画面上，人们正欢呼着涌出装配厂。

这是一场“聆听之旅”。因此，蒙哥马利倾听无法再就业的失业工人诉说他们的故事；倾听州立法人员、工会领袖、经济发展专家介绍城里的取消抵押品赎回权和破产申请案例。倾听公共援助计划；倾听直线下降的建筑许可，因为没人造房子了；倾听罗克县联合之路的危机，通用汽车的资金占往年捐款总额的 40%，但如今不再出钱。蒙哥马利倾听了一场精心编排的演讲，涵盖 11 项富有创造力、促进经济的想法，再次令人想起简斯维尔不屈不挠的奋斗精神。如果联邦政府下拨资金，并同意他们自由使用，就业中心、黑鹰技术学院、地方教育系统，各个社区组织都会动员起来。这些拨款项目属于三年计划，总额高达4000万美元，除了政府已经下拨的职业培训资金和失业救济金。其中，最野心勃勃的是“工人为你”（Workers4U）。这项计划涉及的资金达1200万美元，类似20世纪60年代早期联邦政府推动的人力资源发展战略，将为简斯维尔的失业工人创造500个工作岗位。只要公司愿意聘用、培训失业者，公司首先可以从一笔津贴中支付他们的薪水。城里的一些雇主还在裁员，但鲍勃相信，其他雇主的数量会逐步增加，比如创新生产技术、健康、食品加工等行业。实际上，这个想法刚好呼应了总统奥巴马在6个月前提出的《美国就业法案》（American Jobs Act）。但是，白宫汽车委员的执行董事抵达简斯维尔的当天，联邦就业培训项目和失业津贴都不再适用这项在职培训。

总结阶段，鲍勃先回顾了简斯维尔的过去和不屈不挠的精神，告诉蒙哥马利：“这个房间里，没有一个人相信自己已经被击败，或不愿挺身而出尝试改变。”随后，鲍勃话锋一转，语气更加尖锐。“有些时候，”他承认，“我们对挑战不知所措。我们感到被孤立、被忽视。我们对政府的监管心灰意冷，时常陷入规则和繁文缛节的泥潭。”

“我们迫切需要得到认可，”他告诉蒙哥马利，“认同解决问题的最佳方式是社区的创造力和创新力。”

时间已近中午，几分钟后，蒙哥马利和随行人员即将前往基诺沙，因为那里也受汽车产业重创，克莱斯勒引擎工厂将在秋天关闭。离开前，蒙哥马利没有承诺拨款，但承诺在详细审查简斯维尔的计划后会给予协助，推动实现它们。他多次使用“伙伴”一词，仿佛是传递希望和实用主义的信使，在“聆听之旅”中向每个受伤害的汽车制造地区重复同样的话。地区可以重建，他表示，但我们会一块砖接一块砖谨慎尝试。

一块砖接一块砖地重建，也是蒙哥马利此行不停重复的说法。但事实表明，他不会和简斯维尔站在一起耐心地砌砖。他抵达城里的前一天，白宫以西两英里外的乔治城大学宣布，蒙哥马利将出任公共政策学院院长。几周后，他离开奥巴马政府，简斯维尔和基诺沙是他“聆听之旅”的最后两站。

蒙哥马利离开三天后，总统奥巴马表示政府“会尽快寻找接替人选”。直到一年后，才有人重新挂帅。这次的人选是俄亥俄州扬斯敦市市长。但是，白宫废除了蒙哥马利曾领导的委员会，因此无法协调联邦各机构，打击官僚主义作风，而且新负责人也不会向总统汇报工作。他的职位将被编入劳工部。

负责人空缺的一年间，联邦政府问责局向白宫汽车制造业地区和工人委员会、劳工部振兴办公室发出尖锐谴责。报告指出，它们的确履行了耐心倾听的责任，但没人跟进受创伤的汽车制造城市是否获得额外联邦援助。

鲍勃呢？费尽心思安排这次访问后，他很快感到了筋疲力尽。蒙哥马利的目标是协助“聆听之旅”到访的每一站获得政府的某些援助。但对简斯维尔而言，始终没有出现消除政府繁文缛节的利落剪刀。蒙哥马利离开政府后，劳工部的一位年轻人被指派担任罗克县的联络官。鲍勃向年轻人再次阐述了 UAW 工会大厅中曾宣布的 11 项经济促进发展计划。他期待年轻人给出建议，如何实现这些想法；期待联络官可以担纲倡导者、引水人的角色，为这些计划找到合适的出口，打开联邦拨款的水龙头。但是，没有建议，没有拨款。

约一年后，鲍勃和联络官中断了联系。

第 24 章　2010 年劳动节集会

70 年代中期，9 月的第一个周日，劳动节周末的一个晴朗日子，主街沉浸在假日的宁静之中。第二天，人群会涌向人行道，就像往常一样参加下午 1 点的游行。但是今年，活动安排在城市南端，UAW 地方 95 分会的总部沃尔特 · P. 鲁瑟纪念堂。这是迈克 · 沃恩的祖父参与策划的工会礼堂，也是白宫汽车制造业地区和工人委员会执行董事在数月前访问过的地方。纪念堂在 1971 年落成，得名于美国最具影响力的一位劳工领袖，他在 20 世纪中叶担任汽车工人主席的职务近 25 年。这是一栋低矮的沙色砖砌建筑，被大片草地包围。这个周末，那里搭起了劳动节帐篷、舞台、啤酒花园。

简斯维尔人非常重视劳动节，会举行长达三天的庆祝活动，展现城市引以为傲的优异工作表现以及融洽的劳资关系。劳动节受城中数个工会赞助——有 UAW，还有一些商业团体。但是，UAW 总部一直是庆祝活动的主场：现场音乐会、青少年排球比赛、小丑表演、攀岩、木偶秀。对制造汽车长达 85 年的城市而言，还有不容错过的汽车展。

今年出现了意外插曲。下午晚些时候，庆祝活动时间表上，霹雳舞表演和麦迪逊乐队小维托与鱼雷（Little Vito and the Torpedoes）的演出之间，数百人包围劳动节舞台，高举橙色牌子，齐呼口号：“工作！刻不容缓！”

就业已经成为政治议题。夏天以来，失业率高位徘徊在 11%，激起了人们的愤怒。高喊口号的都是失业工人。挤在人群之中的有马弗 · 沃帕特，他领通用汽车养老金已经两年。尽管如此，他依旧选择站出来展示团结，倾听大家的演讲。

“工作！刻不容缓！”集会是呼应下个月“同一个国家，统一行动”集会的地区性热身。后者在华盛顿举行，人们将从林肯纪念堂游行至国家广场。最早提出它的是美国中西部地区机械师工会，并得到威斯康星州“劳联 – 产联”[①]（AFL-CIO）和罗克县劳工委员会支持，为了展现工人的力量——更准确的说法是，“工人的残余力量”。目前在威斯康星州，七名工人中只有一人属于工会；在美国，八名工人中仅有一人属于工会。机械师工会本可以选择中西部地区的任何地方发起“工作！刻不容缓！”集会，但他们选择了简斯维尔，因为它已经成为许多渴望就业的城市典型。

马弗和许多工会领袖倾听民主党候选人相继登上舞台演讲。轮

① 劳联 – 产联的全称为美国劳工联合会 – 产业工会联合会。——译者注

到密尔沃基市市长汤姆·巴雷特时，他在条纹衬衫里穿了一件带有机械师协会标志的黑色 T 恤。巴雷特正在竞选州长，因为威斯康星州的现任州长吉姆·多伊尔——他曾参与装配厂营救任务——不准备寻求第三个任期。巴雷特在舞台上说道，“只需要一只闹钟和挺拔的脊背”，就能过上好生活的日子已经一去不复返。他承诺，争取好工作会成为他在麦迪逊的首要任务。

第二天下午，9 月一个明亮的周一，奥巴马也在考虑工会和就业问题。在装配厂发表讲话后，他没有再访问过简斯维尔。但是他回到威斯康星州，参加了另一场劳动节集会，距离简斯维尔东北部约 75 英里，位于密尔沃基的湖畔。他在亨利梅尔假日公园的舞台宣布，政府将投入 500 亿美元促进就业，翻新全国道路、铁路和高速公路。他挽起袖子，就像重复一首劳工运动的赞歌。他的声音越发洪亮，逐一罗列计划，就像工会曾在整个 20 世纪奋力争取改善工人的工作条件。他几乎喊破嗓子，手臂在半空挥舞，沐浴在阳光中的听众热烈鼓掌。“中产阶级安全感的基石，”他高喊，“都贴上了工会的标签。”之后，奥巴马强调了他的政治理念：艰难时期，他的政府和美国工人站在一起。而他所指让政府团结一致的工人正是全国各地的汽车工人。

“今天，汽车工业正在缓慢复苏，”总统表示，“我们向美国工人承诺，我们又回来了！”

总统讲话期间，劳动节的游行队伍正经过密尔沃基街，继而向右转入简斯维尔的主街。那里没有汽车产业复苏的任何迹象。今年是选举年，各位候选人火力全开。保罗·瑞安身穿标志性的黄绿色Polo衫，与妻子、一头金发的孩子们站在一起。他是竞选活动的常客，正争取第七次连任家乡的国会议员。

现场还有一个陌生面孔，另一位黑发共和党候选人。他身穿蓝色Polo衫，呼应身后支持者举起的同色标志。他是斯科特·沃克，打算赢下八天后的初选，成为竞选州长的共和党候选人。如果保罗的保守观点（他与奥巴马的政策针锋相对），能够在家乡简斯维尔相安无事地软着陆，斯科特·沃克则截然相反。他是一位煽动者。他的竞选团队发表了一项声明，讽刺总统在密尔沃基的讲话："奥巴马说，将启动8.1亿美元经济刺激计划……但似乎总统每次开口，都在浪费纳税人500亿美元的钱'创造工作'，我们却没看到失业率有任何改善。"

沃克是密尔沃基市市长，但他在德拉文长大，那是简斯维尔东边的一座小镇。他告诉《简斯维尔公报》，青少年时期，他和朋友喜欢逛简斯维尔的商场，在米尔顿大道上营业35年的沙基的比萨（Shakey's Pizza）用餐。2008年2月，沙基的比萨歇业，就在奥巴马在装配厂发表讲话三天前。

沃克还没有赢得初选。但是，他告诉《简斯维尔公报》，他已经制定了应对威斯康星州财政赤字的方案：撤销空缺政府职位；公务员自行为将来的养老金买单，就像有些企业员工自行缴纳养老金一样。

在这场政治集会风暴中，在主街灿烂的阳光下，还有一个人也参加了游行。他身穿白色 Polo 衫、卡其色裤子，灰白的头发上戴着一顶棒球帽。他身后的两名男子分别高举巨大的竞选标语，内容却乏善可陈："蒂姆 · 卡伦。对我们最实在。"

蒂姆尝试重夺参议员席位，他首次当选是在 30 多年前，在 24 年前"解甲归田"。他领衔的工厂营救行动虽然没能胜过密歇根州掷出的巨额投资，却重新燃起了他的某种信念，组建一个联盟：政治右翼和左翼、公共部门和私营部门，为同一个目标奋斗。蒂姆在近期表示，如果他回到参议院，以他丰富的经验和温和的态度必定能够重建两党间的互信，从而促进就业。在这个劳动节，蒂姆壮志凌云。

第 25 章　16:49 计划·上

在城市阴影中，数百位青少年正成为多米诺效应的受害者。这些孩子的父母曾靠在汉堡王、塔吉特或汽油市场（Gas Mart）打零工，勉强维持生计。如今，他们被迫和曾经看不起他们的工作，现在却不放过任何就业机会的失业汽车工人竞争有限的岗位。因此，中产家庭的生活水准大幅下滑时，工薪家庭的生活直接被逼入了贫困。随着多米诺效应让贫困成为现实生活，许多家长开始酗酒，滥用药物。有些人抛下孩子去外地找工作，有些人则干脆缴不起房租。因此，越来越多的青少年与父母，或独自挤在朋友或亲戚家的沙发上，或者暂住在汽车或偏僻的大街上。

简斯维尔出现无家可归的孩子，这种现象让人十分不安。它反映了地区发展不平衡问题，因此许多人宁愿假装倒霉的青少年不存在。但这里是简斯维尔，秉承了逆境时相互援助的善良传统。简斯维尔和贝洛伊特的一些好心人组建了无家可归教育行动小组，这个小组又制订了16:49计划。

这个名字来自贝洛伊特，16:49代表学校放学到第二天开学之间的小时和分钟数。重点是，这段时间对缺少安全、固定的场所写作业，吃晚餐，睡觉的孩子而言，十分漫长。有一部纪录片就叫《16:49》(*Sixteen Forty-Nine*)，由当地一位胸怀抱负的导演拍摄。这部纪录片既是一种艺术，也是一场呼吁，目的是打破社区否认无家可归孩子存在的顽固念头。9月中旬一个周三晚上，纪录片即将首映。

放映前一小时，16:49计划的主要运营者、一个身材高挑的金发女人，站在空荡荡的罗克县大学礼堂。她是一位社工，名叫安·福贝克，也是简斯维尔教育系统中无家可归孩子的联络官。她的任务是帮助这些孩子勉强维持生活，至少不辍学，不会无家可归。

安十分擅长应对突发事件，总能保持冷静，使出各种解数，这是她的工作和生活所需的必要技能。在家中，她有年仅八岁的四胞胎和上中学的儿子。尽管如此，她还是从早工作到晚，帮助无家可归的孩子处理各种小危机，比如遗失免费汽车票，或应对大危机，比如被原本打算收留他们的亲戚赶出家门。安可以疯狂工作，得益于她的丈夫是小说家、游戏制作者。他可以在家工作，尽量为妻子创造时间帮助没有社工照料的孩子，或者不够走运的孩子。他们的父母不是社工或作家，无法为他们提供稳定、充满爱的家庭环境。

虽然安一刻不停工作，尽可能帮助更多的孩子，但感到问题越来越糟糕。现在，教育系统中有超过400名无家可归的孩子，较通用汽车停产前大幅增加。最糟糕的是“无人陪伴的青少年”。这是官方称呼，委婉地形容无家可归，需要设法照顾自己的孩子。每次，安接到老师们慌慌张张打来电话，询问有没有地方让孤身一人的孩子住上一段时间，她都感到难过极了。事实上，安找不到安置孩子的地方。简斯维尔的庇护所早已人满为患，就算情况不那么糟糕，机构也不会单独接收孩子。而且，罗克县的儿童救济所不会接收 15 岁以上的孩子。因此，无家可归教育行动小组的目标是，为青少年加开两间紧急庇护所，一间供女孩使用，一间供男孩使用，这将是他们的安全港湾。

该小组的目标是让两间庇护所在一年内开张，这意味 16:49 计划会成为检验简斯维尔精神的“赫拉克勒斯考验”（Herculean test）。安和贝洛伊特教育系统中另一位负责无家可归孩子的社工一起，翻查各种拨款，看看它们是否能用于建造儿童庇护所，得出的结论是政府不存在针对此目的的资助。因此，他们需要筹集 70 万美元建造庇护所，以及 21 万美元用作一年的运营费。

她们是社工，不是筹款人，但她们真心想实现目标，因此希望全新出炉、致力消除抵抗心理的纪录片能够触动城中的人，尤其是没有失业，生活过得不错的人。他们会鼓励更多人贡献自己的一分力。所以，《16:49》上映前一小时，安无法像往常一样在压力下保持镇定。她紧张极了，不知道多少人会来观看，不知道人们会如何反应。

熄灯时刻，安大感惊喜。人们坐满了 100 个座位，还挤满了走道。大家人挤人，站着或倚着后墙。放映厅里肯定塞进了200人。

第一排位置中，三名观众的年纪明显小于其他观众。凯拉·布朗、科里·温特斯和布兰登·卢西恩是罗克县三个无家可归的孩子，也是纪录片主角。

大厅漆黑一片，影片第一次在公众面前播放。凯拉出现在大屏幕上，站在学校一面煤渣墙前诉说自己在18岁生日时，如何被母亲赶出家门。科里的青少年时光大多在别人家中的沙发度过，他对着镜头说："你感到孤立无援，你是个怪物，而不是一个人。"布兰登解释，父亲失业后开始殴打供养家人的继母，之后他开始独自生活，设法渡过难关。

安也出现在大屏幕上，说当老师们给她打电话时，她不得不一再告诉对方，无法为孩子找到临时庇护所。安谈到正在设法筹备的临时"安全屋"。贝洛伊特的社工罗宾·斯图特也出现在大屏幕上，诉说如果没有紧急庇护所，"时刻担心会失去这些孩子"。

影片临近尾声，布兰登最后一次出现在画面上。他说，最近和母亲聊过，说她为儿子即将毕业感到高兴，但是，她不会出席他的毕业典礼。

34分39秒后，《16:49》播放完毕。礼堂中，每个人都站起身，经久不息地鼓掌。灯光重新亮起，安看见许多人的脸上挂着泪水，有些人还在抹眼泪。最后，观众席的一位女士说，她想问一个问题。开口时，她又忍不住抽泣起来，因此她的提问只挤出一个词——"为什么"。

第 26 章　我们再想办法

一年中最短的日子即将来临，黑鹰技术学院荣誉毕业生、罗克县监狱惩教官巴布·沃恩却不愿起床。一个又一个早晨，她感到一阵无可名状的筋疲力尽。她恐惧刷牙，恐惧吃早餐，恐惧穿上卡其色制服，恐惧驾驶汽车驶过米尔顿大道，右转进入通往监狱的 14 号公路。

这种恐惧如此陌生，令人费解。巴布知道，她能够应付许多棘手状况，却无法摆脱恐惧。她曾是独自抚养三个女儿的单身母亲，曾经历被李尔工厂裁员。

在巴布内心，其实清楚正在发生什么。但是，黑鹰技术学院的全 A 成绩从没教过她这一课。如果你投入两年学习争取到的工作，如果你通过与 400 人竞争得到的时薪 16.47 美元的工作，一份意味享受公务员福利的工作，逐渐逼你走向抑郁，你该怎么办？

巴布在 7 月末进入监狱工作（比她的朋友克里斯季晚了两个月），她如释重负。迈克在黑鹰技术学院的人力资源课程刚过半，至少现在家中有了一份收入。她的继母朱迪不时送饭来，减少他们在食物上的开销。去年，朱迪宣布，每个人不一定需要圣诞节礼物。如今，生活也许正在恢复正常。

巴布可以适应监狱轮班，早班、晚班的时间经常变动。秋天，她熬过了六周刑事司法训练，包括使用胡椒喷雾，擒拿，甚至在腿被一位“囚犯”死抓不放的情况下匍匐前进。六周的训练如此漫长，巴布有时不得不压下脑中的疑问：“这真的是我想做的事吗？”虽然辛苦，训练依旧属于教学活动，而且是在黑鹰技术学院进行的。现在的巴布已经对完成学业驾轻就熟。她顺利通过训练，获颁州政府签发的证书，使她具备充分资格成为一名惩教官。

训练结束，返回监狱，恐惧不期而至。在黑鹰技术学院，导师曾向她灌输绝不允许殴打囚犯。她不知道如何应付某些教官截然不同的风格。这还不是最糟的，最糟糕的部分是，她认为自己被囚禁在监狱。

克里斯季知道，巴布有时回家后会流泪。她不禁想，巴布是否足够强硬从事监狱的工作——足够强硬对付囚犯的嘲弄和谩骂。巴布希望相信克里斯季告诉她的话，没错，这是个与众不同的世界。她只是需要一些时间适应，但她内心的声音——“这真的是我想做的事吗”——却越发响亮。清晨的恐惧日益恶化。

迈克忙着在黑鹰技术学院取得自己的全 A 成绩，但他还是留意到了变化。他多次告诉巴布，不喜欢看到她沮丧的模样。一天，迈克说出了令她震惊的话，乃至她从没想过他会冒出这个念头，再经他的口中说出。

“辞职吧。”

迈克告诉她，如果他们会因此失去房子、花园，他们可以搬去租金更便宜的地方。人无法在抑郁、焦虑中生存。“我们再想办法。”他说。

巴布比迈克年长七岁。她如今又怕又焦虑。她怎么能放弃时薪16.47美元的工作，而且知道很难有机会找到同样报酬的工作？

这段时间以来，5月毕业，7月进入监狱工作，她内心中继续学习的渴望从没消失。那股渴望推着她向前，直到获得学士学位。当然，巴布打算报读的专业——上艾奥瓦大学在黑鹰技术学院开设的课程——依旧属于刑事司法领域。但是，巴布如今知道了关于自己的某些重要事情。在监狱度过的日复一日使她意识到，她宁愿帮助还没惹上麻烦的人，而不是在人们犯错后保护他们。社会工作，这才是她想修读的学士专业。

拥有梦想是美好的，但它显然无法取代收入。她的处境不妙，但她相信迈克的话没错。随着圣诞节来临，一天，她忽然以全新的目光审视自己的生活。她看见自己在李尔工厂花费了15年光阴，从事并不愉快的工作，只因为优渥的回报让她舍不得离开。也许她现在变聪明了，也许是因为接受了教育，她不愿再被束缚在这场无聊的游戏中。也许，强硬意味着明白哪些事在自己的生活中行不通，并努力修正它。

巴布依旧心怀恐惧，但做了一件得到第一份工作以来从没做过的事。没有另一份工作等着她，不知道未来将发生什么，但她决定离开。她上交了自己的警徽。

第 27 章　希望礼袋

周六清晨，圣诞节前一周，塔米·惠蒂克听见有人敲门。她和杰拉德早前决定，现在不是卖房子的好时机。塔米开门，意外的是，门外站着一对她不认识的夫妻。

“我们带了些食物来。”男人告诉她。

塔米在惊讶之余涌起某种情绪，因为紧接着，男人和他的妻子走向一辆深色 SUV——当然，是通用汽车产——就停在惠蒂克家的车道上。他们开始搬出装有食物的纸袋，问塔米该放在哪里，又抱着它们穿过车库，走到入口附近。他们来回了数次，因为袋子装得太满，而且太多，共有 12 个。

塔米震惊万分，她简单道谢后关了门。现在，阿莉莎和凯泽雅已经跑下楼，查看发生了什么。如果她们的母亲完全没有头绪这是来自哪里的好意——食物立刻填满了家里的橱柜和冰箱，双胞胎姐妹却猜到了几分。她们听说，派克高中和其他学校正发起一场“希望礼袋”活动。

从某种程度而言，希望礼袋是马弗·沃帕特在25年前发起的假日食品募捐活动的替代。如今，马弗被迫面对现实，装配厂关门，捐赠活动无以为继。但是，简斯维尔的学校尝试填补这一空缺。新活动的配送中心位于城市东部，而不是装配厂的卸货区。分装从清晨6点开始，而不是凌晨4点30分，但是两者的基本理念——在圣诞节期间为困难家庭提供足够的食物——却一脉相承。不仅如此，学校还举行了希望礼袋筹款活动。感恩节前夕，派克高中向学生和老师出售银色胶带，恶作剧式地把校长绑在学校的柱子上，因此募得269美元。

志愿者包括玛丽·威尔默，她暂时从罗克县5.0战略中抽身喘口气。这个周六早晨，她和15岁的儿子康纳一起配送食品袋。他们的最后一站，收到礼物的男人有好几个孩子，孩子们领着食品袋排成一列，不停向玛丽和康纳道谢。

“不用感谢我们。”玛丽告诉他，“这么做对我们同样意义重大，甚至可能超过你的想象。”但男人告诉玛丽，他必须感谢她，因为他从没想过自己会成为受助者，并对此深表感激。他们谈话时，玛丽看见眼泪正从男人的一个儿子脸上滑落。她留意到，康纳的眼眶中也泛起泪花。这一瞬间，玛丽就像回到了自己的童年，父亲因癌症病入膏肓，几个月后去世。她清楚，你永远不知道会发生什么事，让你成为“站在另一边的人”。

塔米知道杰拉德挣的钱不多，但她从不认为他们是贫困家庭，是“站在另一边的人”。实际上，当她打开家门，发现自己成为慈善活动的受助者，很像一种角色颠倒。塔米是基督徒，定期前往中央基督教会做礼拜，履行基督徒的一切职责。她参加教会旅行前往海地传教。慈善，是塔米对他人的付出。直到她的家门前出现一对陌生夫妇，满怀奉献之情，送来足够塔米家吃到新年的食物。慈善不仅意味接受，虽然现在阿莉莎和凯泽雅的学校午餐由联邦政府买单；虽然塔米已经熟悉如何给老师打电话，婉转地拒绝女孩参加野营，因为她无法负担费用；虽然她的岳父、岳母定期来访，为唯一的儿子、孙辈购买大量食物，塞满厨房。但是，两个提着袋子的陌生人送来面包、牛奶、鸡肉、椒盐饼干、玉米罐头、苹果酱——远不止这些，这毋庸置疑是慈善之举。

可是，考虑到家庭目前的状况，塔米打算愉快地收下食物，不为此而尴尬。去年夏天，杰拉德辞去了GOEX那份收入差、时间糟糕的工作。他找了另一份工作，收入差，但在他比较喜欢的帕奇制品仓库工作，它是贝洛伊特的一家玩具和拼图制造公司。帕奇的时薪是12美元，比GOEX少48美分，但他喜欢现在做的事、同事和工作时间。他告诉自己，如果钱意味一切，他会选择留在通用汽车，接受转岗。他希望留在帕奇公司，但这份工作有个致命缺陷——不涵盖医疗保险。在通用汽车的买断合约上签字之际，这还不是大问题，因为他可以继续享受6个月保险，但随着新年到来，情况就没那么乐观了。

塔米不知道是谁把他们家的名字加进学校的食物捐赠名单的。但在这个 12 月早晨，她注视眼前的 12 个希望礼袋，觉得任何食物出现在家中厨房的日子，都是个好日子。

第四部

2011

第 28 章　乐观大使

新年伊始的第一个周二，玛丽·威尔默心情不错。这天早晨，《简斯维尔公报》发表了她撰写的特约专栏，她希望为简斯维尔的2011 年设定一个合适的基调。专栏位于报纸社论版右上方，提醒人们罗克县 5.0 战略正努力激活当地经济。但文章传递的信息更像一种精神，而非战略。“我们应该为自己的社区骄傲，”玛丽写道，“我们都应该是‘乐观大使’。”

乐观大使，是她在罗克县 5.0 战略诞生之初想到的点子。她听到城里涌现“我们快崩溃了”的负面声音，担心这与简斯维尔不屈不挠的奋斗精神背道而驰。她首先向 5.0 战略的领导团队传达了乐观大使的理念，告诉众人要坚定地相信罗克县是个奇妙的地方，经济状况正逐步得到改善。她接着表示，还应该设法把这种乐观精神扩散出去。没人比玛丽在这件事上更卖力。一家人外出用餐时，她会鼓励在克雷格高中念三年级的女儿切尔西，和念二年级的儿子康纳走向餐厅的陌生人，娓娓诉说简斯维尔是多么适合生活和工作的美妙城市。玛丽相信，贯彻这种信念是她的使命。如果她可以做到，这种信念就能够感染更多人，让其他人也变得乐观。她甚至会走进州际公路附近的旅馆，让前台工作人员多向入住的客人谈论简斯维尔的美好之处。因此，玛丽会写下这篇专栏完全在情理之中，向《简斯维尔公报》的读者宣扬乐观大使的精神。

令玛丽心情大好的原因不止她的理念化为铅字。前一天晚上，她很晚才从麦迪逊市中心回家。戴安·亨德里克斯为她保留了一张新州长就职典礼舞会的门票。玛丽认为，新州长正努力为威斯康星州设定新基调，就像她在简斯维尔所做的努力。贝洛伊特的亿万富翁、罗克县 5.0 战略的联合主席戴安，是共和党和其候选人的主要资助者，因此她有多余的门票并不奇怪。舞会在马诺纳平台（Monona Terrace）举行。那里是麦迪逊的"梦想城市中心"，设计师弗兰克·劳埃德·赖特采用了俯瞰湖面的大曲线设计。玛丽兴致勃勃地欣赏新州长夫妇展现最近练习舞蹈的成绩，伴随法兰克·阿尔伯特·辛纳屈满怀柔情的歌声《好事在后头》起舞。

几个小时前，斯科特·沃克刚宣誓就任威斯康星州第 45 任州长。那是一场盛大的仪式，州议会大厦圆形大厅的北侧走廊为典礼装饰了彩旗。四位前任州长出席了仪式，包括开朗友好的民主党人州长吉姆·多伊尔，他激动地握着继任者的手。来自沃克家乡德拉文的童子军领衔效忠宣誓。铜管乐队演奏激昂的歌曲《在威斯康星州》。在全美最爱煽动舆论情绪的保守派就职典礼上，格林贝圣母中学合唱团演唱了歌曲集锦，包括《长发侠》。这首歌曲出自 20 世纪 60 年代一部描写部落爱情的摇滚音乐剧，倡导反主流文化。它在百老汇首演时，沃克出生仅 4 个月。

发表就职演说时，沃克在竞选活动中的承诺——创造 25 万个私营部门就业岗位——是毋庸置疑的重点。新州长宣布："我的工作重点很简单，工作、工作，更多工作。"他的正后方，放置 1848 年威斯康星州宪法复印件的玻璃展示柜附近，坐着简斯维尔的国会议员保罗 · 瑞安，他与其他人一起热烈鼓掌。

沃克喜欢到处开火。竞选期间，他就反对州税、州财政开支及各项规定。但在舞会前数小时的就职典礼上，他称自己不是某个党派的州长，而是伟大的威斯康星州所有人民的州长。然而，随着夜幕降临，威斯康星州的人民显然不是人人支持新州长。当玛丽和戴安欣赏身穿燕尾服的沃克携身穿闪闪发光灰褐色礼服的妻子托奈特，在马诺纳平台的舞池翩翩起舞时，350 名进步派聚集在数个街区外的美琪剧院，出席另一场被他们称为"摇滚和食品储藏室"的派对，沉醉在现场乐队的演奏中。进步派在麦迪逊人数众多，他们为派对取的名字是为了刻意讽刺州长。这次就职舞会 50 美元的门票收入将支付沃克的竞选开支以及支持本州的共和党，而他的前任多伊尔则将两次就职舞会的门票捐赠给了威斯康星州男孩女孩俱乐部。为了凸显沃克光顾着为共和党的金库添砖加瓦，"摇滚和食品储藏室"的组织者决定将他们的门票收入捐赠给二次丰收（Second Harvest）物资厨房以及供养美国（Feeding America）的威斯康星州分支。

嘲讽州长就职典礼只是人们一整年泄愤的开始。愤怒之情在麦迪逊迅速蔓延，但不局限于此，连简斯维尔也扯下了招牌式的礼仪。随着时间推移，德里·瓦拉特渐渐被激怒——州长在公务员，包括学校老师面前大吃大喝。保罗·瑞安也不例外，当地很快会发起一场由各界参与的占领运动，抨击经济不平等，政客与商人媾和。就职舞会第二天早晨，玛丽的专栏发表时，她还没意识到自己会成为众矢之的。

对玛丽感到愤怒的是当地人。人们谴责她忽视最基本的事实：向在饭店用餐，旅行时入住汉普顿酒店或假日快捷酒店的人们谈论乐观精神，与告诉《简斯维尔公报》的每一位读者，为了恢复经济唯一该做的便是保持乐观，根本不是一回事。尤其是此刻，装配厂已经关闭两年，罗克县月初的失业率仍维持在 11.2%。两者截然不同。

玛丽没有立刻意识到针对她的怒火。她选择忽略读者在《简斯维尔公报》网站上的留言。但切尔西和康纳无法对此视而不见，他们尝试向母亲报告："妈妈，刚才八个人诅咒了你。"

当他们终于引起玛丽的注意，她对此感到相当震惊。这种苦涩十分个人化，她为改善地区经济状况付出的艰辛努力和一片好心，竟然遭到素未谋面的人抨击。这令玛丽难以接受，她十分痛苦。但是，随着恶意评论数量增长，她的决心却更加坚定。所有对乐观精神的冷嘲热讽都在巩固她的意志，因为她知道，她就是榜样。她的孩子正看着她，她在银行的团队正看着她。因此她决定，这是发挥领导力的真正机遇。

懦夫才会躲在角落。她如此形容在《简斯维尔公报》网站发表匿名评论或匿名拨打热线电话奚落乐观精神的人们。

“我是乐观大使。”玛丽告诉自己，“我绝不会让他们得逞。”

沃克宣誓两周零一天之际，玛丽和戴安站在 ABC 供应公司入口，恭候新州长。这天早晨，州长逐一到访州边界，目的是在“欢迎来威斯康星州”的木质路标底部钉上全新的矩形牌子，并和它们合影。牌子上写的是“敞开大门做生意”。这一口号预示，沃克会提倡减税，放松监管，营造一种他和其他共和党人所谓的“创造工作岗位”的友善氛围。

州长站在全新钉上的牌子附近合影的第一站就在罗克县，接下来他会沿 90 号州际公路前往位于简斯维尔以南 10 英里的贝洛伊特。在此之前，他将先会见玛丽、戴安和其他罗克县 5.0 战略的负责人。当他大步跨过 ABC 的滑动玻璃门，戴安已经张开双臂。沃克身体前倾，与戴安拥抱，接着退后一步与玛丽握手。搭电梯上楼前，戴安问是否方便谈几句不便在会议上提出的问题。

“当然。”州长说。

戴安靠近沃克，直视他的双眼说：“我们是否可能成为支持共和党的州？一起解决工会和保障工作权利的问题。我们可以做什么？”

“当然，”沃克回答，“是这样，我们会在几周后开始讨论预算调整法案。第一步，我们就会和所有工会进行集体谈判，因为你可以分化它们，再各个击破。”

“你说的没错。”戴安回答。玛丽就在一旁看着。

待一行人抵达会议室，工会的话题已经结束。罗克县 5.0 战略的领导人决定扩大地区协作范围，从伊利诺伊州一线到麦迪逊，他们认为这是促进地方经济的最佳方式。沃克表达支持这一想法时，所有人都很激动，尽管他们很难从州政府微薄的预算中获得资金支持。

沃克援引他的父亲、一位浸信会牧师的说法，他和罗克县 5.0 战略即将开启一场布道，因为他制定的减税和放松监管目标，与戴安、玛丽以及其他罗克县 5.0 战略负责人的构思采用的是同一战略，而且他相信在通用汽车离去后，这可以为当地带来更多的工作机会。

“真是帮了我们大忙。”玛丽告诉州长。

从贝洛伊特动身，沃克敞开大门做生意的合影之旅又到访了迪基维尔、哈德逊和苏必略，它们是威斯康星州 23 个边界城市中率先钉上欢迎标语的城市。

玛丽在黑莓手机输入信息，更新脸书状态：“与州长沃克度过了十分愉快的早晨。很幸运拥有这样的州长。”

第 29 章　和惩教官的工作截然不同

玛丽·威尔默驾车前往麦迪逊参加州长就职典礼舞会的这周，巴布·沃恩驾车回到了黑鹰技术学院。巴布现在没有工作，对不知道将发生什么感到不安，她已经向县监狱辞职。去年秋天，巴布在黑鹰技术学院参加耐力测试后，就没来过这里。今天，她经过校园中庭的走廊，走进一间陌生的办公室。

这里是上艾奥瓦大学的办公室。大学的主校园在 200 英里以西、艾奥瓦州的费耶特维尔，该校擅长远程教学。虽然充满不安，巴布决定上艾奥瓦大学继续学习，直到取得学士学位。她的好友克里斯季说，去年春天以荣誉生身份从黑鹰技术学院毕业后，也想修读学士学位。克里斯季谈论此事的语气，渐渐让巴布以为她只是在开玩笑。巴布知道克里斯季多么依赖县监狱的薪水，她总在买新衣服或计划重新装修家里。虽然在没有克里斯季的陪同下念大学有些古怪，但巴布决定要靠自己。该课程会使她获得社会工作的学位。

她清楚，想拿到学位很辛苦，一部分是在线课程，由数个八周的学期组成，中间没有假期。但现在，她对自己的学习能力很有自信。再过几周，就是她的 50 岁生日。当初选择刑事司法专业是个错误，她不希望这次再弄错目标。

但是，她放弃了时薪 16.47 美元的工作，而迈克还在黑鹰技术学院学习人力资源课程。这次，她选择了学生贷款。巴布尝试找到某种东西——任何东西——帮助她渡过学习期间的难关。她花大把时间坐在电脑前搜索渺茫的工作机会。这周，她留意到一个名叫创意社区生活服务的地方提供了一个新职位。后来她发现，这家威斯康星州的公司专为患发展障碍的客户服务，职位名称是“地区协调官 / 社区保护官”。巴布应征了。

让她意外的是，她得到了这份工作。这意味她要一对一帮助行为困难的客户。无论如何，她的刑事司法背景多少派上了用场。她的第一项任务是去一个机构接一位客户，把他送到一个集体之家——这么多年来，他的第一个家。在那里，她学习教他，鼓励他，安慰他，让他尽量独立。她是客户依赖的人，信任的人。这和惩教官的工作截然不同。不久，那位脆弱、固执的客户以及他为了早日自立付出的努力，打动了巴布。

一切都不简单。这是一份全职工作。晚上，她还要跟上长达八周、没有休假的高强度学习。但是没问题，巴布知道她很努力。尽管如此，她曾希望在取得副学士学位后，可以把家里整理得井井有条。她的家中摆满植物，还有她和迈克收集的各种小玩意。她希望可以像以前一样打扫卫生，吸尘。事实上，这种想法现在还太天真。

还有一个问题。地区协调官 / 社区保护官的时薪是 10.3 美元，比警察局的时薪低了 40%。还不及她在李尔工厂时薪的一半。

第 30 章　这就是民主

2 月 25 日，简斯维尔的老师们放假。德里 · 瓦拉特和丈夫、派克高中的科学老师罗布 · 伊斯门、3 岁的儿子埃弗里，一起驾车兴致勃勃地前往麦迪逊。他们在经常光顾的桂格牛排（Quaker Steak）吃了早午餐。中午时分，他们抵达麦迪逊的国会广场，一片位于两个湖泊之间的高地。埃弗里骑在罗布肩上，足够高到让 MSNBC（微软全国广播公司频道）摄下他长着棕发的小脑袋。回家后，德里在电视上瞥见了儿子的身影。

这是抗议新州长斯科特 · 沃克的第 11 天。第二天，一个周六，将有 10 万人在一场暴风雨中走上街头，创下威斯康星州历史上规模最大的示威纪录。但今天，也有数千人从全州各地赶来。德里和罗布、埃弗里前进时，人群熙熙攘攘。她对所见的景象和耳边的嘈杂声大感惊讶。她格外喜欢一段随着断续的鼓声反复高呼的口号："这就是民主。"

直到这次游行爆发，德里经常怀疑在学校学习了民权运动和反越战示威后，美国是否还有人团结一致，为自己的信仰抗争。德里寻思，这是她32年生命中第一次看见人们团结起来，行使宪法第一修正案赋予他们的权利。她观察着身边的景象，风笛手和鼓手正引领一队消防员，后者手中举着红白相间的标语“消防员支持工人”；还有大量休假中的警员高举“警察支持工人”的标语。建筑工人和护士、教师和大学生、体力劳动者和博士，众人走向2月午后的街头，发出共同的声音，振聋发聩，团结一致，荡气回肠，“抵制法案！抵制法案！”

处于旋涡中心的，是沃克履新第一个月致力推动的第一项大型法案。他将它命名为《预算修正法案》(Budget Repair Bill)。过去，那只意味小修小补，但这次不同。州长希望重塑州政府，称为了扭转经济衰退和赤字，他的法案必不可少。他似乎还希望撕毁绝大部分威斯康星州公共部门工会的集体谈判权。这正是他会见罗克县5.0战略小组的那天早晨，向戴安和玛丽暗示的计划。但在竞选期间，他对此只字未提。

这项法案与威斯康星州的历史背道而驰。20世纪初叶，随着1900年罗伯特·M.拉福莱特当选为州长，这里逐渐成为美国进步运动的中心。拉福莱特有“战斗的鲍勃”之称，热心改革，致力帮助日益城市化、工业化以及特殊利益集团当道的社会中的普通人。作为进步运动传统的一部分，威斯康星州一直是工人权益斗争中的先锋。1911 年，简斯维尔装配厂制造出第一辆雪佛兰汽车前十几年，该州通过了第一部职工工伤补偿法。1932 年，工厂在大萧条中关闭的同一年，威斯康星州是第一个打造失业津贴系统的地方，比国会通过功能相似的《联邦社会保障法》(Social Security Act) 早了三年。1932 年，也是在麦迪逊，一群州政府公务员组建了工会，在之后几年成为代表州和各市工人利益的主要工人组织。1959 年，威斯康星州又是第一个通过法律保障工人集体谈判权的地方。

出人意料，削减工人力量，是让人们聚集在国会广场外抗议沃克推动的《预算修正法案》的两大主要原因。

德里在学校教孩子们美国历史，又在威斯康星州长大，当然清楚这里的工会传统。她认为自己属于中间派，倾向于从事情的两面看待问题。在这件事上，她的个人利益使她站在抗议者这边，而非支持新州长的计划。《预算修正法案》将剥夺工会代表州政府公务员、各市工人、公立学校老师参与谈判劳动条件和工作环境，而且会抑制涨薪。根据州长的计划，她和罗布必须开始准备将来的养老金，支付更高的医疗保险费用，从而影响他们的储蓄计划。根据她的理解，如果因这项法案打乱储蓄计划，将意味他们无法再生一个孩子，这正是她最近在考虑的事。

尽管如此，她今天来麦迪逊并不是为了抗议，而她是以历史老师的身份来这里的。抗议是一件大新闻，她相信，它注定会成为威斯康星州历史、美国劳工历史中重要的一部分。她怎么能错过亲眼见证这段戏剧性的历史呢？带着创造历史的好奇，以及她的儿子尚未见过议会大厦，德里和罗布、依旧坐在父亲肩膀上的埃弗里，挤过熙攘的人群，来到花岗岩打造的建筑物穹顶前。他们推开议会大厦沉重的大门，走了进去。

德里从电视新闻得知，即使议会在审议法案时，大厦的圆形大厅和走廊也一片静寂，而如今，它成了组织有序，多少带点体味和汗臭，24 小时运行的指挥营地。但是，身临其境完全是另一回事。威斯康星大学的一群研究生在协调场地运作。学生为圆形大厅、通往四个方向的走廊设定了不同的使用功能，保障它昼夜不停运转：休息区铺满床垫、睡袋，隔开了家庭用休息区和学生用休息区——避免孩子看见学生兴之所至的接吻；儿童玩乐区；医疗区；手机充电区；培训区，讲解公民非暴力不服从的斗争经验和教训；还有瑜伽区，也难怪，这里是麦迪逊。

还有食物区，连日来，这里持续免费供应伊恩比萨。餐厅位于州大街（State Street），与议会大厦仅隔一个街区。来自 50 个州和 20 多个国家同情抗议者的人们，纷纷打电话或在网上订购伊恩比萨，显示团结之心无关距离远近，把比萨送到议会大厦，让示威者们不至于挨饿。

比萨吃完后，盒子被制作成抗议牌，模仿议会大厦石灰岩外墙的形状摆成巨大的标志。尽管设有休息区，德里发现示威者相当缺乏睡眠，因为鼓声、闪光灯舞会派对、重复播放的《永远团结》和其他工会老歌一直持续至凌晨。当德里、罗布和埃弗里再次拨开人群回家时，歌声仍回荡在他们耳边。无论你站在哪边，德里认为，看到这么多人为同一项事业而奋斗，真是太好了。

德里、罗布和埃弗里碰巧见证了示威期间一个关键的日子。当她惊叹于议会大厦里上演的奇迹时，嚼着各地人士订购的比萨的抗议者们的情绪却越发低落。凌晨 1 点，立法会下议院威斯康星州议会中的共和党人，突然叫停 60 小时不间断辩论沃克的《预算修正法案》的议程。但是，他们并没有真的出手制止辩论，而且 15 位民主党人正打算通过发言阻挠议事进程。在这种情况下，共和党领袖突然宣布就州长的计划投票。投票仅持续了 10 秒钟。在大部分民主党议员意识到发生了什么之前，法案通过了。接着，筋疲力尽的共和党立法者排队走出议事厅，州警方在他们和民主党人之间筑起人墙，后者身穿橘色 T 恤，上面写着“为工人家庭战斗！”的字样。他们爆发出文明时代少见的激烈情绪，声嘶力竭地痛骂：“耻辱！懦夫！”

中午时，令示威者情绪低落的原因不止是议会通过了州长的法案。州警方宣布，议会大厦内的营地必须在两天后的周日下午 4 点之前移除。示威者希望留下。下议院中共和党人卑鄙的投票行为将焦点转向了立法机构的另一个部分——州参议院，而那里的民主党人早已做出了另一个称不上光明正大的举动。威斯康星州的民主党人参议员集体偷偷离开了当地。

2 月 17 日凌晨，国会广场外的示威开始两天后，蒂姆·卡伦在家中接到一个令人伤心，但不算意外的电话。曾担任州参议员和州最高法院法官的一位老朋友、他的导师在前一晚去世了。蒂姆知道老友已是癌症晚期，因此保证无论他何时去世，都会作为他家族的发言人面对公众。现在，他必须返回麦迪逊，发布讣告，召开新闻发布会。

此时距离蒂姆拯救装配厂的任务失败，重新入选参议院已经三个月。他如今 66 岁了，上一次以立法者身份示人是 24 年前的事。清晨 8 点 30 分，他打算返回麦迪逊时接到了另一通电话，对方是州参议院的少数党领袖马克·米勒。刚才，州参议院民主党人召开会议时，蒂姆没能参加，米勒正是向他传达会议决定的。

由于预见当天会通过州长的《预算修正法案》，参议院的民主党人决定集体"逃往"伊利诺伊州。这一令人失望的举动——充满戏剧性、古怪、无先例可循——是由议会的一项规则导致的：在威斯康星州，通过财政相关立法案至少需要 20 名议员参与投票。19 名共和党参议员占州参议院席位的多数，但他们还缺一个人，除非当天有一位民主党人出现在议事厅。如果 14 位民主党参议员集体离开威斯康星州，就不可能举行州长法案的投票。

蒂姆告诉米勒，时机太坏了。他必须遵守对友人家族的承诺。因此，他匆忙赶往首府，挤过示威者人群，发布讣告，设法在参议院举行投票前离开。当蒂姆办完事，与大部队会合时，米勒又打电话提醒他不要走 90 号州际公路前往伊利诺伊州。州长可能在州界附近部署了警察，制止蒂姆离开。

蒂姆抄小路，终于和民主党人同伴在伊利诺伊州的罗克福德旅馆会合。但是，他陷入了两难之地。蒂姆是工人的伙伴，同时也相信政治妥协。为了避免投票逃往州界另一边，绝不是一种妥协。而且，他询问错过的会议内容后，发现了另一个问题。“你们讨论了该怎么返回威斯康星州吗？”显然，这个话题至今无人提起。

接下来三周，蒂姆和民主党同伴辗转在伊利诺伊州北部的各个旅馆之间。出于天性，他曾尝试在此期间协商一项妥协方案结束政治危机，但最终双方都不满意。众人在伊利诺伊州格尼的拉昆塔酒店停留时，蒂姆和一位民主党人偷偷潜回威斯康星州。他们得到保证，不会被州警方拦截，才驾驶半小时汽车，来到基诺沙附近的一家麦当劳，与共和党的多数党领袖会面。还是没有任何进展。第二个周日，示威的第 13 天，德里、罗布和埃弗里前往麦迪逊的两天后，他和两位民主党人在上午 9 点重新来到那家麦当劳，这次与他们会面的是州长的幕僚长。蒂姆嗅到一丝妥协的可能。3 月 6 日，示威第 20 天，参议院的共和党人决定在必要时刻动用武装警察，把民主党参议员带回本州。此时，州长的幕僚长在威斯康星州州界附近的南贝洛伊特会见了蒂姆和另一位民主党人。这次，他们拟定了一份临时纲要——不算协议，但提出了一些软化法案影响工会组织的想法。蒂姆认为，虽然纲要还远远不够，但可以给民主党人一个机会，体面地重返麦迪逊。但是，其他民主党成员依然对此不感兴趣。

沃克和他的同僚逐渐失去耐心，不再协商妥协方案。示威第 23 天，州参议院的共和党人使出一项议会技巧，暂时拿掉法案中涉及财政的部分，因此不需要 20 位法定投票人数就可以通过法案，只需要 17 人。傍晚，州参议院在民主党人集体缺席的情况下，通过了经删减的法案，削弱了各大工会组织的权力。第二天，州议会通过这一版本的法案。示威第 25 天，不顾威斯康星州历史上最长及最大型的示威，州长喜气洋洋地签署了法案。

简斯维尔的许多人一向认为麦迪逊是个充满疯狂举动的地方。他们对示威者的瑜伽和鼓乐队早已见怪不怪。在其他情况下，狂热的政治事件或许不会威胁简斯维尔人自豪的传统——总能在困难面前保持镇定。但冬天结束，春天来临，沸腾、刻薄的说法沿州际公路蔓延而来，击毁了简斯维尔人克制、礼节性的传统。

州参议院投票当晚，德里所属的工会——简斯维尔教育协会——通知成员第二天穿黑色衣服。很快，教师工会成为组织之一，在全州发起一场特别选举，罢免新州长，把他赶出州长办公室。

同样出于天性，蒂姆尝试讲和。在示威结束、民主党议员失败而归的情况下，他提议修订州宪法，杜绝参议员再次使用集体“逃走”的策略。尽管如此，3 月中旬，蒂姆还是参加了一场在罗克县法院的停车场举行的集会，工会和他们的支持者大声叱责州长。蒂姆公开谴责了共和党人受金钱驱使的利益诉求。

在此期间，保罗·瑞安在哪里？民主党人参议员集体前往伊利诺伊州当天，保罗在华盛顿接受 MSNBC 访问，阐述控制联邦开支的理念。这使他和州长成了意识形态上的盟友。保罗站在美国国会大厦的大理石圆柱前告诉 MSNBC，他和沃克是好朋友，甚至在示威爆发后还互发过数封邮件。保罗对示威者的轻视一览无余，丝毫没有流露对工会成员的同情。他表示，工会的工人已经得到许多津贴，即使州长削减预算，他们仍可以享受比威斯康星州普通工人优渥的条件。

“而他，你知道，却被迫面对民众集会，”保罗谈及州长的处境，“就好像开罗的乱局被搬到了麦迪逊。”他指的是埃及爆发的大规模示威——作为更大规模运动“阿拉伯之春”的一部分——数天前刚推翻了独裁埃及 30 年的总统。

保罗的观点——工会的工人已经得到足够好处，正迎合了沃克的政治算计。因此，他才会在就任州长的第一个冬天就计划对付工会组织。在简斯维尔一部分人眼中，公务员薪水过高，滥用纳税人的钱，的确引起了共鸣。在一个失业率高企不下的城市，一些人开始认为工会工人，包括老师，都是“待宰的肥羊”。

简斯维尔或许拥有悠久的工会历史，但装配厂和供应商相继倒闭，夺走了太多 UAW 工人的工作，基石发生了动摇。如今，罗克县的工会人数仅为过去的一半。而且，关于工会究竟在帮助美国经济还是伤害美国经济的讨论中，形成了观点对峙。

对工会工人的怨恨出现在削减州预算、地方税收总体下滑之际。简斯维尔的学校甚至有史以来第一次宣布裁员。但是，对教师的怨恨仍有增无减。城里许多人的工作岌岌可危或长期失业，而大部分教师却得以保住工作，还可以享受暑假和养老金——尽管德里、罗布，以及其他教师将为此支付更高的成本。

连最寻常的地方也开始涌现敌意。这年夏季的某天，简斯维尔教师协会主席戴夫·帕尔在 24 小时营业的沃尔玛超市遭遇了一次对峙。时间是凌晨 4 点，他的家人正等在外面的车上。这天，一家人很早出门，计划前往三小时车程外的拉克罗斯——戴夫的父亲家度周末。他们停车是为了给孩子买一副耳机。当时正值黎明时分，只有一个结账窗口，因此戴夫无法回避排在前面的一个男人。后者显然认出了戴夫，因为他最近不时出现在《简斯维尔公报》的版面。“我告诉你，你不会少拿一分钱的。”男人向戴夫吼道，“我知道你不会少拿一分钱的。”男人不愿住口，虽然收银员提醒他或许该冷静一点。夜班经理上前，把男人带出了超市。

德里在派克高中的同事、教了 31 年商业课的朱莉·布顿从没参加过示威。她还资助一项合作社项目，帮助经济拮据家庭的学生。尽管如此，她在伍德曼的超市遇上认识多年的人，后者还是向她抱怨麦迪逊“那些关于老师的事”。她已经听够了教师待遇太好的说法，连领通用汽车退休金的人也对她这么说。朱莉讨厌被人说坏话。她开始刻意选择等晚上才去伍德曼，那时超市收银处相对人少。

一天晚上，德里接到母亲的一通电话，语气听起来十分担心。

她的母亲朱迪住在阿特金森堡，距女儿住处半小时车程，但她的医生在简斯维尔。那天就诊时，医生在闲聊时问起德里和她的妹妹德温最近过得如何。她的母亲讲起德里在教书。医生翻了个白眼。她的母亲问为什么。医生告诉她，他不打算说什么好话，还是不说为妙，草草结束了检查。她的母亲走出诊室，心中仍隐隐作痛。母亲在电话里告诉女儿，医生几乎不认识德里，凭什么根据女儿的职业选择来谴责一个人。

德里为母亲被无声的敌意灼伤而感到难过。

第 31 章　简斯维尔时间

每次轮班结束，马特·沃帕特离开韦恩堡装配厂走进印第安纳州的夜色前，都会在时钟墙前停留片刻。他的工卡划过读卡机，让通用汽车知道他的八小时工作结束了。每天晚上，除非运气好碰上加班，马特下班打卡时，时钟往往指在 10 点 45 分之后。

印第安纳州东部的冬天正在融化，迎来春天。马特在韦恩堡准时打卡上下班已经 年。足够使他们的按揭贷款恢复正常，使家人重新过上中产生活，虽然他必须在远离达西和孩子 300 英里远的地方工作；足够使他不再感到异样。他匆忙地穿过宽阔的停车场，跨上停在那里车龄 14 年的汽车，发动引擎，仪表盘上的红色电子时钟亮起，显示晚间 9 点 45 分——简斯维尔时间。

把汽车的时钟和手表设置成美国中部时间——简斯维尔时间——源自他内心的一股冲动。他向左转，离开停车场时，总是小心地告诉自己现在要回公寓，而不是回家。马特刻意把住处想成“公寓”，因为在他心中，即使每周要在韦恩堡度过五天四夜，他也只有一个家，而且显然不是他在考文垂的柳树（Willows of Coventry）合租的公寓。他的室友是一个名叫基普的男人，也是通用汽车的吉卜赛人，希望可以回简斯维尔工作。

但是，每次驾车回公寓都像对马特的一种讽刺，公寓门口的大字写着——“考文垂的柳树，欢迎回家”。他和基普分享一套漂亮的公寓，拥有两个房间、两个浴室和只用过一次的壁炉。那是圣诞节，马特提议可以装饰一棵基普打算扔掉的塑料圣诞树，让他们在远离家人的第一个圣诞节好过一些。那天，他们播放了音乐，点燃了炉火。尽管大部分时候，他们只能在这套公寓遥遥思念威斯康星州的家。

马特开门，走进房间，首先映入眼帘的是一只挂在墙上的大鹿头，有着一对令人过目难忘的鹿角。他在祖父位于希尔斯伯勒的农场附近猎杀了它。鹿头放在公寓恰到好处——达西不喜欢家中出现这只大脑袋，而马特每天开门看见它却有回家的感觉。马特的房间叠着整齐的绿湾包装工队毛巾，公寓另一头，基普的床上则是同一种深绿的包装工队毛毯。马特的房间有一张单人长沙发，一张梳妆台，台面下压着每个家人的照片。

他不想来这座城市工作，但现在每个月被迫和基普平摊 704 美元租金。马特认为很倒霉，钱比他全职在简斯维尔工作时更紧张。虽然韦恩堡提供的时薪高达 28 美元，如果在工厂待满三年，还可以得到三万美元奖金。但如果在简斯维尔，不需要租金；不需要车，1997 年产黑色土星是他能找到的最便宜的车；不需要汽油费，每周五晚上下班后回简斯维尔，周一上班前来韦恩堡。即使他和其他简斯维尔的男人拼车省油钱，单程也要 20 美元。与在家时相比，他和达西更常为钱争吵。

马特知道，他和基普可以找到更便宜的公寓，但认为现实已经够惨，每周独自睡觉的时间比与达西共处的时间更长，找条件简陋的公寓只会雪上加霜。此外，不少通用汽车的吉卜赛人住在考文垂的柳树，包括简斯维尔的一些老乡，他喜欢看见熟人的面孔。

马特是大批迁往韦恩堡的通用汽车吉卜赛人中的一个。韦恩堡装配厂于 1986 年启用，在接手简斯维尔的卡车生产线之前，原本就是生产卡车的工厂。通用汽车在两年前破产时，还决定把密歇根州庞蒂克的重型皮卡生产线迁往韦恩堡，那家工厂是在通用汽车重组中关闭的。因此，韦恩堡在去年增加了晚班，让生产线夜以继日地运作，引进了 900 名失业工人，就像马特和其他简斯维尔的通用汽车工人。转岗的工人来自 11 个州、25 家工厂，有些人举家搬来韦恩堡，更多人像马特一样成了吉卜赛人。实际上，工厂经理也要每周花两小时返回位于代顿的家。人事主管周末要返回芝加哥的家，车程约三小时。无论是否是吉卜赛人，许多转岗工人比韦恩堡工厂的工人工龄更长，这意味他们可以获得更好的轮班时间和生产线上更抢手的工作。马特是裁切流水线中班小组长，负责数位工人处理刚经过喷漆的车体。在这个环节，他们会安装挡风雨条、地毯下的绝缘垫、安全带搭扣，以及车顶上可开启的遮阳棚顶。马特认为中班最好，因为一周的工作从周一下午才开始，让他周日晚上可以睡在家里。

来自各个州、各家工厂的吉卜赛人一起工作，却对彼此所知甚少。来这里以后，马特从没想过哪些工人可能是共和党人。可是提及体育比赛，工人们对家乡球队的效忠显而易见，从棒球帽和T恤就可以知道谁支持印第安纳波利斯小马队，或芝加哥熊队，或纽约喷气机队，或——毫无疑问，绿湾包装工队。马特很喜欢戴包装工队的帽子。但总体而言，他不喜欢远离家人的生活。他的室友基普每周二晚在一位朋友家打牌，有时会参加周三在当地UAW会堂举行的游戏之夜。马特不是来韦恩堡找乐子的。他尽可能节俭，主要吃麦片、金宝汤罐头和拉面。

此外，他感到十分内疚，因为达西需要独自打理整个家和三个孩子。他无法为家人做饭、洗碗，或辅导女孩们做功课，或带她们看医生。他觉得自己一无是处。但是，他还是得设法打发无所事事的时间。天气好时，他会和其他吉卜赛人在早晨去唐纳德·罗斯高尔夫俱乐部，考文垂的柳树的租客可以免费在这里打高尔夫球。天气炎热时，他会坐在考文垂的柳树的泳池边，直到上班。有时坐在泳池边会激起他强烈的内疚感，希望赶紧回到数百英里外的家中做家务。

他知道达西理解这种无助，从没抱怨过他在泳池边打发时间，因为他在韦恩堡装配厂工作的下午和夜晚维系着一家人的生计。但是，内疚感不容易排解，还有想家的寂寞。他和达西设法拉近两人的距离。周一早晨驾车回韦恩堡前，他有时会在她的枕边留下“想念你”的问候卡片，但又不能太频繁，否则就不是惊喜了。工作日，他们会一起玩手机游戏。每次玩拼字游戏都是达西获胜。马特从不介意，因为重点不是分数，而是两人间的连接。最开心的时光是在不经意时收到达西的短信。“该你了。”——一句话，让他感到格外暖心。

每天夜晚，马特向左打方向盘驶出工厂的停车场，向北上高架回公寓途中，会给家人打电话。汽车仪表盘显示的简斯维尔时间是晚上 10 点左右，比韦恩堡的时间早一个小时，但对简斯维尔的家人来说已经很晚。他如果多和女孩们说几句，就会耽误她们上床睡觉的时间。

第 32 章　骄傲和恐惧

书包轻飘飘地挂在迈克·沃恩的肩上，他正走出黑鹰的教学大楼，穿过柏油路，走向他的雪佛兰卡车。现在是 5 月中旬，今晚迈克没带任何书。只有一张考勤表——交给支付他学费的劳动力发展机构，还有几页期末考试复习的笔记。迈克总是在上课、考试前半小时到场，就像他以前总是提早半小时到工厂上班。他走到白色卡车附近时，已接近晚上 9 点，商业法课程的考试——他的最后一场期末考试，已经结束。

迈克带着怀念之情，匆匆扫视空荡荡的李尔工厂已经是 26 个月前的事。他和李尔公司时期代表的工会兄弟姐妹们联系越来越少，他曾在他们被裁员时尽力安抚过他们。如今，他只和几位朋友打交道。不是迈克不怀念过去的时光和人，而是时光已逝，不用老惦记。

他的父亲戴夫——沃恩家族的第二代工会领袖——依然很活

跃。他已经从通用汽车退休近 10 年，还在志愿担任 UAW 地方 95 分会的副主席，就像迈克告诉他考虑改行时一样。当地的工会人数不停萎缩，工会代表的公司从 16 个下跌至 5 个，因为随着通用汽车工厂关门，供应商也相继倒闭。留下的工人无法像迈克在李尔工厂、戴夫在通用汽车时一样，从工会工作中得到补贴，办公室现在只剩像戴夫这样的退休工人。

迈克的父亲还在设法领导不再完整的工会，迈克却认为自己最好向前看。这个周三夜晚之后的周日，他会像一年前的巴布一样，在梦想中心出席毕业典礼。三天后毕业，迈克怀着骄傲和恐惧走向他的卡车。

骄傲不难理解。迈克非常高兴他做到了——共完成 23 门课程，21 个 A、1 个 A– 和 1 个 B。就像巴布，他也会戴上副学士帽，披上荣誉肩带。他会告诉一位《简斯维尔公报》的记者："我打了一场漂亮仗。43 岁，我为自己取得的成就而骄傲。"

随之而来的恐惧是因为迈克无法回避现实。几分钟前，他交上考卷，算是完成了一场赌博。他赌上生命中的两年光阴，相信就业中心提倡的职业培训是新生活的美妙福音。毫无疑问，这段福音传播到了更多人的耳中。去年，他入读黑鹰技术学院时，罗克县的 543 名失业工人正在享受调整法案中的培训津贴。在全美，这个数字接近 10 万人，纳税人需为此支付约 5.74 亿美元。就全国情况而言，去年 1/2 领取津贴的人；今年——迈克毕业这年——1/3 领取津贴的人无法马上找到工作。

迈克从两个月前开始求职，投出了数十份简历。他以为自己的简历不难引起关注，几乎完美的成绩，数十年工会的人力资源经验，包括五年来在一家800人规模的工厂担任工人代表。他肯定可以引起关注，对此深信不疑，因为他曾参与合约谈判，曾处理抱怨和不公，懂得员工的心思，可以熟练使用克罗诺斯员工管理系统。他认为无论是工会，还是公司管理，其实差别不大，公司肯定会留意到他的丰富经验。

但是，迈克惊讶地发现收到的回应无一不是拒信。大部分公司告诉他，他们需要拥有学士学位、在人力资源领域工作过3至5年的候选人。他理解公司的挑剔，因为太多人想抓住稀缺的人力资源职位。实际上，人们急于抓住任何机遇。迈克不由紧张起来，毕业典礼就在三天后，他还没接到一通面试电话。

他为自己取得的成就而自豪，却不得不面对现实。3月以来，不知出于何种原因，他没再收到失业救济金。念书期间，他本该按时收到这笔补贴的。他知道，比他早失业的工人，比他早进入大学学习的工人还在领取失业救济金。他尝试过多次，但无法说服威斯康星州任何处理失业救济金的工作人员，某人在系统中为他设定的状态——“已在期限内用尽福利”——其实搞错了。最近，他和巴布开始一点一点动用存款。巴布的新工作是帮助患上发展障碍的病人，时薪10.3美元。单靠这笔收入生活，和靠这笔收入加上迈克的失业救济金生活，完全是两码事。

因此，毕业后马上找到工作成了迈克的当务之急。他甚至应聘了工人的岗位，以防花费两年时间筹备的人力资源计划泡汤。他开始认真思考，如果有工作，他每天愿意花多长时间通勤。麦迪逊太远吗？伊利诺伊州的罗克福德呢？更远的地方呢？迈克走向他的卡车。刚结束最后一场考试，即将迎来毕业典礼，一个巨大的疑问悬在他的头顶："接下来呢？"

接下来两周，迈克的心情还会萦绕在骄傲和恐惧之中。但是，从现在往后数两个周三，他会参加塞尼卡食品公司的面试。这是一家简斯维尔的蔬菜处理工厂，正好开放一个人力资源入门级别的职位。那个周五，他会接到电话让他下周一参加入职体检。周二，他会被告知可以从第二天开始工作。因此从 6 月 1 日起，迈克不再介意要通宵轮班，不再介意要站在公司立场，而非工会立场，与工人打交道，解释劳动合同。如今，他和巴布的收入相加，勉强超过了他们在李尔工厂时收入的一半。

迈克将感谢他的运气。失业 28 个月后，他展开了全新的事业。

到今年夏天，通用汽车装配厂和其供应商，比如李尔工厂，相继关门就将满三年。如果人们考虑接受职业培训，早已重返校园。直到此刻，黑鹰技术学院的失业工人都比其他工人更加从容。

但结果却事与愿违，入读黑鹰技术学院的工人比其他人更难找到工作。简斯维尔及附近 2000 名失业工人报读黑鹰技术学院，只有 1/3 的人找到一份稳定的工作——至少全年都有一些收入——而未重返校园的失业工人有 1/2 的人找到稳定工作。

而且，黑鹰技术学院毕业生的收入不及其他工人。经济衰退前，他们的收入和其他工人大致相当。到今年夏天，没有接受职业培训却找到新工作的人的平均收入比从前下降了8%，入读黑鹰技术学院的人的平均收入却比从前下降了33%。

更令人震惊的事实是，工资水平下跌最剧烈的是像迈克这样的人——在黑鹰技术学院熬到毕业。大衰退前，这些能在学业上取得成就的人往往收入较高。正因为如此，他们的收入跌幅格外剧烈，几乎只有原来收入的一半。

就业中心获得了大量联邦资金支持再就业培训，但鲍勃·博勒曼留意到，不是每位黑鹰技术学院毕业生都能找到一份收入满意的工作，或仅仅是一份工作。这不符合他的期待，他想解开其中的谜团。

是有些失业工人趁另外一些人在学校念书，抢走了有限的工作机会吗？是因为像迈克这样的人——在李尔工厂拥有18年丰富经验，现在却进入全新的职业领域从头做起吗？如果是这样，随着时间推移，他们的收入会持续增长吗？

鲍勃意识到，无论原因是什么，联邦政府和就业中心的社工反复传颂的新生活福音，描绘的美好画面没有成真。至少，目前还没有。他们以为这次大衰退和从前一样，假以时日就业市场就会慢慢复苏。但是，事实却并非如此。鲍勃明白就业中心的意图是善良的，但高估了期望。他甚至认为，就业中心把人们送进了祸不单行的窘境。他们失去工作，进入学校学习新技术，但还是无法找到工作。

在黑鹰技术学院，负责教学的副校长莎伦·肯尼迪尽量回避“祸不单行”的后果——恰如就业中心鲍勃的忧虑。莎伦敦促黑鹰技术学院的教职员工与城里各大公司的经营者、人事主管沟通，确认哪里可能出现新职位。学校里，人手有限，总在超负荷工作的咨询师还在尝试说服失业工人重返校园，学习相关领域的知识和技能。

黑鹰技术学院所做的最大努力是莎伦和其他员工花费 200 万美元打造的项目。这笔钱是威斯康星州的民主党参议员赫布·科尔设法从国会争取的。黑鹰技术学院用这笔钱开设了 CATE 项目——职业技术教育（Career and Technical Education）的缩写，为一小批失业工人提供额外帮助。CATE 自 2010 年启动，只招收 125 名学生。首先，学生要参加测试，结果显示有些人已经准备好接受高等教育，另一些人可以阅读、写作，或具备中学水平的计算能力。莎伦、鲍勃和工作人员挑选出最有就业前景的专业，两组学生可以从中选择自己感兴趣的领域。具备接受高等教育能力的失业工人将学习电脑操作或临床实验室技术，另外一组学生将学习护理、焊接或特定种类的商务知识。学生可以享受许多资源，拥有自己的导师，每周需要在校园度过 20 小时。

职业技术教育项目非常昂贵，每位学生的成本在 8000 至 10000 美元。虽然费尽心思为学生挑选了专业，虽然这批失业工人接受了密集培训，但效果乏善可陈。令人痛心的事实是，在莎伦和 CATE 项目的工作人员精心挑选的最有就业前景的领域中，黑鹰技术学院的毕业生在求职时仍不比其他人更有优势。迈克毕业的夏天，只有半数接受职业培训的失业工人找到工作——与没有接受教育的失业工人的就职率不相上下。

迈克有时会遇见被李尔工厂裁员后入读黑鹰技术学院的人。有些人还在找工作，有些人现在从事的工作和最初的打算大相径庭。一个学习 IT 技术的男人正从事包装蔬菜的工作。因此，6 月 1 日下午，迈克准备前往塞尼卡食品公司上第一个晚班时，他内心交织的骄傲和恐惧汇聚成了纯粹的骄傲——他得到了最好的结果。

是的，他赚的钱不如过去多，但是，他已经接受了过去的时光不会重来，不会再纠结无法改变的事情，对现在拥有的一切心怀感激。此刻，当迈克审视生活的变故，不再认为他失去了工会的工作，而是对人力资源的赌博有了回报。他拥有一份工作，他感兴趣的工作，在简斯维尔的工作。

第 33 章　2011 年劳动节集会

劳动节集会从下午 1 点开始，正如每年的传统，游行队伍沿着密尔沃基街向南转入主街。这天下午，9 月 5 日，碧空如洗，但人们的心情却欢快不起来。当新格拉鲁斯消防队的表演者在街上攀爬云梯，当经典的雪佛兰车队驶过街道，游行队伍中却涌动着一股无法遏制的愤怒。这股愤怒源自去年冬天，示威者反对威斯康星州州长斯科特·沃克在刚就职不久就提议瓦解工会，削减财政预算。这股愤怒撕裂了简斯维尔常年引以为傲的彬彬有礼，以及用温和态度面对逆境的传统。

蒂姆·卡伦 67 年生命中从没见过这样的画面。州民主党参议员集体“出逃”伊利诺伊州，又灰溜溜回到麦迪逊之后，蒂姆一直在尽力弥合两党间的分歧。他认为，从此禁止议员集体离开本州是一种求和姿态，但共和党人嘲笑他的提议，民主党同僚则讽刺他没脑筋。麦迪逊的《威斯康星州报》和《简斯维尔公报》报道了蒂姆和两位共和党参议员互抛橄榄枝，通过访问对方选区改善两党的工作关系。7月,《威斯康星州报》写道：“这是为了向某些人、某些地方证明，两党合作在威斯康星州还没有走到死路。”蒂姆总是觉得孤独，他的身边很少有人相信可以重拾包容的美德，在麦迪逊重新唤醒两党合作的精神。他常觉得别人与他步调不一致。这个寒冷、刮风的下午，他走在家乡密尔沃基街上的游行队伍之中。他望向挤满人的人行道一侧，约20人在他经过时欢呼叫好；他又望向挤满人的人行道另一侧，一个男人向他竖起中指。

竖中指？在劳动节集会上？就在密尔沃基大街上，在秉承不屈不挠的精神，充满善意的简斯维尔？

蒂姆难以置信。他不知道那个男人为什么憎恨他“逃往”伊利诺伊州，为什么憎恨他太中立。他认为无论怎样，这短短数秒总结了如今威斯康星州的政治犯下的所有错误。每个举动都在破坏简斯维尔彬彬有礼的传统。

蒂姆并没有遭到游行人群最猛烈的愤怒攻击。脾气最坏的那群人出现在保罗·瑞安的身边。他和家人打算加入游行队伍时被一群人拦下。一个顶着一头棕色蓬乱鬈发，穿蓝色拉链运动衫的年轻人向他大发脾气。这个名叫托德·斯托纳的25岁年轻人是工会组织者，占领华尔街运动的早期成员——该运动谴责占全球人口1%的富裕群体，抨击财富高度集中，从而拉低其他人的生活水准。

起初，斯托纳尽量表现得礼貌，在瑞安靠近时向他伸出手。“国会议员，瑞安先生！”他说。

瑞安握住斯托纳的手，随后把手放回双人童车的扶手上，车里躺着年仅6岁、一头金发的萨姆，国会议员三个孩子中最年幼的一个。“很抱歉！”保罗说。从任何角度看，他都是地道的威斯康星州人，身穿绿湾包装工队Polo衫、卡其色长裤，手机别在皮带上，就像三年前的晚上，他接到装配厂关门的电话时一样。“很高兴遇见你。抱歉。我们刚从这里开始。”

保罗身边站着妻子扬娜。她把金发束成马尾，带着另外两个孩子莉莎和查理。他们身边围着一群身穿黄绿色T恤的支持者，衣服正面印着一行“瑞安”的白色小字，后面印着同样放大的字母。

斯托纳没有却步。“我真的想问你一个问题。”

“不是现在，”保罗重复，“因为我们刚开始游行。”他递给斯托纳一张奶油色名片，年幼的萨姆正从童车里挥舞一面小国旗。“帮个忙，请去我的网站。”保罗说。但年轻人越发失去耐心，打断对方的话。

“我去了，我看过网站。”

“好吧，那我想你应该明白今天我们要做什么。”保罗说。

斯托纳表示对读到的内容不满。

“我们只是在这点上有分歧，是吧？”保罗问，“保重，希望你一切顺利。我也希望创造就业岗位，我们只是在如何创造就业岗位上存在分歧，是吧？”

斯托纳的声音提高了几分，语气更加尖锐。“我该怎么做才能找到一份工作？难道我的工资应该和打黑工的人一样吗？难道我该接受时薪一美元的工作吗？”

扬娜的手也放在童车的把手上，脸上的笑容转瞬即逝。八岁的查理在一旁看着。最后，扬娜转向年轻人，祝福他度过美好的一天。保罗也祝福他度过美好的一天。

“你想要一些糖吗？”国会议员问。游行开始后，他的孩子们打算向人们抛洒糖果。

“不。”斯托纳说。难以置信这就是他得到的回应。

“威斯康星獾队或绿湾包装工队的比赛行程表？”

“不。”

斯托纳开始充满攻击性的自言自语后，保罗的脸转向另一侧，嘴唇紧绷。扬娜的脸上还挂着笑容。一个身穿黄绿色T恤的男人插嘴。“算了吧，”他告诉激烈质问中的年轻人，“大家都不想闹得不愉快。”

斯托纳没有提到上个月罗克县的失业率仍超过9%，与通用汽车工厂及其他供应商关门前相比，失业人数增加了6000。但是，他的话传达了相同的意思。他说：“我们怎么可以欢度劳动节？明明这么多人已失业。这真是个悲哀的劳动节！”

最后，保罗、他的家人和身穿黄绿色T恤的支持者终于开始游行。当他走过主街，接近一英里路线的尽头，他的劳动节待遇没有任何改善。保罗一边前进，一边高呼“劳动节快乐”。人行道上，坐在椅子上观看游行的人群后方，仍可以辨认出斯托纳的鬈发脑袋。他和朋友们在一起，有些人来自一个名叫“威斯康星，现在就要工作”的组织。该组织成立于去年春天，向新州长示威之后。斯托纳是组织者，活动经费来自另一个他服务的大型工会——服务业雇员国际工会。实际上，“威斯康星，现在就要工作”还准备了一辆游行花车。说是花车，它更像一辆运货卡车，接在一辆休旅车后面，车身两侧写着“失业工人团结争取好工作”。卡车上坐着数位来自保罗选区的失业工人和低收入人士。

“保罗 · 瑞安，没人比他更烂，只考虑公司利益。”斯托纳和他的朋友们高呼，直到口号中的主角走完游行路线。

“停止攻击中产阶级！”斯托纳高喊，手上举着一块白布的一角，上面手写着：“瑞安根本不在乎工人。”

保罗在示威者的呼声——“工作在哪里？工作在哪里？”——中，打开蓝色萨博班的车门。毫无疑问，这是通用汽车的产品，只是他的家乡已经失去了这家工厂。扬娜与身穿黄绿色 T 恤的支持者拥抱，随后和孩子们一起坐进车里。保罗驾车离开后，午后的阳光中仍可以辨认几块蓝白相间的标志：“拯救美国梦。”

几天后，简斯维尔的命运似乎出现了新状况。无疑，始作俑者又是底特律。周五晚，通用汽车和 UAW 达成一项全新的四年临时合同。这是总统乔布 · W. 布什和总统奥巴马批准联邦汽车贷款，拯救通用汽车破产和重组战略后，工会与通用汽车的第一批谈判成果。谈判涉及一个次要问题，决定公司仅剩的两家“待命”状态的工厂命运：简斯维尔工厂和一家位于田纳西州斯普林斯尔的工厂——稍往南就是纳什维尔。后者历史较短，自 1989 年起生产雪佛兰土星，后生产 SUV，直到两年前停产。

对简斯维尔人来说，这绝不是次要问题。就业中心的鲍勃发现，人们依然期待装配厂重开，再依靠连锁效应创造大量其他就业机会。作为现实派，鲍勃其实更希望大部分人放弃这种凤凰涅槃式的期待。但是，有些人还是无法放弃，比如马弗·沃帕特，他已经退休三年，曾以工会代表身份为工人服务 25 年。马弗依旧相信工厂会重开，这样他的儿子马特就不用在印第安纳州工作，这只是个时间问题。

周五晚，消息传来，根据临时合同，斯普林希尔的工厂会重开，简斯维尔的工厂将维持关闭状态。

戴夫·沃恩作为 UAW 地方 95 分会副主席，与他的朋友迈克·马克斯一起赶往底特律。后者也已经退休，是地方分会的主席。谈判期间，他们敦促工会国际的负责人设法令工厂重开，或者——如果此举失败——至少保住“待命”状态，因为“待命”好过彻底关门。现在，他们正听 UAW 主席解释临时合同。月底前，工会刚批准这份合同。通用汽车宣布，新合同会在未来四年在美国创造 6400 个工作岗位，但只会让公司的成本增加 1%，工人可以享受奖金和利润分成。通用汽车首席执行官丹尼尔·阿克森称，这份合同“对公司和工会都有好处”，它“会再次证明通用汽车的面貌已经焕然一新”。

简斯维尔呢？失望，毫无疑问。当然，也少不了由来已久的乐观，夹杂着当地人不屈不挠的精神。戴夫·沃恩和其他工会领袖大舒一口气，UAW 阻止了通用汽车向工厂判处“死刑”。同样的期待也出现在《简斯维尔公报》的版面上。报纸的一篇文章写道，如果斯普林希尔的工厂会重开，难道不正意味简斯维尔——通用汽车唯一处于“待命”状态的工厂——是下一家重开的工厂吗？

第 34 章　发现密室

AP 心理学是凯泽雅 · 惠蒂克的第七节课，也是当天最后一节课。下午 3 点 20 分下课后，凯泽雅弯腰拿粉色网格书包，打算往里装教科书、笔记本和文件夹。但她刚低下头，便感到一切糟糕的事突然向她袭来，两行眼泪从她的面颊滚落。

凯泽雅一阵不知所措。她和双胞胎姐姐阿莉莎现在是派克高中十一年级的学生。凯泽雅是尽责的辩论队队员，十年级时就代表派克高中参加州锦标赛。她奉行整洁、自制，不是会在公共场合流泪的人。此刻，她还在留意自己是否发出了抽泣声——谢天谢地！——她知道，必须立刻止住眼泪。

她责备自己流泪。“现在不是时候，也不该在这里，”她告诉自己，“你只是不能在全班同学面前流泪。”

但眼泪还是不停滑落。

她保持低头的姿势，希望其他孩子因为忙着整理书包或其他事，而不会留意到她的不安和挂着眼泪的面孔。但是，她知道棕色刘海其实遮不住她的表情。班里没有同学注意她，可是她的桌子靠近教室前方，背对墙壁，朝向中间。换言之，正好面对韦努蒂太太的桌子。

埃米·韦努蒂在派克高中教社会课已经四年，经常与德里·瓦拉特合作，两人的教室共用一条走廊。埃米刚教完有关心理障碍的内容，她碰巧望向凯泽雅，留意到了正在发生的事，问凯泽雅是否有时间留下。

她耐心等待其他孩子离开教室，才坐到凯泽雅身边，用慈母般的口吻轻声问发生了什么，她可以做什么。

凯泽雅不知从哪里说起。过去三年，她和阿莉莎早就学会了如何隐藏家中发生的事。她们懂得如何在非营利二手商店好心好意（Goodwill）淘衣服，寻找有设计感的牛仔裤，使它们看起来像新的一样。和朋友一起逛街时，小心避免他人留意到她们没买任何东西。家里发生的事，不该拿来与朋友倾诉。

好吧，阿莉莎的男友贾斯廷知道。他知道阿莉莎喜欢去他家，这样比较少机会谈论钱，而且她可以搭他的汽车，就好像喜欢换新口味的青少年。去年，凯泽雅不得不在辩论队获得州级大赛资格后，告诉她的辩论搭档、十二年级生瑞安真相。她不得不告诉他，她不能继续参赛。辩论队会在瑞盆学院附近预订两间酒店客房，一间住三个女生，一间住两个男生。她无奈地告诉瑞安，她无法支付酒店费用。瑞安告诉了教练，不知怎么——她至今不知道原因——凯泽雅只要付很少的钱就可以成行。旅途期间，她总是热心帮忙，试图偿还付钱让她参加比赛者的人情。锦标赛遇上了暴风雨，旅途时间大大超过预计的两小时，把她吓得不轻。

她们几乎没有和朋友提过家里的事，如果她们认为不适合与朋友谈，凯泽雅又怎么会向一位老师敞开心扉呢？

她该怎么告诉韦努蒂太太，她的父亲杰拉德在通用汽车工厂关门后已经换了三份工作，超过一整年时间完全无事可做？也许，她是否该担心他会丢掉现在的工作？起初，这第三份工作看起来不错。他在县监狱当保安，巴布·沃恩曾工作的地方，克里斯季·拜尔仍供职的地方。他申请这份工作的时间超过一年，最后是一个与他们家相熟、在警察局工作的男人——凯泽雅和阿莉莎一直是他家的临时保姆——好心帮了他一把。杰拉德大多数时候上中班，在克里斯季上夜班之前结束工作，因此两人并不认识对方。杰拉德非常满意这份工作的薪水，时薪几乎达 17 美元，虽然比不上通用汽车的薪水，但好过以时薪 12 美元在帕奇制品的仓库工作。他其实愿意留在帕奇制品工作，如果那份工作能像监狱的工作一样提供健康保险。

但是，杰拉德很快遇到了麻烦。凯泽雅留意到父亲最近有些不寻常，总是一副紧张兮兮的样子，似乎害怕上班。而且，随着夏天来临，问题似乎越来越严重。他尽一切可能加班，为度假的惩教官顶班等，为了给家里增加额外收入。虽然时薪 17 美元的工作比帕奇公司好，凯泽雅和阿莉莎还是经常听父母讨论开支问题，而这对夫妻总以为双胞胎女儿和诺厄没在听。诺厄更频繁地参加体育活动，制服的开销很大。加上监狱的健康保险自付额度较高，他们还要付钱让凯泽雅看医生，弄清楚她为什么总是肚子疼。凯泽雅知道，她的父母很难接受失去中产生活，总以为通用汽车永远不会出问题，就像公司会照顾她的爷爷一样。但现在，他们必须适应沦为低收入群体，甚至可能更糟。她希望帮助父母，但不知道该做些什么。

在学校，凯泽雅总是尽力专注学业，不想家中发生的事。但在今天讨论心理障碍的课堂上，韦努蒂太太谈到抑郁、焦虑，令她想起父亲身上发生的变化。她把两者联系在一起后，课堂最后部分的内容让她感觉如鲠在喉，直到她意识到眼泪夺眶而出，在所有人面前。

韦努蒂太太出于好心询问她原因，凯泽雅不想表现得粗鲁，但她认为不该把个人问题带进教室。因此，她沉默了一分钟，考虑该说什么。虽然她什么也不想说，但她必须说些什么。

"家里的状况不是太好。"她终于开口。那一刻，她完全失去控制，沉默的眼泪转变为剧烈的抽泣。

"我们可以帮忙。"韦努蒂太太说。

"真的吗？我从没接受过帮助。我们不符合资格。"凯泽雅告诉她。话音未落，她想起母亲泛红的眼眶，一次又一次向食物银行 ECHO 求助，而职员一再告诉她的母亲，他们家每月的收入比最低线高出了几美元。

韦努蒂太太告诉她，获得这种帮助不需要符合资格。

她让凯泽雅整理好东西。于是，凯泽雅背上粉红色的书包，而韦努蒂太太从文件柜的第一排抽屉取出一串钥匙。她们走出教室，来到一扇关着的门前。就在同一条走廊，相隔两扇门之外的地方，凯泽雅从没留意过那里。韦努蒂太太打开门，凯泽雅简直不敢相信自己的眼睛：架子上摆满牛仔裤、鞋子、学校用品，打开的柜子里塞着食物、洗漱用品和牙膏——派克密室。

让凯泽雅惊讶的不只是这个房间的存在，最令她惊讶的是，她被带到了这里。如果这个房间始终存在，而韦努蒂太太从未向她透露，肯定意味着派克高中其他孩子的家庭情况也大不如前。

简斯维尔有数千人失业，有些人至今没有找到工作，有些人就像他的父亲，不停换工作，赚的钱总是不够花，而凯泽雅从没想过她家中经历的一切，可能也在其他家庭上演。也许，当她和阿莉莎决定不和朋友们讨论此事，其他曾来自中产家庭的孩子也做出了相同的决定。此刻，凯泽雅的脑袋不停受一个想法冲击，就在一瞬之间，“还有许多像我一样的孩子”。

埃米·韦努蒂曾见过这种“不光是我一个人”的震惊。自从她在派克高中教书，就协助德里运营密室，从第一年的第一个学生，到现在近 200 人。虽然她的付出不及德里，但近几年，她每年都会带十几名学生来这里。在凯泽雅之前，她就明白这里提供的不仅是二手牛仔裤和牙膏。她明白接受这份帮助，意味强迫这些孩子重新理解自己的生活——一种截然不同的定义：他们成了需要帮助的人。一个女孩被激怒，痛哭，坚称她的家庭不需要帮助。一个父母正闹离婚的男孩也不接受，直到埃米告诉他，现在他是家中的男子汉了，但他还不能工作，因为他现在的全职工作是在学校念书。因此，他需要带回家一些东西，用这种方式照顾家人。

她需要容易接受、好听的理由。这是埃米从中学习到的经验。

凯泽雅的震惊在埃米的预料之内，但女孩的头脑中还有一个念头。有人费心费力为孩子们提供帮助，而她完全不知道他们的存在。人们从每天忙碌的工作中挤出时间帮忙，不仅是为她，还为她的全家人，不仅是为她的现在，更是为实现她将来成为全科医师的梦想。总有一天，她也会拥有帮助他人的能力。

对凯泽雅而言，这个想法太感情用事，因此她没有说出口。她只是问韦努蒂太太："你们从哪里找来这些东西的？"

捐赠，她的老师告诉她，当地人会捐钱捐物。

韦努蒂太太问她需要什么，但凯泽雅还沉浸在发现学校秘密的惊讶之中。除非学生遇上麻烦，他们永远不会知道这间密室。当她思考"索取"一词时，无法回避一个事实，在家里，她、阿莉莎和诺厄总被教育要给予他人，成为给予他人和独立的人。她不想拿太多东西。

她挑了丝华芙沐浴露和护发素。她知道，如果不用护发素更省钱，但如果可以用，她十分乐意。做一个给予的人是幸福的。因此，她又为诺厄挑选了老香料除臭剂。

韦努蒂太太问她还需要什么，凯泽雅告诉她已经够了。韦努蒂太太锁门前，一个凯泽雅从没见过、穿着考究的低年级男生走进房间，流连了数分钟，拿走了几样东西。

她独自走在从派克高中回家的路上，思考这个新发现以及韦努蒂太太告诉她的话，如果她需要什么，不要担心不敢开口。回到家，阿莉莎还在工作。凯泽雅把沐浴露、护发素和除臭剂放在厨房的台子上，在桌子和炉子之间。她赶去上下午 5 点至 9 点的班，换上卡尔弗餐厅的围裙和帽子，为客人送上黄油汉堡和奶油冰激凌。

下班后，凯泽雅知道阿莉莎一定会问这些东西是哪来的。而且，她的姐姐肯定不会喜欢她的答案。如果她们需要什么东西——她们受到的教育一向如此——要么为了它努力工作，要么放弃它。

凯泽雅解释，韦努蒂太太带她去了一个房间，她们的学校有一个叫派克密室的地方。她还没说完就知道，虽然她们真的需要这些东西，但阿莉莎不会这么简单就接受别人的帮助。

第 35 章　晚班之后

罗克县监狱的晚班在清晨 7 点结束。秋天早晨，克里斯季在下班后走出监狱，前往停车场时，正值太阳升起的时刻。克里斯季刚入职时过的是轮班生活——白天、夜晚、彻夜，不停改变入睡时间似乎并不妨碍她。尽管如此，她还是最喜欢监狱的晚班。那时更安静。而且，巴布在一年前出人意料地辞职后，克里斯季十分想念她，而另外两个和她成为朋友的惩教官也正好上晚班。当监狱出现晚班空缺时，她申请了。因此，克里斯季如今上晚班。现在是清晨 7 点 30 分，她回到家时，太阳刚好爬到半空。

这时，房间还很安静。她的丈夫鲍勃已经出门。她的母亲琳达刚起床，正四处走动。克里斯季喜欢在下班后抽一口烟，才上床休息，而琳达不允许别人在家中抽烟。因此，琳达会在此时端起咖啡杯，和克里斯季一起——她还穿着警察局的卡其色制服——拿上新港烟，走向宽敞的露台，无所不谈地聊天。

克里斯季喜欢和母亲共度的这段时光。露台很适合闲坐，聊天，虽然早上的空气清冽。地板上铺着各式毯子，有金属帘子挡风，但还是透入了几束清晨的微光。这时，克里斯季会告诉母亲值班时发生的事。囚犯做的蠢事，或者需要送几名囚犯去医院，或者惩教官剥夺囚犯换电视频道的权利，而一名囚犯对此嘟囔着抱怨。她知道母亲喜欢听监狱中发生的事。这些故事与寻常的夜晚不同，不像工厂的工作。

监狱的工作很辛苦。她不时会给巴布打电话，告诉她自己不开心。尽管如此，克里斯季为现在的成就而骄傲。琳达也为唯一的女儿骄傲，而且十分欣慰她在 39 岁时，终于找到一份好工作，此时还有许多人在为失业挣扎。

他们的生活似乎安定下来了。虽然鲍勃比克里斯季晚进黑鹰技术学院，学习暖气设备与空调安装和维修，但也已经在 5 月毕业。他的失业津贴会在 9 月停发，但在简斯维尔还是找不到工作。他的同学日子相当难过。一个人靠种大豆挣些钱，另一个人去了商场工作。因此，鲍勃找到工作时，克里斯季认为他非常幸运。至少从 8 月起，他就是麦迪逊一栋州政府大楼的维修人员。因此，克里斯季下班时，他已经出门工作了。

虽然鲍勃找到工作，克里斯季和她的母亲还有一桩大心事，她们总在露台聊天时谈起，和监狱的故事、她们的香烟、咖啡一起。克里斯季唯一的孩子乔希今年 22 岁。2007 年，他在大衰退前数个月从派克高中毕业。一年后，通用汽车工厂和其供应商相继关门。乔希选择加入国民警卫队，而现在，他被送去了伊拉克。

第 36 章　伍德曼的深夜

凯泽雅·惠蒂克蹑手蹑脚地走到沙发附近，她的母亲塔米还没睡。近来，周末夜晚总是如此，她的剪刀在一堆折扣券上游走。

“想一起去超市吗？”凯泽雅问，尽量显得温柔，好像不是什么大事，就像世间最平常的事——一个 16 岁的孩子邀请母亲一起去伍德曼的超市购物，并且为此买单。

她知道只要开口，她的童年便从此远去了。这就是成长太快的样子，而这种样子已经在她身上蛰伏了一段时间。

如果是孩子，很可能不会留意父亲杰拉德在监狱工作得越久，越抑郁。她已经不记得父亲上一次惹得她咯咯笑是什么时候。她知道，在熟睡的父亲身边剪折扣券的母亲是最担心的那个人。母亲以为四周没人注意时，脸上便会浮现筋疲力尽的神态。凯泽雅不忍心看这种表情，她的母亲也知道，因此她们沉默地约法三章，凯泽雅就当什么也没看见。

最好不要讨论人人都知道的事实，就算这种事在过去会让他们震惊，现在却成了生活的一部分。坚持在放学后打工 10 个月，在卡尔弗餐厅为客人端上黄油汉堡，她的储蓄已经超过父母。父母曾好几次礼貌地问她或阿莉莎借几美元去超市买东西或加油。她的父亲尝试用挖苦的口吻说："我们养了你们前半辈子，现在该你们养我们后半辈子了。"他以此掩饰每次开口时的尴尬。

凯泽雅和父母或许会开玩笑，但他们从不正面讨论严峻的现实。虽然她现在知道了派克密室，知道面对这些问题的不止他们一家，她依旧不会和朋友讨论钱。她甚至不和奶奶露西尔谈钱。奶奶是凯泽雅在脸书和生活中最热心的支持者。凯泽雅确信，奶奶一定理解她的感受。因为她留意，奶奶不时会塞一些钱给父母帮助他们还房屋贷款。

但是，凯泽雅从不向一个人隐瞒任何事。尤其是这件事。上八年级以来，凯泽雅和阿莉莎常常提心吊胆。她们窝在地下室的床上，试图弄清楚父亲为什么开始回家吃早餐。

陷入回忆，凯泽雅才明白那是一段如此单纯美好的时光，纯粹是孩子式的焦虑。现实是，她们的父亲失去了可以维持家人生计的工作，而且他根本找不到好工作。凯泽雅和阿莉莎尝试从乐观、现实的角度思考这个问题。凯泽雅会打第二份工，在城里一名脊椎按摩师的诊所做接待。尽管如此，她和阿莉莎还是会任由想象驰骋。如果有一天，她们的父母无法偿还房贷怎么办？她们怎么支付大学学费？阿莉莎可以实现成为工程师的梦想吗？凯泽雅可以成为全科医生吗？

不过，那是将来的事。眼前的问题是冰箱又空了，而且父母没钱。这个现实问题，而不是未来会怎样，让凯泽雅在今晚决定蹑手蹑脚地走到沙发边，向母亲提议一起去超市。这个想法已经在她脑海中酝酿了一段时间，但今晚之前，她从未开口。

她的母亲从剪刀和折扣券上抬起头。从她的表情，凯泽雅知道她使用的语气没问题。呼！目前为止，她的计划进展顺利。无论如何，这件事十分微妙，打算付钱给家人买食物。

她发现阿莉莎在另一边的客厅和男友贾斯廷一起看电影。"你想来吗？"凯泽雅问，她刻意调整语气，不想让姐姐感觉她也必须出钱。阿莉莎的钱更紧张，她还在还2005雪佛兰羚羊的车贷和汽车保险，而凯泽雅还在存钱买车。但不出意料，阿莉莎没有拒绝。贾斯廷也来了，虽然他还没弄清楚发生了什么，但只要阿莉莎去，他就跟着去。

出门前，凯泽雅和母亲找出有用的折扣券。她的母亲列了一张购物清单。接着，他们上车，塔米开车，凯泽雅坐在前座，阿莉莎和贾斯廷在后座，好像这不是件颠倒常理的事。第一站是黑鹰信用合作社的自动提款机，凯泽雅和阿莉莎每人取出100美元，她们账户的每日最高取现额度。随后，他们驾车前往城市南部、24小时营业的伍德曼的超市。已近午夜，超市几乎没有顾客。

凯泽雅负责检查细节，贾斯廷保管折扣券，阿莉莎使用计算器、推车，以及帮母亲装货。他们买了鸡肉，因为最近吃了太多的通心粉；午餐肉，因为凯泽雅吃厌了 PB&J 三明治；还买了可可泡芙和嘎吱嘎吱船长麦片，而不是一般的麦片，为了换换口味。随后，他们经过一排诱人的货架，但那些不是必需品，因此凯泽雅只是看看，什么也没买，毕竟这是她辛苦挣的钱，应该用它买更重要的巧克力曲奇、家乐氏果塔饼干。

整趟冒险最紧张的部分——成败的关键，在收银处，他们需要表现得恰到好处。毫无疑问，她们的母亲在这次付款时和其他主妇不同。排队时没人说一句话，女孩们塞给母亲一卷 20 美元。她装作自然地收下，就好像从贾斯廷手中接过折扣券。

回家途中，车里装满了食物，这让凯泽雅大松了一口气。她累了，但知道早晨的可可泡芙会让她像孩子般开心。此刻，她比任何时候都感觉自己长大了，她在承担责任。她和阿莉莎一度不知该如何理解姐妹两人的存款多过父母的事。她每隔两周从卡尔弗餐厅拿回 100 美元或 200 美元，取决于她的工作时长，努力存下 100 美元。有时，她也讨厌牺牲和责任。但她提醒自己，她和阿莉莎从小就被教育要帮助他人。她们曾为国家荣誉 / 献血活动和美国癌症协会的生命接力捐款。因此，当父母需要帮助时，她们为什么要另眼相待呢？

回到家，她和母亲一起整理好食物，凯泽雅隐隐感到——除了可以吃到可可泡芙的兴奋之外，幸好父亲还在熟睡。她知道，从通用汽车失业后，在几份工作间兜兜转转却赚不到太多钱的父亲，依旧认为自己应该是供养这个家庭的人。他对自己太苛刻，她如此想，从不承认自己已经足够努力，无时无刻不在网上寻找更好的工作。她知道，父亲在早晨醒来，发现冰箱里塞满女儿们的薪水买的食物，一定开心不起来。

第五部

2012

第 37 章　阳光计划

玛丽·威尔默坐在简斯维尔市议会大厅，儿子康纳坐在她身边。这是 2 月的第二个周一，晚上 7 点，2012 年第三次市议会即将召开。玛丽很少亲临现场观摩市议会运作，更不会带上孩子。但今天，大厅格外拥挤。玛丽开车从市中心，经每年举行劳动节游行的密尔沃基街附近的杰克逊街，前往市政府大楼。途中，她告诉最年幼的孩子、克雷格高中的十年级学生康纳，他能来真好，因为这是一个重要的夜晚。

在车上，康纳问母亲是否紧张。“紧张得发抖。”玛丽承认。

令玛丽紧张的原因是，州议会议程第一项将讨论一场全新的商业尝试。这次尝试价值不菲，提案金额高达 900 万美元。项目会在两年内兑现，是协助玛丽——以及经济发展联盟罗克县 5.0 战略的其他人士——实现简斯维尔复兴的关键。它被称为阳光计划。

就关键部分而言，该项目并不可靠。阳光制药技术公司是麦迪逊的一家初创企业，正研发一种全新技术，从铀中提炼一种医疗用同位素。这种同位素可以在医院应用于心脏检查的压力测试、癌症转移检查的骨扫描，还有28种其他诊断成像用途。而这种同位素——钼-99的全球供应持续走低，阳光公司跻身四家公司之一，得到了美国能源部的资助，会与其他三家公司共享2500万美元早期研发经费，寻找在商业上可行的制造钼-99的方式，改善供应不足的困境。

只是纯粹的巧合，四家公司中的另一家北极星公司计划在贝洛伊特建制造厂，戴安·亨德里克斯已经成为它的主要投资人。过去，这种不谋而合的野心肯定会引发两座城市的对抗，但现在有了政府鼓励，以及在罗克县5.0战略提倡的地区合作精神感召下，两家初创企业都在当地受到欢迎。也许，这里可以成为国内制造同位素的中心。企业联盟前进简斯维尔的主席约翰·贝科德形容这会“为罗克县的品牌形象打造与众不同的光环”。

当时，阳光公司只有十几名员工，资本投资不足，从未使用过同位素制造工艺，发展道路中还存在一系列不可忽视的政府障碍，比如美国核能管理委员会苛刻、复杂的评审。他们会评估阳光公司的制造方式是否安全，是否对环境有害，才会决定是否向其颁发联邦执照。没有执照，就无法制造。

尽管障碍重重，但阳光公司在简斯维尔的政治领袖中人脉广泛。这都得益于阳光公司创始人、首席执行官克雷格·皮尔弗。皮尔弗时年35岁，额头垂着棕色刘海，个性随和，聪明，拥有威斯康星州大学核工程博士学位。两年前，麦迪逊的一本商业杂志把他选入当地 40 名 40 岁以下“闪亮之星”的年度名单。从那时起，他开始推广未来在当地建制造厂的理念——在阳光公司准备就绪之后。

玛丽认为，阳光公司是个堪称完美的机遇。装配厂在三年前关门后，她和促进经济发展的地方官员不停奔走，争取提升简斯维尔的形象，打造经济多样化的商业项目。保罗·瑞安也是如此。从国会山回家休息时，只要罗克县 5.0 战略的经济发展经理詹姆斯·奥特斯坦给他某个 CEO 的名字或建议某种可能，他就随时准备给对方打游说电话。保罗明白，这里的商业机会有限，虽然大衰退在两年半前已经正式宣告结束，可还是没有太多公司考虑搬迁或扩张。“就凭现在的经济状况？我可不想冒这个险。”保罗记不清从多少 CEO 口中听过这句话。

保罗和皮尔弗谈过四次。他向后者描绘了简斯维尔的全景，当地的精神、地理资产、低廉的生活成本，如何在简斯维尔过上真正优质的生活——他经常滔滔不绝地向 CEO 们推销这一套。他还邀请皮尔弗共进晚餐，虽然皮尔弗没有答应，但保罗认为他会感激国会议员站在他的身边。玛丽和其他罗克县 5.0 战略的工作人员也在设法拉拢皮尔弗。此外，简斯维尔的经济发展官员与皮尔弗、阳光公司团队展开了真金白银的谈判——政府愿意为引入阳光公司砸下多少重金。

三周前，皮尔弗宣布，他将很荣幸把简斯维尔唤作家乡，“以雇主和企业公民的身份成为这里的一分子”。他从威斯康星州的三个城市中选中了简斯维尔，其他两个城市也跃跃欲试，希望阳光公司在当地建制造厂。

在所有谈判和诚挚的恳求之后，在保罗和罗克县5.0战略团队尝试招揽其他公司均以失败告终之后，玛丽对阳光公司所做决定的喜悦溢于言表。自始至终，罗克县5.0战略信奉的理念都与失业汽车工人不同。前者认为简斯维尔必须摆脱汽车制造城市的标签，打造21世纪先进的制造业中心，后者则仍期待通用汽车工厂起死回生。太浪费了，玛丽和其他5.0战略团队的同事如此认为。威斯康星州大学麦迪逊分校拥有一个研发园，距简斯维尔西北仅44英里，汇聚许多生命科学和其他技术领域的初创公司。那里的人整天琢磨如何创新，但新点子落实所需的制造项目没有一个选择简斯维尔。玛丽和其他5.0战略的同事参观研发园，和开发新技术的人聊天，解释简斯维尔迫切的多样化诉求，特别欢迎生物技术领域的公司入驻。如今，阳光公司来了。这家在麦迪逊成立的高科技公司，是第一家选择简斯维尔的公司。玛丽相信，阳光公司肯定会改变当地的生态。

这种喜悦从没有因为一些不明朗的事实而减少。阳光公司不会带来太多的就业岗位，皮尔弗表示他仅需要125名员工，与简斯维尔失去的工作机会相比微不足道。工作岗位可能在三年内落实或者更晚，主要取决于公司的资金是否充足，以及联邦政府的评估结果。皮尔弗总在回避这些工作会给简斯维尔当地人，还是会垂青其他地方更专业的科研人员。“他需要什么技术呢？”就业中心的鲍勃·博勒曼总在琢磨。鲍勃搞不清楚，如果阳光公司会引进在核工程领域拥有硕士或博士学位的人，皮尔弗怎么有信心吸引人才来这个蓝领城市定居？

尽管如此，皮尔弗开出的年薪——5 万至 6 万美元，还是燃起了人们的希望。与过去相比，人们现在的工作时间更长，收入却更低。身为黑鹰技术学院负责教学的副校长，莎伦·肯尼迪眼看人们的希望水涨船高，不免有些担心。《简斯维尔公报》的一篇文章写道，阳光公司决定选择简斯维尔，而且皮尔弗很快会与黑鹰技术学院以及另一所技术学院的管理层会面，探讨开设新项目，培训核领域的技术人员。黑鹰技术学院立刻接到许多咨询电话。但是，还没有工作，还没有就业培训。在莎伦眼中，人们在试图抓住任何能够把握的一线希望。

还有一个问题。玛丽心中涌起的喜悦、城里的人因为 125 个回报丰厚的工作岗位燃起的希望，会迎面撞上另一个发人深省的现实——简斯维尔为引进阳光公司必须付出相当高昂的成本。这个数字刚在不久前揭晓。长期以来，玛丽和其他人都致力与皮尔弗、他的团队对话，向政府提供建议，但主要谈判由政府经济发展部门的主管负责。几天前，他向人们公开了具体细节。

多么让人震惊的细节！作为经济激励措施的一部分，市政府会捐出 84 英亩土地。那块土地价值 1500 万美元，位于城市南部，靠近机场，因为钼 –99 会在数小时内降解，需要尽快把刚提炼出的同位素通过机场运往全国各地的医院。那块土地毗邻一块224英亩的空地。后者正是玛丽和简斯维尔其他经济发展领袖的骄傲，因为它会在未来被打造成商业园。罗克县5.0战略为此支付了大笔咨询费，保障它一切准备就绪。这意味公司可以立刻动土建厂，随时入驻。这片未来商业园加上贝洛伊特的一小片园区，在威斯康星州是独一无二的。土地提前完成指定、认证，万事俱备，适用于制造、办公或物流。两年多来，它一直是罗克县5.0战略最大的卖点。虽然到目前为止，没有任何公司愿意进驻。

简斯维尔对引进企业的渴望，让阳光公司获得了巨大好处。简斯维尔不仅捐出土地，还会为公司架设公用事业管线，为将来建造钼–99制造厂买单。而且，市政府会提供400万美元私人贷款，用于阳光公司未来的发展。包括土地、公用事业管线、建造成本的激励措施，会以减轻公司未来赋税的形式兑现。虽然这种公共融资方式备受争议，但目前正风行全国。它背后的理念是，希望假以时日，阳光公司不只以交税的形式偿还贷款。这笔钱不算在简斯维尔不堪重负的财政预算中。不过，单看它的规模，本年度全市的总预算为4200万美元，阳光公司的优惠即高达900万美元。激励措施出台的背景是，州长沃克在去年夏天不顾蒂姆·卡伦和全体民主党议员反对，在麦迪逊督促立法机构批准削减开支。这一决定直接导致简斯维尔从州一级获得的财政援助比前一年减少10%。

为了今晚的会议，市经济发展主管准备了一份坦率、详尽的备忘录，向公众一一罗列阳光公司享受的好处。正如玛丽和前进简斯维尔的建议，大部分激励措施会在阳光公司取得里程碑式的进展后逐一兑现。它们包括，证明公司的核粒子加速器运转正常，以及从联邦核能管理委员会取得建造工厂的执照。

这种做法是为了给政府资金提供某种缓冲，避免运气太差，导致投资失败。尽管如此，经济发展主管还是在长达 40 页的备忘录中指出，投资存在风险。备忘录列明的风险之一是，阳光公司、落脚贝洛伊特的北极星公司，以及另外两家获得联邦政府 2500 万美元资助的同位素制造公司，至今无法证明“研究能够应用于大规模制造”。备忘录还写道，简斯维尔和阳光公司协商的里程碑式进展，无法确保阳光公司在获得资金前实现“大规模生产”的技术突破。“公司的挑战会使本市的资金面临一系列风险，包括项目的经济回报、联邦监管、其他国家的竞争……以及应对环境问题的计划。”

换句话说，阳光公司充满不确定因素。

这是简斯维尔经济复苏的软肋。但是，这笔交易——900 万美元的激励措施——现在是市议会的首要议程。因为它，玛丽才坐在观众席中，带着儿子见证市政府行动的关键时刻。

在玛丽看来，阳光公司是个显而易见的选择。因此，城里起初出现反对声音时，让她非常惊讶。但现在，她已经习惯了。今晚，她开车载儿子驶过市中心时，知道市议会内部因为这项投资分裂成了两派。公众中同样出现了两种声音。

10 位市民登上议会的讲台发言，只有两人表示支持，这让玛丽沮丧又不安。一位支持者说，给阳光公司一个机会，让简斯维尔成为国家“生物科技的心脏地带”。8位反对者警告，可能出现财务风险，缺少核存储和处理的具体规划，以及其他公司可能因为不想与使用铀的公司为邻，拒绝迁入简斯维尔。

会议进行了近一小时，一直在现场的皮尔弗从议会大厅后排走到麦克风前。他不仅是一位聪明的核科学家，还是一位优秀的聆听者。他表示，人们对市政府和阳光公司的协议有许多疑问并不让他意外。他接着说，谈判之所以持续两年，正是因为当地官员相当谨慎，邀请了许多专家参与评估。

“如果我是简斯维尔公民——我很希望成为大家的一员，”皮尔弗说，“我会为拥有这样的市议会而自豪。”

皮尔弗的发言显然经过精心设计，为了取悦玛丽和所有努力游说公司选择简斯维尔的人。他大唱赞歌，简斯维尔是个好地方，拥有优秀的官员和领导，值得在这里做生意。

“阳光公司十分期待在简斯维尔打造未来。”皮尔弗说，“这是一个令人振奋的公司。这是接下来发生的一件大事。”

虽然他流露了亲善的一面，但在关键问题上却十分强硬。一位议会成员问，如果为了让公众有更多时间了解这次交易，提出更多问题，将投票推迟数周会怎么样。

“推迟可能意味，”他语气平静，“让我们重新考虑其他选择。”换句话说，简斯维尔可能会失去阳光公司。

议会成员挨个向皮尔弗和阳光公司团队提问后，已经过了晚上9点，会议进行了超过两小时。现在该投票了。首先，两位议员分别发表讲话。他们的发言大致概括了人们在这件事上的分歧。这座城市一直为它的创业精神骄傲，乔治 · S. 派克申请了他的第一项钢笔专利，约瑟夫 · 艾伯特 · 克雷格说服通用汽车创始人买下他经营的拖拉机工厂，这里还从未面临如此艰难又关键的选择。

发言者之一是拉斯 · 斯蒂伯。他是简斯维尔警察局局长，也是议会主席。拉斯以玛丽经常挂在嘴边的话开始演讲，坚信阳光公司会改变这里的生态。

他如此阐释："过去近 100 年来，简斯维尔都在生产汽车……不幸的是，那些好日子过去了，那股潮流一去不复返。虽然我们可以盼望工厂在某天重开，但事实是，到了我们该重新定义简斯维尔的时刻。这是一个我们能够抓住的机会，或许会定义我们的下一个 100 年……我真心相信，有时你需要做一个这样的决定，必须足够大胆。我理解，简斯维尔市政府会做出金钱上的重大让步，但我们看好阳光公司……我们还在观望其他可能来这里的技术公司，其他可能来这里的医药研究公司。我们正在打造一个拥有未来的地区。"

发表反对意见的是尤里 · 拉什金。尤里是议会中背景最复杂的议员。他出生在莫斯科，青少年时随父母移民到美国，8 年前定居简斯维尔。他是一位音乐家、俄语翻译、电台主持人。4 年前，议员尤里和他正在交往的乌克兰女友曾受到死亡威胁。城里为此逮捕了一个男人，把他送进监狱，而那个男人正是他女友的丈夫。

尤里对议会的工作非常认真。他认为，为阳光公司付出的成本太高，赌注下得太大，而公众的参与度又太有限。尤里的发言是一串漫长的隐喻："我认为，我们正跨越一条不得不跨越的河流。因为我们需要经济发展，我们有一个很棒的公司，有一群给我留下深刻印象的人。他们想建一座桥，而且想出了一个绝妙的计划，因为我们真的不得不过河……但这种材料从没人使用过，而且这种材料从没造过桥。"

议会成员投票时，会议时间已经过去了 2 小时 21 分钟。玛丽很担心。但结果是，4 人投票赞成，一人弃权，只有尤里反对阳光公司。

玛丽匆忙走出议会厅，通过走廊，庆祝活动已经开始。几分钟后，她、阳光公司团队，过去两年曾为此努力的每个人，会聚在密尔沃基街上的爱尔兰酒吧——欧赖利和康韦的酒吧庆祝。酒吧离市政府大楼仅一个街区，吧台上展示着保罗·瑞安家族祖先的老照片，以及简斯维尔的其他爱尔兰"黑手党"成员。

玛丽现在才尝到大松一口气的滋味。如果投票反对阳光公司，她一定会深受打击。这样做不仅会断送同位素制造工厂的未来，还会挫伤罗克县 5.0 战略的愿景。从通用汽车到钼 –99，他们走过了漫长的一路。

正想着这些，玛丽在派对人群中发现了皮尔弗的身影。她拨开人群，给了阳光公司创始人一个拥抱。

第 38 章　简斯维尔的吉卜赛人

简斯维尔的吉卜赛人遍布通用汽车位于中西部和南部的工厂，他们通过一个脸书群组——威斯康星简斯维尔通用汽车转岗者——保持沟通，关注家乡发生的一切。群组有 535 名成员，包括马特·沃帕特。

发帖，2 月 18 日："似乎每个人都认为他们的新工厂里充斥蠢货，其实我们家乡也有，只不过那里是我们的家乡。"

发帖，3 月 29 日："今天在韦恩堡，我和一个阿灵顿来的人聊天，听说一个来自洛兹敦的人从一个来自文茨维尔的人——他和某个兰辛工厂的人有关——听说底特律的一位灵媒联系了埃尔维斯。埃尔维斯说，他从'一位高层处听说'，地狱结冰的那天，通用汽车就会重开简斯维尔的工厂。也许这只是个谣言。"

第 39 章　慈善的鸿沟

简斯维尔的教育系统中，无家可归学生的联络员安·福贝克经常不在城里。但是，她在爱迪生中学有一间办公室，位于二楼一个不起眼的角落，外面苍白的煤渣墙上贴满各式海报。她的办公桌后写着："梦想不怕脱离现实，只要敢梦想，你就能实现它。"另一面墙上写着："你知道可以在哪里写作业吗？"她的文件柜上贴着一张石灰绿色的保险杠贴纸——"终结儿童贫穷 2020 WI.org"。安接到罗克县 YWCA 负责人的电话时，恰好在这间狭窄的办公室。这是一个周一的早晨，市议会批准阳光公司 900 万美元资助的一周后。

安每天的生活都充满未知。电话那头颤抖的声音经常为她的问题解决能力带来全新挑战。她会穿过走廊，跑下楼梯，通过学校的主要办公室，走后门，钻进 10 年车龄的马自达——保险杠上贴着 16:49 计划和工会的贴纸，着手处理最新紧急的事态，安置无家可归的孩子。YWCA 主管艾莉森 · 霍金森的电话再次让安行动起来。这次，她把车开得飞快。YWCA 离爱迪生中学仅数个街区。

抵达后，安从艾莉森处大致弄明白了这次紧急事态：一个女人驾驶一辆没有牌照的汽车来到 YWCA，拖出两个孩子——一个男孩，一个女孩——她的孙子和孙女。祖母带着孩子走进 YWCA，向员工宣布："我不会带走这两个孩子。"

他们的母亲、她的女儿，刚带着更小的一个孩子离开威斯康星州，把两个大孩子留给了她。她只有一间房，经济拮据，她愿意收留孩子两天，但仅此而已。

这次，艾莉森做了一件她从没做过的事。她走到办公室，掏出钱包，拿给男孩和女孩各 10 美元。接着，她给安打电话，告诉她身边有两个孩子即将在两天后被抛弃。

虽然艾莉森给了孩子钱，但她明白这不是个好主意，只会越来越糟。钱不是解决方式。她之所以会这么做，是因为被母亲和祖母抛弃而受伤害的不只眼前的两个孩子，还有她自己。这不是她第一次正面接触无家可归且没有亲戚愿意向他们伸出援手的孩子，但今天的时机实在太糟糕。

他们正是安提倡的 16:49 计划试图帮助的孩子，在将来某一天，为男孩和女孩各建一座庇护所。YWCA 是这一计划的重要参与者。11 个月前，YWCA 的理事会投票成为该项目的财务代理人和母体组织。但今晚，数小时后，董事会将再次投票。这次，根据艾莉森的建议，YWCA 会放弃 16:49 计划。

艾莉森憎恨不得不做出这个决定，也憎恨必须亲口告诉安。

YWCA 揽下计划时，是《16:49》上映半年后。纪录片曝光了三个无家可归孩子的生活，令普通简斯维尔人对城中孩子流离失所的状况大感震惊。此后，纪录片在全市各个场馆上映，筹款数字不断增长。最大型的一场活动是慈善音乐会。“这样不行——16:49”，五支乐队在周六晚轮番登场，人群熙攘，超过场馆的负荷，有些人被迫挡在门外。慈善音乐会筹到一万美元。接着，信仰教会的青年部举行了烤薄饼早餐会；地方住宅建筑协会在市中心组织了串酒吧（pub crawl）活动，筹到一笔可观的善款。还有人捐出一辆经改装的红色雪佛兰汽车。

16:49 计划的理念在全市广泛传播，使安倍感欣慰。但是，这些还不够。现在，2 月 20 日的早晨，艾莉森知道安会在数分钟后抵达，为即将失去住所的男孩和女孩想办法，以及她必须告诉对方一个坏消息。

艾莉森给 YWCA 董事会的建议是，重新梳理通用汽车工厂关门后全市的慈善活动。简斯维尔为人慷慨的传统在许多人的生活水准每况愈下之际难以为继。如今已不是当年约瑟夫·艾伯特为 YWCA 买下一座宅子的时代。这栋法院山上的房子曾属于 A. P. 洛夫乔伊——是他把克雷格带入了商业界。1953 年，克雷格 86 岁之际，从洛夫乔伊遗孀的手上买下它，捐赠给 YWCA 作办公总部。克雷格出钱装修了房子，几年后又进行扩建，直到近半个世纪前，YWCA 的总部一直在那里。后来组织扩张，才搬到现在的地方。

这只是克雷格在 91 年生命中所做的善事之一。他还在当地和全国推广 4-H[①] 俱乐部。大萧条时期，他买下整个罗克县游乐场，防止威斯康星州最古老的二手买卖集市消失。

当今的约瑟夫 · A. 格雷格呢？当今的乔治 · S. 派克呢？派克是另一股慈善旋风，除了推广派克笔品牌外，他捐赠了梅西医院的所有病床，资助救世军的大棚，每月向杰出的高中生颁发奖学金，以及向简斯维尔警察局、消防局赠送礼物。简斯维尔这些家财万贯，满怀慈善之心的企业家如今在哪里呢？

大慈善家消失了，中等规模的慈善活动也面临窘境。几十年前，派克公司总部撤离了简斯维尔，然后通用汽车也离开了，包括工厂的管理人员和工人。就像许多非营利机构，YWCA 失去了通用汽车员工兼任董事会成员。艾莉森留意到，每周的筹款活动中，非营利机构都在全力争取有限的善款。她还留意到，人们降低了同情的标准。有些人开始不惧怕大声说出，如果他们再努力一点本可以找到工作的，好像那是件很容易的事。

简斯维尔遭到的慈善冲击中，受影响最大的恐怕是罗克县联合之路。2009 年，装配厂关门第二年，联合之路对社会团体的资助削减了 25%。它的资助额会在两年后大幅下跌，但当时能保持不错的资助水准主要是因为那辆塔霍车抽奖——即将失业的工人和退休人员一起，相互拥抱，欢呼，在泪眼婆娑中看着它驶下生产线。联

① 4-H 为 head、heart、hands、health 四个词的首字母缩写，它的使命是“让年轻人在青春期时尽可能挖掘自己的潜力”。——译者注

合之路今年的筹款目标是 130 万美元，比 10 年前减少 100 万美元。而且，罗克县联合之路正计划与邻县组织合并。这显然会提高组织的工作效率，但一些员工可能会因此失去工作。

由于这道慈善鸿沟，联合之路对 YWCA 的资助减少了一万美元，主要用于帮助摆脱家庭暴力的女性开始新生活；购买加油卡的善款也在减少——否则女人们付不起汽油钱，没法开车找工作或去工作。与此同时，YWCA 发现“穷一代”的人数达到峰值。年轻的女人过着拮据的生活，但她们并不出生在贫穷家庭，她们的父亲或母亲，或者父母两人，曾是通用汽车员工。

这些状况迫使艾莉森做出艰难的决定，如果 YWCA 有能力，她绝不愿放弃现有项目。是持续跟进已经开展的项目，把它们做得更好？还是接下 16:49 项目，为无家可归的青少年建庇护所？

安已经来到 YWCA，尝试和工作人员沟通失去住所的男孩和女孩的问题。艾莉森先开口，问她是否有时间去办公室聊几句。安有些意外。

正值中午。关上门后，安突然惊讶地不知所措，因为艾莉森在她面前失声痛哭起来。艾莉森哭得如此伤心，几乎无法说出完整的句子。她断断续续地告诉安，今晚的会议上，YWCA 的董事会将投票放弃 16:49 项目。

安的第一反应是愤怒。她快疯了。简斯维尔流离失所的孩子数量逐年上升。她每天，有时甚至深夜，都在设法为他们寻找不尽如人意的留宿场所，尤其是被抛弃、孤身一人的孩子，就像门外这对兄妹。16:49 是个好项目，两年前提出建庇护所的模糊想法时，她就倾注了所有心血。如今，纪录片上映，筹款顺利——虽然还没有达到目标，忽然之间，16:49 项目完全不可能实现了。

现在，安也开始哭泣。她的泪水中带着被人背叛的痛苦。

几分钟后，安停止哭泣。

她向艾莉森伸出双臂，紧紧拥抱她。因为她知道，她们是同一条船上的人。

“我们会想其他办法的。”安这么说，这是当时她脑中的想法。

不久后，安和她在贝洛伊特的搭档罗宾·斯图特会向城里的其他机构求援，但一一被拒绝。如果想实现为男孩和女孩建庇护所的梦想，她们必须亲自动手。但是，她们是社工，不知道如何运作非营利机构，需要从头学起。

第40章　吉卜赛的孩子

布里亚·沃帕特身高一米七七，是米尔顿高中一年级女篮队队员。她在每周一、周五晚打比赛，那时她的父亲马特正在韦恩堡工作。她花很多时间练习，在场上控球、运球上篮时，脑中当然只想着比赛。但有时抛出球后，她瞥向看台上独自拍手的母亲，有那么一瞬间，她知道自己多么想念父亲。

这和每晚10点与父亲打电话不同。那时他刚下班，听母亲说女儿当晚表现多么出色。接着，她拿过话筒，父亲说为她自豪。但他们无法聊更多，因为他不在现场。

她记得更小时，父亲还在简斯维尔工厂上中班的那些周五夜晚。每月一次的周五晚上，她、母亲、她的姐姐布鲁克会去工厂，半路停车买塔可钟，或赛百味，或带去晚餐剩下的父亲喜欢的食物。父亲会在晚餐时间暂时离开工厂，一家人坐在停车场聊天，直到他必须回去工作。两年前，布里亚七年级时，他们最后一次这么度过傍晚的时光。

春天的脚步临近，布里亚又要开始除草，修整后院。她知道父亲希望在家中多干活，帮忙，但她和布鲁克认为他应该在家多休息，而且他还有在印第安纳州的公寓要打理。

布里亚觉得，父亲总在弥补无法陪伴她和布鲁克的遗憾：如果他还在家乡的工厂上中班，她们放学回家或吃晚餐时，他一定会陪在她们身边。但如果他没有接受通用汽车的转岗，他又有多少时间陪孩子呢？如果他在城里找到一份赚钱不多的工作，或许需要在周末打第二份工，就像有些孩子的父母一样。虽然布里亚只是 14 岁的中学生，但知道她们应该尽力做到最好。这是她们的选择。

她和布鲁克去过两次韦恩堡，瞧瞧父亲在那里的生活。一次是和母亲一起，另一次，她和布鲁克住了一周。周一早晨，她们和父亲一起驾车四个半小时抵达印第安纳州，预留了充足时间保证下午准时开工。

好几个早晨，三个人一起去高尔夫球场，平时他也会和其他通用汽车的吉卜赛人在那里打发时间。父亲工作时，布里亚和布鲁克在家看电影，或者去考文垂的柳树公寓一个街区外的公共图书馆。他们本打算在周五晚一起驾车回简斯维尔，但马特收到周六加班的通知，接着又要求他周日加班。他不想让刚考取驾照的布鲁克独自穿越芝加哥汹涌的车流带布里亚回家。因此，他们改在周日晚驾车回家，马特仅睡了几小时，又迅速在周一早晨 8 点 15 分驾车去工厂。

周末，他们尽量待在一起。布鲁克是高中十一年级的学生了，但她不太和朋友们在一起度周末，其他同学总去某人家玩，看电影，或在夏天时参加篝火晚会。她的朋友们不再惊讶布鲁克问如果作业不多，是否可以在上学日的晚上一起吃饭，因为她不想在周末父亲回家时出门。

布里亚和布鲁克不再准时收看她们最喜欢的连续剧，比如《幽灵猎人》。她们会录下剧集，等周日大家一起看。他们喜欢的另一部连续剧《寻找大脚怪》恰好在周日晚播出。开播时，他们四人会挤在沙发上。周日是他们的家庭日，在父亲转岗前便是如此。但现在，他们总在周日晚挑父亲喜欢的晚餐，因为平时没有机会。他最喜欢一种叫法士达（fajitas）的墨西哥食物。

很快，周一早晨，汽车会带走她们的父亲，回到每天晚上父亲下班后打 15 分钟电话的日子。布鲁克总把一些话留到周三晚上，而不在周一晚上的电话说。“还有两天就能回家。”她尽量在日子临近时才说出口。第二天，“还有一个晚上就能见面”。第三天深夜，布里亚和布鲁克已经熟睡，她们的父亲回家。他悄悄走进女儿们的房间，亲吻她们的脸颊，告诉她们，他回来了。即使白天醒来时，她们常常不记得半夜曾被叫醒，还是央求父亲这么做。

第 41 章　罢免选举

米尔顿大道在城市北部与 14 号国道交叉时路面扩展为六车道。这是简斯维尔最繁忙的十字路口，有一家凯马特超市、数家快餐店和三家手机商店。这天下午晚些时候，十字路口成了示威现场。17 个月前，州长沃克推行法案削减工会权力，在麦迪逊引发一片反对声，也损害了简斯维尔一向引以为傲的传统。

今天是 6 月 5 日，威斯康星州的选民将决定斯科特·沃克是否会成为美国历史上第三位被罢免的州长。国会广场聚集了海量示威者，一方试图把现任州长赶出办公室，另一方则试图保住他的职位，双方迅速陷入白热化对峙。罢免示威充斥怨恨、咒骂，开支是威斯康星州州长选举的两倍。人们如此狂热，使它成为举国关注的新闻。在米尔顿大道，司机开车经过 14 号国道时，大声按喇叭嘲讽附近的标语，其他人则在马路另一边朝他们挥手致意。

州长在简斯维尔遇到了麻烦，这里不再是团结一心的城市。虽然它仍推崇这种精神，但现实却是另一回事。去年冬天，一个支持沃克的制造协会开始在全州竖起广告牌，上面写道："州长斯科特·沃克——为威斯康星州创造工作岗位。"广告牌印上了州长办公室的电话，好让人们打电话向他致谢。但是，最早一批广告牌竟然竖在如今陷入沉寂的通用汽车装配厂对面。它迅速成为城里人争相嘲笑的对象，没过多久就被移走了。

尽管如此，州长在简斯维尔仍有不少拥趸。其中包括一个理平头的年轻人，他正站在十字路口的西南角落，高举一块写着"我们与沃克在一起"的标语。年轻人名叫柯克·亨利，是威斯康星大学白水分校商学院的学生，他家中唯一一个共和党人。他高举标语时，并没有受到每个走米尔顿大道南侧车道的司机善意相待。但柯克很欣慰，一个驾驶 SUV 的年轻女人摇下车窗高喊："沃克，竞选总统！"另一个驾驶绿色雪佛兰科尔维特的男人按了三次喇叭，摇下车窗喊道："谢谢。谢谢！今天我们都在为威斯康星州奋斗！"

迈克的父亲戴夫·沃恩来到十字路口东北侧时，柯克·亨利刚离开那里。戴夫一边向行人挥手，一边高举一块红白相间的标语，上面写着"今日投票"。如今，迈克已经在塞尼卡食品工厂的人力资源部门工作一年。从通用汽车退休后，戴夫现在是罗克县民主党主席、UAW 地方 95 分会副主席。分会主席是戴夫的老朋友迈克·马克斯，此时正站在他身边，同样高举一块标语，上面写着"巴雷特"。上个月，密尔沃基市市长汤姆·巴雷特赢得了对战沃克的初选。他的胜利将罢免选举拖入一场"复赛"，因为他曾在 19 个月前的州长竞选中落败。巴雷特不是大部分工会的首选，后者投入大量人力、物力想把沃克赶出州长办公室。但是，巴雷特是民主党候选人，因此戴夫和迈克在米尔顿大道的北侧车道高举标语为他助选，是再自然不过的事。

更让人惊讶的是，随着交通高峰时段来临，这对老朋友是UAW 地方 95 分会成员中，唯一在城里的街道举牌支持选举的人。但是，罢免选举的初衷正是为工会争取权力。戴夫经常把“地面部队”的说法挂在嘴上——当地选举的运作方式之一。几十年来，罗克县的共和党人在竞选中一直力压民主党人，就像威斯康星州和其他州的情况。沃克的支持者筹集了 5900 万美元应对罢免选举，是反对沃克人士的筹款数字的 2.5 倍。在简斯维尔，共和党一直有筹款能力上的优势，但民主党会联合各大工会发动“地面部队”，动员选民投票。

但是今天，戴夫和迈克成了仅剩的两名“地面部队”队员。两个退休工人领袖，一个凋零的 UAW 地方分会。

在反对沃克的罢免选举中，简斯维尔最庞大的“地面部队”来自外部。他们出没在工会之家、中央大道，占领了数条街道，甚至就业中心附近的一个街区。领导这场运动的是受劳联 – 产联聘用的一位女性。劳联 – 产联是全美最大的工会组织，拥有 56 个分部，包括代表汽车工人的机构。她在六周前抵达简斯维尔，在工会之家指挥室的一面墙上列出了附近所有的工会组织，以及所属会员的优势。其中，UAW 地方 95 分会 10 年前的会员人数是 7000 人，如今活跃成员仅 438 人，加上 49000 名退休工人。

“地面部队”由工会之家统一调度，包括从其他地方派来的增援部队。伊利诺伊州，乃至更远地方的工会也派人来简斯维尔或威斯康星州的其他地方拉票。他们送选民去投票站，或协助投票期间其他必不可少的工作。

外来者按名单敲响民主党人的家，谁在支持罢免选举一目了然，虽然简斯维尔一向为和谐而骄傲。

各家竖在草坪上的标语似乎暗示邻里之间不再亲密无间。

戴夫的妻子朱迪在脸书屏蔽了一个侄子。年届 60 岁的朱迪 · 沃恩是退休教师，和戴夫一样是坚定的民主党人。出乎所有人的意料，朱迪突然开始在脸书谈论沃克，而且千言万语化作一股信念，比她对任何政客的好恶更为分明——州长是魔鬼。几位亲戚对此有些反感，其中一位侄子忍不住发声，建议朱迪在其他脸书页面拉票，因为他烦透了她的帖子，而且绝不会改变自己的想法。朱迪发帖还击，称她不会新开脸书页面。后来，这位侄子举办生日派对，没有邀请她和戴夫。尽管如此，她还不至于拉黑他，直到他发帖说：“受够了那些智商堪忧的朋友、亲戚，还有喋喋不休发牢骚的工会人。”

按计划，戴夫今天会在米尔顿大道举标语，朱迪会在民主党的罢免选举总部帮忙。那是在密尔沃基街上租的办公室，志愿者给选民打电话，协调上门拉票的事。最近几周，朱迪每天都去那里做志愿者。可是，她的身体不太舒服，检查结果相当不乐观，双肺都出现了血栓。因此选举当天，她被迫躺在梅西医院三楼的病床上。几天前，救护车送她来这里时，她还穿着“罢免斯科特·沃克”的灰色 T 恤。

朱迪本该放松心情养病，但她非常懊恼投票当天无法前往现场。因此，她尽最大努力把病房打造成罢免拉锯战的“野外营地”。椅子上铺着一件印有罢免标语的 T 恤，附近的静脉输液架上，血液稀释剂正注入朱迪的身体。她的床正对的墙上，贴着两张支持巴雷特的标语，就在护士值勤表和用药剂量表的下方。正对门口的墙上有一行手写的大字，“投票★不放过每个机会★巴雷特”。朱迪坚持半开房门。如果有人经过走廊时瞥向她的房间，就可以看见标语。

傍晚 7 点 15 分，离投票结束还有 45 分钟，在米尔顿大道挥了一天手，举了一天标语的戴夫来到医院。朱迪倍感欣慰，因为她在今天罢免沃克的选举中尽到了责任，不仅对医生、护士说了州长的坏话，还告诉一位护士，她的丈夫可以在投票站现场注册投票。此外，朱迪仔细翻查了手机中的电话号码，给每个她认为还没投票的人打电话催票，跳过了她认为不支持罢免的人。戴夫到医院几分钟后，她的手机响了，今天它一直响个不停。另一份战报。“你今天几点投票的？”朱迪对着话筒说，“在排队吗？真的？哇，噢。太好了。”

朱迪挂断电话。“善良必将战胜邪恶。”她告诉戴夫，“这将是个漫长的夜晚。”

罢免选举双方都很期待预计会十分漫长的点票之夜。也许，大家只是对重点选票感兴趣。春天的民调显示，这是一场势均力敌的竞争。几周前，沃克和巴雷特的支持率仅一个百分点之差。最近几次民调，沃克的支持率略上升了几个百分点。最热心的民主党人和共和党人在各自的据点等待悬念揭晓。

民主党人，包括戴夫和迈克，挤进密尔沃基街附近一间狭长的酒吧史蒂夫和霍利的餐厅，一台电视高悬在吧台上。共和党人聚在好说话酒吧和餐厅，那里的环境整洁利落，一台钢琴刚好衬托出春日夜晚的氛围。

两家餐厅相距两个半街区，中间隔着简斯维尔警察局总部，以及内战以来就矗立在此的长老教会。虽然相距不远，两群人却代表曾经团结的简斯维尔在通用汽车关闭工厂后——罢免选举的四年零两天之前——分裂为两个阵营。

投票结束不到一小时，弗雷德·约斯在史蒂夫和霍利的餐厅朝头顶的电视大喊大叫。今天，弗雷德负责在城里的另一座教堂——简斯维尔最大的投票站维持秩序。他坐在吧台的高脚凳上，隔几个座位外是正在聊天的戴夫和迈克。“NBC——凭什么现在就打出这种字幕？”弗雷德大声指责电视台过早预测沃克获胜，“我保证，他们肯定不知道自己在说什么。”

数分钟后，杰·米尔克在好说话餐厅的露台上点燃一支雪茄。杰是电视台的工程师，戴夫的对手——罗克县共和党主席。晚上9点30分前，主要电视台都已宣布沃克获胜。沃克不仅没有沦为美国历史上第三位被罢免的州长，甚至成为第一位在罢免选举中获胜的美国州长。

玛丽·威尔默走向露台时，杰的心情正好。罗克县 5.0 战略在促进经济发展中没有党派倾向，但人们都知道，玛丽的搭档戴安·亨德里克斯向沃克的竞选活动捐赠了 51 万美元——最高个人捐款。玛丽和杰双手击掌，两人笑得一样畅怀，其他共和党人就坐在露台的桌子边。

对致力重振当地经济的玛丽而言，这次决定性胜利——没人想到会这么快决出胜负——是简斯维尔最大的好消息。杰也如此认为。他冷静下来条条有理地分析，做生意的人以前都不敢来威斯康星州，因为亲商的州长头上悬着一把匕首。今晚，威斯康星州消除了匕首的隐忧，州长办公室团结一致。简斯维尔，包括威斯康星州的人们，已经为创造更多的工作机会做好准备。多么美好的夜晚！

在史蒂夫和霍利的餐厅，气氛就像一场葬礼。人们早早离开。戴夫站在酒吧尽头，双手叉腰。“真让人失望。”他小声说，“太难过了。”

“我很意外。”迈克说，他扫了一眼电视，“一群蠢货。”

还不到晚上 10 点 30 分，剩下的民主党人几乎没人离开餐厅。他们看到沃克出现在屏幕，宣布获胜。在密尔沃基西部，沃基肖展览中心的舞台上，保住州长之位的沃克面对欢呼的人群，拥抱妻子和两个儿子，感谢上帝伟大的仁慈。“选民真心希望领导人下决心做有魄力的决定。”沃克说。接着，他的语气一缓，说：“明天，选举就会过去。明天，我们不再是对手。明天，我们是团结一致的威斯康星人，会一同推动威斯康星州前进。”

戴夫和迈克不相信沃克执政真的可以推动简斯维尔前进。就全州而言，州长以 53% 比 46% 的选票击败巴雷特，但简斯维尔却是另一回事。罗克县是威斯康星州 72 个县中，12 个投票罢免州长的县之一。“现在，州长肯定知道我们不喜欢他。”迈克对戴夫说。沃克初次参选时，曾承诺会在第一个任期内增加 25 万个工作岗位。在他宣誓就任州长一年半后，工作岗位增长不超过 3 万个。

迈克自言自语。如果通用汽车考虑重开工厂，在简斯维尔和其他几个县一心想着罢免州长的情况下，沃克真的肯动手指助他们一臂之力吗？

戴夫陷入一阵沉默。他走向史蒂夫和霍利的餐厅深处，拿着一次性盘子，里面有一条热狗，撒上了一些番茄酱。他打开一只金属大桶，用夹子从里面取出一根小香肠——威斯康星州特产。沃克也为本州立法者们送上了同样的食物，无论是民主党人，还是共和党人。他会邀请众人前往州长府邸，摆出和解的姿态。

戴夫走到迈克身边，两个老工会人还没从震惊中恢复过来。餐厅只剩下寥寥数人。“我们输了一仗，”戴夫说，试图为两人打气，“但我们还没输掉整场战争。”

“很难说我们保留了实力。”迈克说。

“这次我们的确尽力了。”戴夫表示同意。

第 42 章　一个艰难的夏天

黑鹰技术学院的刑事司法课程会教学生最基本的一课，不要被囚犯牵着鼻子走。有些囚犯会利用个性软弱的惩教官，这早已不是什么新鲜事。然而这个夏天，就业中心的报纸称赞克里斯季·拜尔把困境转化为成功的两年后，她正经历人生中的软弱时刻。

她的儿子乔希已经从伊拉克回家。在国民警卫队服役五年后，他光荣退役，没有受伤，没有遇上坏事。但是，有些地方却不对劲。他会跑出院子，挥舞刀子，藏在树木背后。警察来过几次，试图安抚他，但不奏效。因此，虽然上完夜班需要睡觉，克里斯季还是坚持开车送儿子去麦迪逊的退伍军人医院，治疗创伤后应激障碍症（PTSD）。

她和丈夫鲍勃相处得也不好。他们没时间见面，她上晚班，而丈夫上早班。天没亮，鲍勃就出发工作，负责政府大楼的维修。她最近向丈夫提出了分居，但鲍勃告诉她，一定可以找到解决方法。

罗克县监狱一名违反缓刑条款的囚犯向克里斯季表达了兴趣，她没有拒绝。这段感情从 7 月萌芽。她给他送食物，送大麻，还往他监狱的账户中存钱，让他购买洗漱用品。

第二个月，他出狱了。他们继续见面。他想让克里斯季为他买辆车，威胁如果她不这么做，就向她的丈夫坦白两人的关系。

克里斯季没有告诉母亲这些事。但 8 月的一个早晨，她下夜班回到家中，像往常一样坐在露台，手里举着新港 100 香烟，和母亲聊天。

“我要告诉你一件事，”克里斯季对母亲说。

“哦，天呐。怎么了？”她的母亲琳达说。

她的母亲很了解女儿，女儿现在的语气让她感到，克里斯季即将告诉她的事，不仅是昨天晚上监狱发生的诡异事件，肯定也不是好事。

一个艰难的夏天，琳达最近常这么想。非常艰难，乔希还在治疗 PTSD，克里斯季和鲍勃的婚姻前途未卜。现在，她做好准备，迎接新的坏消息。

“我认识了一个男人。”克里斯季说。

她的母亲没料到她会这么说。她脱口而出的第一句话是：“克里斯季，拜托，千万别告诉我对方是个囚犯。”

“他是个囚犯。”克里斯季说。

她的母亲总是站在女儿一边，此刻也想这么做，但她不能，相反，她说：“你最好快点解决这件事。”

第 43 章　候选人

早晨 9 点 28 分，伴随雄壮的乐曲——电影《空军一号》的配乐——保罗·瑞安出现在威斯康星号驱逐舰的甲板上，沿着坡道走向挥舞着国旗、欢呼不止的人群。这艘退役驱逐舰现在是弗吉尼亚州诺福克的一家博物馆。这个周六早晨，8 月 11 日，它身披彩旗，化身完美的政治道具。保罗挥动手臂，露出灿烂的笑容，走向拥挤的人群。接着，他站上舞台，紧紧握住 2012 年总统大选共和党候选人米特·罗姆尼伸出的手。

他们拥抱后，一同走向讲台，面对挥舞国旗的观众。现场曾陷入片刻尴尬，因为保罗不知该站在哪里。罗姆尼在不久前宣布，保罗成为他的副总统竞选搭档。此前，他们从未一起出现在竞选活动中。

两个身材高大、英俊、一头黑发的男人并肩站在一起。随后，罗姆尼拍拍保罗的手臂，走下舞台。电影配乐声渐弱，停止。

现在，保罗独自站在舞台上。他即将说出作为副总统候选人的第一个字。他还在笑，某个瞬间看起来有些不知所措。接着，他侧过身，指向挂满彩旗的驱逐舰说："哇！嘿！我就站在威斯康星号驱逐舰面前。嗯？天呐！"

诺福克的人群沸腾了。

大衰退时，奥巴马以总统大选民主党候选人身份出现在简斯维尔通用汽车工厂的那个早晨，已经是四年半之前的事。如今，好工作和高收入还是稀缺品，不仅在简斯维尔，这是 2012 年总统大选的重要政治议题之一。共和党不停抨击白宫的民主党政府要为经济萎靡负责，想借此终结奥巴马的第二个任期。罗姆尼介绍保罗时，称他是"共和党最聪明的领导人之一"。保罗是众议院预算委员会主席，有"计划"如何削减联邦开支，遏制联邦赤字，如何重新配置政府的主要福利项目。过去数个月，共和党内部提出不少名字作为罗姆尼的竞选搭档，保罗算一向谨慎的罗姆尼竞选团队做出的一个大胆又保守的选择。

这个选择如此出人意料，罗姆尼很快把焦点转移到了竞选搭档的家乡。"保罗 · 瑞安在华盛顿工作，但他的信仰深植在威斯康星州的简斯维尔。"罗姆尼在保罗现身驱逐舰之前说，"他的身上集合了我们对美国下一代肩负的责任，以及对美国未来的无限乐观，相信美国人的奋斗精神能够创造一切。"共和党总统候选人赋予了简斯维尔不屈不挠的奋斗精神一个坚硬的外壳。

其实直到昨天下午，保罗一直在家。后来，他才被不动声色地带到弗吉尼亚州东南部的低洼区，保证罗姆尼在宣布搭档的名字时制造出轰动的现场效果。昨天，保罗参加了一场追悼会，前脚走进位于法院山的家的正门，后脚就踏出后门。他钻入童年时经常玩耍的树丛，经过小时候亲自搭建的一座木头堡垒，走上他长大的屋子前的车道。在那里，罗姆尼一位竞选助理的 19 岁儿子正等在驾驶座上，把他带到一架停在芝加哥郊外机场的小型包机前，还包括他的太太扬娜和孩子们——莉莎、查理以及萨姆。

这次秘密"遁走"后不到 24 小时，全美各大主要电视台的工作人员就聚到了简斯维尔的主街上。媒体的到来，保罗大步走下驱逐舰坡道的画面，都让简斯维尔人兴奋不已。它成了治疗政治受挫的良药，弥合了通用汽车工厂倒闭以来的分歧，这一分歧刚在两个月前的罢免选举中达到顶峰。谁会不骄傲呢？一个地道的简斯维尔人拿到了副总统的入场券。

好吧，不是每个人都为此感到自豪。就业中心的鲍勃·博勒曼不清楚，保罗入驻白宫是否是件好事。担任就业中心负责人九年来，他多次邀请国会议员来中心视察，了解普通人的需求，了解中心如何帮助失业者重新站起来。他给保罗的助理发过太多邀请信，最后放弃了。

但是，主街上簇拥着媒体，加上诺福克的舞台效果，这种怀疑只是极少数人的担心。简斯维尔人虽然不赞成保罗在财政和社会政策上的保守主义倾向，但看到他站上驱逐舰，也激起了心中的希望，相信他的候选人身份一定可以改变城市的命运。麦迪逊的立法机构中唯一的中间派蒂姆·卡伦，不赞同保罗对私营部门的纯粹信仰，也不赞同靠私人慈善机构解决社会问题。尽管如此，蒂姆还是到处表示："美国的副总统来自简斯维尔，这不是件坏事。"蒂姆指出，保罗是威斯康星州历史上第一位主要党派的副总统候选人。说这些话时，蒂姆在民主党内部正面临政治困境。为了表达抗议，他在一个月前临时退出了民主党议员的圈子。他称或许会申报为独立人士，因为州参议院的民主党领袖顾虑他的中立立场，拒绝他担任任何可以发挥实质影响的参议院委员会的主席。两人后来解决了口角，但蒂姆认为，这次风波再次让他对威斯康星州的政局分化大失所望。

保罗的平步青云，对努力创造工作岗位，把简斯维尔包装成适合做生意的好地方的人而言，是个天大的好消息。约翰·贝科德为此心花怒放。他是玛丽·威尔默的盟友、商业组织前进简斯维尔的领导人。昨晚，城里出现谣言，电视台相继抵达，使贝科德在欣喜之余意识到，必须谨慎处理对保罗成为候选人的态度。因为前进简斯维尔没有党派倾向，不会为任何候选人背书，虽然该组织的商人大多赞成保罗对私营部门的观点，而且反对财政赤字。尽管如此，约翰还是高兴极了，简斯维尔成了一个家喻户晓的名字。"这不是件坏事。"他告诉人们，"对考虑在简斯维尔投资的人来说，这会加深他们的好印象，是个投资机会。'哦，是的，这是保罗·瑞安的家乡'。这种公共舆论是花钱也买不到的。"

保罗自己呢？担任国会议员 14 年，时年 42 岁的他此刻身穿深色西服，白色开领衬衫，身后是庞大的灰色驱逐舰。八分钟后，他会发表成为副总统候选人以来的第一次演讲。不久前，他谴责奥巴马领导的白宫"犯下了一连串错误"。"我们身处一个与以往不同的危险时刻。"他说。

"我听过、看过许多家庭的故事，许多做小生意的人，许多需要帮助的人。但我最近听说的故事，让我感到非常不安。他们的声音、话语中，流露出一些不同寻常的讯息。我感到他们正在失去希望，降低期待，不知如何面对扑朔迷离的未来。"

"我听一些人说，这是新常态。"他在此时提高音量，右臂在半空挥舞，"失业率不停攀升，收入不停下降，债务负担加重，这不是新常态！"

虽然没有明说，保罗的这段话足以安慰家乡的人。

30 个小时后，周日傍晚，他和罗姆尼一同出席了"保罗的回乡集会"。

当时的场面十分动情。州长沃克站在讲台上的麦克风前，鼓动群众的情绪。"还有比把奶酪[1]印在选票上更棒的事吗？"州长高声介绍，"欢迎让美国再次强大的新搭档。"现场再次奏响雄壮的《空军一号》配乐，保罗挥手经过人群，和认识的人们问好，罗姆尼跟在他身后几步远的地方。踏上讲台时，保罗的手正擦去流下的眼

① 威斯康星州被称为"奶制品之州"，当地人很幽默地自称为"奶酪大头"（Cheesehead）。——译者注

泪。他和州长久久拥抱在一起，从讲台上向所有人飞吻。他的太太扬娜和孩子们也站在话筒附近，指向人群中认识的某个人。随着音乐淡出，保罗凑近话筒，他说的第一个词是："嘿，妈妈！"

沃克站在舞台中央，保罗的右边。保罗感谢人们到来，说道："回家真好。哦，哦，我爱威斯康星州！"

这是一次美妙的返乡之旅。罗姆尼对威斯康星州共和党人欢迎保罗的方式心满意足。

除了一个细节。虽说宣传的是保罗回家乡，但集会并不在简斯维尔举行，而是在沃基肖展览中心。47 天前，沃克在这里发表了赢得罢免选举的演说。展览中心是另一位共和党国会议员吉姆·森森布伦纳的选区，在保罗代表的国会选区以北数英里。沃基肖与简斯维尔不同，它是全州最可靠、最忠诚的共和党选区。

当然，简斯维尔才是保罗的家乡。两周后，保罗启程前往佛罗里达州的坦帕，出席共和党总统候选人提名大会之前，他的哥哥托宾将在他们的母校、克雷格高中的体育场介绍保罗登场。托宾称，简斯维尔人和简斯维尔的价值观塑造了今天的候选人。保罗七岁的儿子萨姆穿上奶酪大头、橙色泡沫的服装，就像一块楔形切达干酪。但这些都与今天无关。现在上演的是总统竞选政治，不容出现任何闪失。去年劳动节集会上，保罗遭到的激烈质问，以及在他的选区发生的其他不愉快事件，都让罗姆尼 - 瑞安组合不愿冒任何风险，把返乡之旅的现场设在他真正的家乡——简斯维尔。

第 44 章　2012 年劳动节集会

“游行倒计时，最后 10 分钟。”WCLO 电台的主持人蒂姆·布雷默通过麦克风宣布。他在主街检阅台的现场，正对长满青草的法院公园。“准备开始简斯维尔的劳动节游行。”布雷默喊道。

一如往年，首先登场的是小丑。他们从密尔沃基街进入主街，朝人行道上的观众抛糖果。孩子们纷纷从父母的膝盖跳下。这是 9 月 3 日，一个潮湿、炎热的下午。

今年的劳动节简直是一种讽刺。与过去 1.5 万人挤满人行道观看游行的场面相比，如今街道两边多了许多“出租”广告牌，观众也稀稀拉拉的。但这没有影响人们对节日的热情——一样的温馨、热烈。

小丑队伍通过后，迎来一群骑着摩托车，身穿亮黄色衬衫、蓝色短裤的警察。接着是简斯维尔爱国协会，它成立于 1930 年，那时装配厂生产雪佛兰已经七年。随后是 2012 年游行的大礼官帕姆·维奇，他在装配厂工作了30年，直到工厂关门，如今主要在VFW经营卡拉OK生意。

劳动节集会维系着简斯维尔的传统，虽然已经时过境迁。20世纪50—70年代，盛大的庆祝活动被命名为“冠军游行”，UAW地方分会、中央劳工联盟、城里的商人都会为此出谋划策。工人聚在工会大厅，暂时放下在生产线组装雪佛兰的工作，装饰起游行花车，每年的花样层出不穷。有一年，一辆花车装饰了水波，男人和女人坐在最上方摆出钓鱼的姿势；另一年，游行创下一项“搭便车”世界纪录，浩浩荡荡的花车长达300英尺——由8匹小马、64头羊驼拉着一辆大篷车组成。近年，庆祝活动改名为劳动节集会，总能筹到足够的钱邀请全国最好的横笛乐手和鼓队。

三年前，通用汽车工厂关门后第一年劳动节集会，依旧有152个团体参加，众人从五角地带出发，穿过市中心，经过检阅台。今年，主持风格平易近人的布雷默用带磁性的男中音宣布，共有83个团体参加游行。劳动节集会无法筹集到足够的资金邀请乐队，如今走过主街的横笛乐手和鼓队来自简斯维尔当地——成立于美国建国200周年之际。唯一两支军乐队来自城里的两所高中：派克维京人身穿绿色和金色制服，克雷格美洲狮则身穿皇家蓝制服。

多年来，汽车工人一直是游行的主要赞助者和表演主力，但今年不仅没有地方95分会的花车，甚至没有工人游行方阵。只有两名身穿黑色T恤，戴工会帽子的老人举着一条横幅走过场。横幅上写着，“UAW地方95分会退休人员”。

但是，还有比汽车工人缺席游行更让人惊讶的地方。这个“惊喜”乘坐一辆租来的白色马车，装饰着红色彩条，慢慢经过主街。马车就在大礼官身后，地方横笛乐手和鼓队之前——多少令人回忆起过去富足的生活。

“欢迎好心好意大使安·福贝克。”主持人宣布，介绍了一位设法帮助城里无家可归的孩子的社工。安高举一块牌子，身边坐着纪录片《16:49》中的两位主角凯拉和科里。他们端坐在马车的天鹅绒座椅上，向众人微笑，就像任何参加游行的青少年一样朝路人挥手，看起来一点也不像晚上没有安全之处落脚的孩子。

主持人高声感谢安“对社区的奉献”，但路人没有太大反应，只是礼貌地鼓掌。也许从没有人想过，劳动节集会的现场会出现无家可归的孩子。

第 45 章　空药瓶

夏末，罗克县警长鲍勃·斯波登接到上司的一份报告：一位惩教官和一位囚犯存在不正当关系，其他囚犯正在谈论此事。

一头银发的警长个性温和，但办事严肃。他在简斯维尔长大，是副警长的儿子，斯波登家族在简斯维尔的执法部门供职已长达半个世纪。六年前，鲍勃从副总警监的位置上被提拔为警长。现在，他做了一名警长该做的事，对克里斯季·拜尔展开调查。

这段不正当关系没有维持太长时间，约两个月，但报告却十分冗长，涉及对两人关系的指控，食物、药品和其他事情。克里斯季本会被解雇，甚至面临起诉。按照威斯康星州的法律，惩教官与囚犯发生性关系是违法的——无论这段关系由谁挑起——因为法律上认为囚犯无法拒绝。

至此，警长和相关人士还没有告诉克里斯季调查一事。9 月 17 日，周一，晚 10 点 30 分，克里斯季上班时，警长的副总警监召见了她。副总警监告诉她，她正被调查，从现在开始带薪休假。克里斯季还被要求交出监狱钥匙。对方让克里斯季在 9 月 19 日下午 1 点 30 分回警局接受问话。随后，她在一位警官的陪同下离开。

克里斯季告诉母亲发生了什么。她不愿接受问话，认为自己一定会被解雇，甚至可能会坐牢。

“好吧，那我们离开。”她的母亲告诉她，“我们走。我们在这里有什么呢？一无所有。无论你去哪里，我都会和你在一起。”

克里斯季的停职发生在她 40 岁生日前五天。自小女孩时代起，克里斯季就喜欢热热闹闹的生日派对。上周五，她让母亲陪她去 40 分钟车程以外、麦迪逊和密尔沃基之间的奥特莱斯约翰逊·克里克采购生日用品。

那天，克里斯季的心情相当不错。她正在减肥，一米六八的身高可以穿 8 号衣服。她还买了一条裤子。

她的母亲琳达十分惊讶，克里斯季一直在滔滔不绝地讲新男友的事，但她的母亲没有阻止她。

“给他一个机会。”克里斯季说。

他已经出狱，但在她母亲看来，事情并没有改善。“我不允许你和一个囚犯交往。”她告诉克里斯季。

回家路上，她们在橄榄花园吃饭。两年前的春天，克里斯季和巴布，以及双方家人，在这里庆祝了她们以优异成绩从黑鹰技术学院取得刑事司法专业学位。

那天晚上，克里斯季出门，在右脚上绣了文身——一个无穷符号，就像横过来的“8”字。其中一个圈里写着儿子乔希的名字，另一个圈里是监狱那个男人的名字“泰”。她回家向母亲展示了新文身。

最近，克里斯季和丈夫鲍勃分房睡，她的房间在客厅尽头的左边，丈夫的房间在右边。周三清晨5点20分，鲍勃出门去麦迪逊的政府大楼上班前，走进妻子的房间和她说再见。通常，克里斯季那时还没下夜班，但这是她被停职的第二天早晨。他走进房间，她穿一件灰色T恤，白色紧身裤，戴着两条银项链——一个吊坠是天使，另一个是十字架。她朝着左侧睡，一只胳膊悬在窗边，似乎已经没了呼吸。

随着鲍勃大叫，克里斯季的母亲被惊醒。“克里斯季，快醒醒！克里斯季，快醒醒！”克里斯季的儿子乔希睡在地下室，也听见了骚动。他飞奔上楼，发现一个空药瓶，赶紧拨打911，为母亲做胸部按压，直到救护车来。

2008年4月28日，通用汽车宣布关闭装配厂五周前，工厂传言会取消中班。那天，一个60岁，在中班工作了27年的工人自杀。

此后，罗克县的自杀人数翻了一倍。2008年为15人，去年为32人。县里的求助热线接到很多电话。最近，县死因裁判官办公室的一位志愿者一直向各个愿意倾听的团体呼吁自杀预防。

这不单是简斯维尔的问题，美国的整体自杀率都在飙升，虽然不及 20 世纪 30 年代大萧条时期，但与刚进入大衰退时期相比，自杀率上升了四倍。

在罗克县，凯特·弗拉纳根运营一个资源日渐捉襟见肘的健康服务机构。她发现，整个县遭遇危机时，有些人比其他人更容易陷入绝望，比如有成瘾问题的人、抑郁的人——无论导致他们脆弱的原因是什么——如果失业，他们就会失去生存的力量。

打理派克密室的德里·瓦拉特亲眼见证了压力导致的可怕后果。仅去年，密室照料的孩子中就有七人存在自杀倾向，有几个人甚至这么做了。她留意到，在贫困环境中长大的孩子更坚强，能够更好地应对困境；脆弱的孩子往往是“新穷人”，他们的父母在失去体面的收入后正挣扎着该如何生存。

照料一群无家可归的孩子的社工安·福贝克也发现了相似的压力。一位母亲因为发现女儿意外怀孕，房子租约即将到期痛苦不已。她告诉安，正考虑驾车撞树结束自己的生命。安尝试拨打求助电话。她联络交通部门，确保那位母亲暂时不可以开车，直到状况和情绪稳定。不久后，这家人离开了威斯康星州。安不知道后来发生了什么。

救护车疾驰而过，把克里斯季送往梅西医院。清晨 5 点 50 分，她被推进急诊室，在鲍勃发现她一个小时之后。一个医疗小队尝试对她急救，尽管她被送到医院时已经没了心跳。6 点 32 分，医生宣布停止抢救。

7分钟后，罗克县的验尸官珍妮弗·基齐的传呼机响了，让她来梅西医院——另一场自杀。

验尸官发现，克里斯季死于服用医生开给她缓解背痛的肌肉松弛剂。她一口气吃下平时服药量10倍的药片。此外，她还服用了近20倍超正常量的抗组胺药可他敏。

克里斯季的母亲曾想过扔掉那瓶肌肉松弛剂。克里斯季不喜欢吃这种药，因为这种药让她昏昏欲睡。她的母亲不希望正在治疗PTSD的乔希拿这些药自杀。但她的母亲没来得及这么做，她为此深感自责。她还内疚最初向克里斯季提出建议，既然这么喜欢犯罪剧，应该选择刑事司法专业。

她的母亲认为，除了药瓶和犯罪剧，只要失去工作，一切都在走下坡路。如果没有大衰退，克里斯季还会在李尔工厂工作，戴着她亲自设计的围裙。她不会去监狱，不会遇见那个男人。一个巨大的螺旋式下滑，直到她的女儿——她最好的朋友——选择结束自己的生命。

鲍勃十分震惊就业中心的一位客户自杀了。她不是一位普通客户，而是中心精挑细选，向公众推广的成功故事。这让鲍勃再次严肃思考已经意识到的事：帮助仅拥有高中文凭，在工厂工作的人展开全新的事业不是一件容易的事。

周三下午，巴布在教养院护理残疾客户时，电话响了。电话那头是从前李尔工厂的同事，她们还是黑鹰技术学院的校友。

那个女人告诉巴布，她不确定，但听说克里斯季似乎自杀了。

“什么？”巴布对着听筒问。

这不可能。最近，虽然她们没有经常聊天，但巴布多次建议克里斯季重新回大学念学士课程，就像她一样，而克里斯季也说想这么做。巴布认为，克里斯季不愿放弃监狱的薪水，总说一些她想添置的东西。

但是，自杀？

五分钟后，她的电话又响了。这次是她的丈夫迈克打来的，迈克从不在她工作时打电话。

她接了。起初，他什么也没说。

从他的沉默中，巴布知道了事实。

接着，迈克告诉她，克里斯季的儿子乔希找不到巴布的电话，但找到了他的。巴布不知道电话里在说什么，她崩溃了。

一下班，她就赶去陪克里斯季的母亲琳达。

这段友谊中，从她们惴惴不安地坐在黑鹰技术学院的教室中起，巴布已经接受了克里斯季比她优秀几分。克里斯季在成绩上略胜她一筹，并且先得到监狱的工作，对此，巴布没有任何抱怨。她接受克里斯季比她聪明、坚强。巴布在今晚意识到，也许她不是。

克里斯季的母亲想，女儿在失去一份工作后，无法接受再次失业，而且是被辞退的。她的母亲可以理解这点，但她不理解的是，为什么女儿为争取第二次机会如此努力，现在又如此轻易地放弃。

最让她不能理解的是，克里斯季为什么从没向她提起自杀的念头，她会陪她坐一整夜。克里斯季做事很有计划。她们不会向对方隐瞒任何事，她总是这么想，但她竟然没有留下一张字条。她和乔希不停翻箱倒柜地寻找，但是，没有任何遗言。琳达难以置信。

第二天早晨，近 100 人出席了克里斯季的葬礼。从施奈德的殡仪馆驾车前往枫山墓地——位于简斯维尔西北部，14 号公路附近的小镇埃文斯维尔——途中，琳达留意到他们经过了县监狱。她认为本可以走另一条路的。

克里斯季躺在乔希挑选的棺木中。她的母亲为她选择了最后一身衣服——一条全新的 8 号牛仔裤，她曾很自豪可以穿进去——还为她盖上一条绿湾包装工队的毯子。

第 46 章　女人圈

今晚，假日酒店的宴会厅布置得星光熠熠，悉心摆放了 53 张精心装饰着中央花束的圆桌，造型争奇斗艳。大厅中央是一张长桌，放着草莓、葡萄、新鲜菠萝、蔬菜色拉和酱料，大浅盘中是熏制得恰到好处的鲑鱼。

这是“女人圈”两年一度的盛典现场，也是罗克县 YWCA 最重要的筹款活动。“庆祝女性的奉献精神，”这是该组织的座右铭，“以及她们对身边其他女性的鼓舞”。如今，YWCA 无法从联合之路得到更多的资金，无法资助帮助无家可归孩子的 16:49 计划，但不意味它没有尽力运作其他项目。如果有人怀疑简斯维尔人是否还有一副好心肠，450 位来自罗克县各个领域的女性，在 11 月 1 日周二夜晚盛装出席 YWCA 举办的筹款晚宴，就是最好的证明。

今晚的筹款目标是 5 万美元。女人圈将离实现目标十分接近。

出席晚宴的是简斯维尔的职业女性和一心想做好事的女人。毋庸置疑，YWCA 的工作人员也在现场，包括负责人艾莉森·霍金森。还有学校社工安·福贝克，她已经把艾莉森放弃 16:49 计划的失望抛在了脑后。每桌有一位队长，任务是邀请八位女性买票参加晚宴。在 53 张圆桌之中，靠近舞台右侧那张桌子的中央摆着巨大的花瓶，里面塞满银色、金色的装饰球，其他小球点缀在浅褐色的桌布上，还整齐排列着镶金边的餐具。这桌的队长是玛丽·威尔默，因为 BMO 哈里斯银行是女人圈的企业赞助商之一。

玛丽的银行换了新名字。四周前，M&I 银行——代表马歇尔和伊尔斯利——的标志被全部撤下，这个起源于威斯康星州，一直可以追溯到 19 世纪中期的名字突然消失。所有银行，包括主街上的那家，都换成了 BMO 哈里斯银行的标志——代表加拿大的蒙特利尔银行和芝加哥的哈里斯银行。去年，BMO 兼并了 M&I。作为威斯康星州最大的银行，M&I 在大衰退后连着三年亏损，主要原因是不明智的房地产投资和施工贷款，大部分在亚利桑那州和佛罗里达州。BMO 兼并 M&I 后，后者仍欠联邦政府 17 亿美元救助款。如今，一些 M&I 老员工正担心能否保住原来的分行和自己的工作。但是，玛丽的事业丝毫未受影响，她现在不仅是区域经理，还是 BMO 哈里斯银行的分行行长。

今晚，玛丽打扮得明艳动人，一袭黑色蕾丝上衣加黑色长裙。她和几位同事坐在一起，如今她们都是 BMO 哈里斯银行的员工。她还在影片中阐述 YWCA 为社区做的种种好事：关心被忽视、被虐待的孩子；帮助受家庭暴力的女性开始新生活；为新移民提供必要的协助。她聆听了今晚两位获奖者的发言，她们设计了一种纪念品挂盒，让人们纪念去世的亲人和朋友。最后，玛丽起身，走向几步之外的舞台。

玛丽在履行众多非营利组织领袖的职责时，经常谈起简斯维尔的美德：当地人的坚强和品格；慷慨的传统；通用汽车工厂关门后人们经历的艰难时光，以及他们的努力和隐忍。今天，她也以相似的话题开头，但这次发言有些不同。她刚过了 52 岁生日，站在舞台上，望向花团锦簇的宴会桌、精心打扮的女性。这次，玛丽谈起了她的过去。她告诉出席女人圈活动的人，她曾是个担惊受怕的小女孩，没有父亲，母亲只有一小块地，钱总是不够花。这是她为筹款铺垫的基调，为了引发在场人士的同情心，告诉人们不知道什么时候，你也可能成为需要帮助的那个人，因此慷慨是最善良的美德，它还意味着坦诚。这是玛丽第一次在公共场合谈起自己的童年。

第 47 章　第一次投票

11 月 5 日，周一晚上，凯泽雅 · 惠蒂克在上床前发了一条脸书状态：“睡觉，醒来后我就 18 岁了！”

第二天早晨，她和阿莉莎就到了可以投票的年纪，而当天恰好是选举日。现在，两人都开着靠自己挣的钱买的二手雪佛兰——阿莉莎的是白色羚羊，凯泽雅的是红色爱唯欧。生日那天，她们会各自驾车去罗克县大学，她们现在都是派克高中高年级学生，每周有几个下午在大学听课，再去打工。但今天上学前，她们先约在离家一英里外的麦迪逊小学见面。那里是她们社区的投票站。

她们在早晨 8 点到达，小学门口已经开始排队。来投票的人不少，毕竟是总统大选。她们排进队伍。不久后，她们接过用记号笔填写的选票，把票投给了总统奥巴马，以及名单上所有民主党人。她们从没听过那些名字，包括一个名叫罗布 · 策班的民主党人，正在挑战保罗·瑞安的国会议员席位。她们的父母也会投票给民主党人，凯泽雅如此认为。今年，阿莉莎观看总统大选辩论，而且逐渐能够理解政客的说辞，认为奥巴马比共和党人米特·罗姆尼更倾向工人阶级。此外，她们绝不可能投票给在工会问题上支持斯科特·沃克的人，因为她们的父母曾是工会人，而州长削减了公立学校预算，导致派克高中每个班级的人数增加，上 AP 课程的机会减少了。

填完选票，凯泽雅紧张地把它塞进读票机。她们认真填写了每个回答。这是成年的重要时刻。阿莉莎记得，父母曾教导她们，如果自己不投票，就没资格抱怨选举结果。她们现在履行了自己的义务。凯泽雅更新了脸书状态："投票只花了半小时。开启人生新篇章的好方法！"

她们完成成年仪式时，时针指向 8 点 45 分。此时，麦迪逊小学以东两英里以外，一队闪闪发光的黑色 SUV 停在主街上赫德伯格公立图书馆前。特勤局人员出动，排查人行道的情况。接着，身穿黑色西装，戴银色领带的保罗从第三辆 SUV 钻出，他正挨个帮每个孩子下车。保罗、扬娜、孩子们，以及特勤局员工排成一排，他们与几个身边的人握手，向记者打招呼，摄像团队早已等在图书馆门口。保罗和一小队随从穿过人群，前往图书馆一楼等待投票。随从先走几步来到门口，特勤局人员在几码远的地方观察人群，判断简斯维尔市中心的公立图书馆是否可能发生意外。保罗和扬娜向投票站的工作人员报出名字，拿到选票。保罗的两个孩子一直倚在他身边。填完后，他对最大的孩子丽莎指了指选票。丽莎戴一朵蝴蝶结头花，朝父亲的名字露出笑容。接着，他们一行通过大门，媒体正等在那里。一位记者高声问："今天感觉如何？"

"好极了，"保罗回答，"这是优秀的传统。今天是选举日，我很高兴回到这里。我一直在这里投票。在家乡醒来让我感觉好极了。这里是我长大的社区。我念的中学就在 60 码[①] 外。"他用食指指向右方。保罗的过去和现在天衣无缝地融合到一起。

他离开时，一位记者喊道："你会赢吗？"保罗转身，点头说："我想，我们会的。"

保罗没有在威斯康星州停留太长时间，更别说简斯维尔。他出发前往克里夫兰，随后是里士满。两个城市都位于摇摆州，比威斯康星州掌握更多的选票。晚上，他会在波士顿和罗姆尼会合。

尽管如此，威斯康星州在 2012 年总统大选中仍属于 12 个摇摆州之一。由于选情不明，奥巴马和竞选团队在昨天赶往简斯维尔 40 英里以外的麦迪逊。他在市政厅前发表演说，吸引了 1.8 万人一睹总统和暖场歌手布鲁斯·斯普林斯汀的风采。斯普林斯汀抱着吉他登场，走到舞台中央时，从脑袋某个地方变戏法似的拿出口琴。摄氏 42° 高温的天气，他穿着牛仔裤、背心，一件灰色衬衫，袖子卷到肘部。工人阶级的典型装束。从他所在的位置可以清晰望见一个

---

① 1 码≈0.9 米。

半街区之外的州议会大厦和州长斯科特·沃克的办公室。他演唱了一首几周前发表的竞选歌曲，多次引用奥巴马 2012 年总统竞选口号——“前进”，与威斯康星州的口号不谋而合——歌词中使用了许多押韵，连歌手本人也承认有些牵强附会。他本可以谈谈简斯维尔，因为他说自己的父亲曾在福特汽车装配厂工作。“过去 30 年来，我一直在创作体现美国梦和美国现实差距的音乐。”斯普林斯汀说，拨动了一阵吉他琴弦，“美国富人和普通人之间的财富差距已经困扰了我整整 30 年。这种差距可能会把我们分裂成两个截然不同的群体。我们必须做得更好。”他再次拨动琴弦。

“最后，我今天站在这里，因为我活得够久，知道未来不是一场汹涌的潮水。它总是慢慢地，一步一步向我们涌来。”一阵鼓声。“一日长过一日。”鼓声。“我们正处在那些漫长的日子中。”

接着，斯普林斯汀在演唱《希望和梦想的大地》后，介绍奥巴马登台。民谣歌手和奥巴马拥抱，相互拍拍对方的背。

奥巴马称赞开场演出是“美国瑰宝”，“讲述了我们国家的故事，以及我们应该创造怎样的故事”。至此，奥巴马展开竞选活动最后一天的演讲。他从执政四年的成就谈起，包括“美国汽车工业重塑昔日辉煌”。但显然，简斯维尔的情况似乎是另一回事。

不管人们是否相信总统能让简斯维尔的中产阶级重新过上好日子，不管是否出于工会和民主党人传统，在凯泽雅和阿莉莎成年的第一天，简斯维尔选民把票投给了奥巴马，而不是在这里土生土长的共和党候选人。

五个月零一天前，城里的共和党人坐在好说话餐厅的钢琴边，庆祝威斯康星选民——虽然不是简斯维尔选民——在罢免选举中留下了沃克。今天，却是民主党人的胜利之夜。他们会在UAW地方95分会的大厅举行庆祝活动。那里也是迈克·沃恩的祖父、沃恩家族的第一代工会人参与筹建的场所。

罗克县的选民态度坚决。10个人中有6个人投票支持总统连任。保罗在那晚不太好过。即使在他的选区，人们也选择投票给奥巴马。保罗赢得了第八个国会议员任期，但胜利的差距较过去缩小。简斯维尔，包括他所在的选区，都更加心仪他的对手。

随着大选之夜的时间推移，假日酒店宴会厅的氛围越发消沉。几天前，女人圈刚在这里举行盛大晚宴，今晚数百位共和党人聚在这里，但等待他们的却不是一场胜利派对。波士顿时间已过午夜，但简斯维尔还是周二，罗姆尼的身影出现在宴会厅尽头的一块大屏幕上。他登上装饰了16面国旗的舞台，表示已经致电总统恭喜对方连任。罗克县的大部分共和党人已经离开，罗姆尼发表简短的败选演讲后，保罗登上波士顿的舞台，他双唇紧闭，还穿着早晨在图书馆投票时的那身黑色西服，系着银色领带。

威斯康星州的“儿子”在1100英里外的波士顿舞台登场时，或许许多人已经回家，但杰·米尔克还在现场。罗克县的共和党主席一直在宴会厅后方徘徊，从房间另一端遥望保罗在屏幕上的身影。杰身经百战，但今晚的他却陷入一阵忧伤。他知道，即使简斯维尔失去了成千上万名工会工人，在大家内心深处，这里依旧是民主党选区。杰沉思，拥有一位手握共和党副总统候选人入场券的本地人，还远远不够。而且，他不得不承认，掌握决定性话语权的人不是中产阶级。

第 48 章　健康网

刚过去的选举日，简斯维尔选民为威斯康星州州议会选出了一位新代表。和州参议院的蒂姆·卡伦一样，德布拉·柯士特也是民主党人、前学校董事会成员。她在梅西医院的实验室工作，每周一次在罗克县的健康网做志愿者。健康网是一家位于市中心的小型免费医疗诊所。过去 20 年来，它一直救治没有医疗保险或没钱的病人。这个下午，第 44 选区的选民把德布拉送入州立法机构之际，她正在诊所。因为今天是周三，每周三有两小时，健康网会接收新病人或重新注册。

在诊所看病的机会从下午 1 点 30 分开始，现在已经过了一个半小时。德布拉打开候诊室的门。

“8 号。”她喊道。

休·奥姆斯特德不知该几点抵达位于密尔沃基街的诊所才好。她绕到后门，爬上楼梯，在诊所狭窄的门口排队，或许今天能拿到幸运的号码牌。幸运到能让她进入诊所，而不是下周再来试运气。

中午 1:25 分，她已经排了一小时队。一个身材魁梧，穿 Polo 衫的年轻男人走到门口。每周接受报名前都是如此。男人名叫瑞安 · 梅辛杰，腋窝下夹着一块笔记板。瑞安是健康网诊所的运营总监，他总是神采奕奕，很难相信他每天需要工作 15 小时，才能保证这个工作超负荷的非营利机构顺利运作。

瑞安看向这周想登记成为病人的队伍，包括休，他们或坐在钢制折叠椅上，座位不够时就站在油毡地上，队伍顺着走廊拐弯，望不到尽头。以前，健康网每周接收 30 位新病人或重新登记的病人，但现在已经不是如此了。“今天，我们只能接收 13 位病人。”瑞安说，立刻向大家道歉。数月来，他已经习惯在每周三下午以此作为开场白，“我们的预算有限，资金也被削减了”。

休在这周很幸运，她得到一张写着“8”的小纸条。休告诉自己，一个半小时后叫到她的号码时，就是她的幸运日。她真的需要一个幸运日。

她在 SSI 技术公司工作了 19 年。公司位于城市北部，主要以金属粉末为基本原料，制造汽车和工业零件。直到 2009 年被裁员——此时离大衰退结束只有两个月，休一直从事质检工作，时薪 15.5 美元，是 SSI 生产车间时薪最高的工人。但是，她的工作没了。之后的三年半中，她找到的唯一工作是短工中介介绍的三周零工。

她 53 岁了，离婚 10 年，像城里的许多人，无法找到工作。于是，她在一年前回到学校，在黑鹰技术学院学习医疗行政管理。她的学习不太顺利。因为身体原因，她缺席了许多课，此时正考虑是否退学，而不是收一张不合格的成绩单。在所有健康问题中，最严重的是她的肺。她怀疑是因为常年接触粉末金属。无论原因是什么，失去 SSI 的工作时，她也失去了健康保险。她患肺炎被送进梅西医院时，情况糟透了。她向医院解释，她没有保险，希望可以得到一些折扣。但是，最后她不得不付全款，虽然极不情愿，她还是从 401（k）账户中取出了 1.5 万美元支付医疗费。她的肺依旧情况不好。除此以外，她的一条腿患有关节炎，无法长时间站立。她很确信自己还患了抑郁症，需要药物辐助睡眠。拿到健康网的 8 号，对她来说是个久违的好消息。

德布拉喊到她的号码时，她跟着面前瘦长结实，一头金色短发的女人来到里面的房间。“我是黛比，这里的志愿者。”她说。诊所仅有两间小诊室，她们走进其中一间，德布拉关上了门。她没有提及刚成为简斯维尔在州议会的代表，休甚至在昨天刚把选票投给她，但一时也没认出眼前的人就是德布拉。

德布拉澄清，她们不会在这个房间诊治休的肺病，而是会仔细检查休带来的塞在文件夹中的各种资料，判断她是否有资格享受健康网提供的免费医疗服务。

“我想，我带了所有的资料。”休说，坐在房间的一张椅子上。她的脸呈心形，棕色直发长至下巴。她身穿紫色运动衫，黑色牛仔裤，黑色运动鞋，配显眼的粉色鞋带。

德布拉开始常规问话："你和谁同住？"

这个问题不像休期待的那么容易回答。她和丈夫在10年前分手，她得到了房子。她本打算在两个孩子高中毕业后卖掉房子，付清贷款，将剩下的一半房款交给前夫。但是，房价大幅下跌，她的贷款还没还清，不是卖掉房子的好时机。因此，她一直住在那里。一年多前，她的前夫没地方住，问他是否能来以前的家中暂住。她没有拒绝。两人虽然相处得不好，但房子有四间卧室，他们不会抬头不见低头见。她的失业津贴快用完了。前夫帮忙缴了一次房贷，接着是又一次、再一次。

"我和前夫住在一起，"休告诉德布拉，"但只是出于经济原因。"

德布拉请她找出税单，脸上露出一个奇怪的表情。"所以，你没有收入？"

"我在去年失业了。"休说，"现在是全职学生。我从学校得到一些奖学金。"

"巴杰关爱发给你的拒信呢？"

资格审查时经常遇到这种混乱局面，德布拉这样的志愿者必须玩的"猜谜游戏"。健康网只接受不符合巴杰关爱的患者——威斯康星州的医疗补助计划。三年前，威斯康星州启动了一项新计划，巴杰关爱增益型。理论上，它比其他州更慷慨。新计划可以向没有抚养孩子的成年人提供简单的医疗补助，像休这样的人。但是，巴杰关爱增益型从2009年7月实行，仅三个月后就停止接受申请。此后，所有申请者进入等候名单。休在2010年9月提出申请，距她失业约一年半。她收到的回信称她符合资格，但前面还有 48874 人在等待。直到今天，她的位置没有移动一步。

德布拉看着这封信，以及停滞不前的排名 48874，对此没有异议。但是，她不停翻看税单，似乎有些不对劲。她告诉休几分钟后回来。休的一只脚——穿着黑色运动鞋、系着粉色鞋带——开始紧张地抽搐。

德布拉走出诊室时脸色阴沉，在另一个房间找到保罗。保罗站在一块宣传板前，上面的海报写着："生命不是等待风暴过去，而是学会在风雨中舞蹈。"

她把报税单举到瑞安跟前，一张是休的，一张是与她住在同一屋檐下的前夫的。休带来了两份文件，因为按照健康网的要求，必须提交一切收入文件。如果患者的收入低于联邦贫困线 185%，诊所就会接收他们。

瑞安看着表格，陷入了两难：虽然休没有收入，但是她符合资格吗？毕竟她在贝洛伊特的引擎工厂工作的前夫正在缴纳房贷，才使她暂时没有失去房子。瑞安凝视表格相当长一段时间后开口："我认为，应该把这算作一种收入。"

"我不喜欢这个答案，"德布拉告诉他，"需要帮助的人无法得到帮助。"

瑞安不想粉饰正在发生的事。"有些人的确因为情况特殊无法通过资格审查。"他表示同意。他也不喜欢拒绝别人，希望可以接收每一位患者。

但这里是健康网，没有通情达理的余地。捐款和资金都在缩水。诊所组织了更多捐款活动，瑞安和他的老板——诊所的执行董事，在几个月前制订了一项新计划，削减了今年 5.4 万美元预算。他们把药物开支从去年的 3.5 万美元缩减为 9000 美元，希望有些病人能够加入医药公司针对贫穷人士的私人援助项目。他们不再支付 X 光检查费，希望梅西和今年新开张的圣玛丽医院承担这部分支出。根据诊所的医疗总监、另一位志愿者，也是德布拉的丈夫，制定的新规定，医生最多只能为患者安排两项检查。如果他们需要做更多检查，瑞安会仔细研究病例，再决定更多检查是否必要。虽然瑞安接受过专业健康教育，但他毕竟不是医学博士。

去年，健康网受理了 9000 件医疗或牙科诊治。无论情况多么紧急，要约到医生，现在至少要等三个月。

德布拉回到休等待的诊室时，再次经过那张海报。在风雨中舞蹈的海报附近，还有另一条宣传语："你知道吗？健康网的捐款正处于历史最低点，而病人的数量正处于历史最高点。"海报写道："健康网需要每个人的奉献和捐款才能运作。你今天捐款了吗？"

没有通情达理的余地。

德布拉打开诊室的门，实在不愿开口告诉休这个事实。

"好吧，休，"她的语气尽量温柔，"你没有收入，但你的前夫收入很高。"休明白了即将发生的事，看起来难过极了。

"在法律上，他和我没有任何关系。"休指出这一点，"我只是靠他生活，只是这样。我只拥有一半房产，而且现在不值钱了。过去三年，我有甲状腺问题，得过好几次肺炎，很多呼吸问题。”

德布拉看起来和休一样难过。休离开前，德布拉说：“我会让瑞安再确认一次。”

这次，德布拉在诊所后方找到瑞安。虽然健康网削减了购买药物的开支，还是储存了大量药品，包括许多捐赠药物——患者死亡或者出狱时，他们的药可能还没吃完。健康网是免费诊所，因此可以收集一切找得到的药品。

“就这一次，”德布拉对瑞安说，语气中带着一丝央求，“我知道是在为难你。”

“没关系，”瑞安说，语气依旧温柔，“我们只能说，如果她把他赶走，她就符合资格。”

德布拉再次回到诊室，告诉休这个消息。“我很抱歉，亲爱的。”

她没有说话，盯着自己的膝盖。她摘下眼镜，把它放进盒子，又拿回税单，把它们放回文件夹。当她抬头时，眼眶泛红。

“如果发生了什么事……”德布拉说，边道歉房间没有准备纸巾，边从墙上撕了一张擦手的纸。德布拉陪休走到诊所的前门，轻拍她的后背。

休离开后，德布拉撕掉了本该由休填写的申请表。

她走回候诊室，打开门，这次喊的是11号。“我是黛比，这里的志愿者。”她告诉拿11号纸条的女人。女人在法院山经营一家濒临倒闭的家庭旅馆，离保罗·瑞安家只有三个街区。这个女人在领食品分享券，不幸让她的收入超过了健康网的标准。

德布拉把 11 号候选人送出后门。“备受打击——不！”她低声告诉另一位志愿者。那位志愿者正为黛比当选感到高兴，但德布拉提不起一丝兴致。

她知道，上一任州长多伊尔从联邦政府申请到 3700 万美元，但现任州长沃克绝不会把这笔钱用在《平价医疗法案》（Affordable Care Act）上。这是刚通过的全国性大型医疗法案，鼓励开拓一个全新的医疗保险市场。

德布拉站在诊所，在这个赢得选举的下午思考，麦迪逊的立法者该制定一项什么新法律呢。

第 49 章　再次失业

德里 · 瓦拉特不再是运营派克密室的新手。密室迎来了第五年，200 名青少年不时来这里翻找二手衣物、罐头食品和牙膏。这些年，德里掌握了一些窍门，如何发现密室孩子正承受不幸，其中之一就是关注孩子们的脸书。昨天，她留意到了凯泽雅的页面。她贴了一张和最好朋友的合照，问是否有人可以推荐便宜的理发店。帖子的语气有些闷闷不乐。德里给凯泽雅发了讯息，问她下课后能否来一趟。

凯泽雅的数学很好，因此得到数学老师批准可以不上课。12 月 12 日，周三下午，她在社会课教室和德里进行了一场推心置腹的谈话。两人在教室中央面对面的课桌前坐下，德里开口问凯泽雅："发生了什么？"

她的父亲又失业了，凯泽雅解释。"我们甚至交不起房租。"她说，就好像这是她的责任。

“明白了。”德里说。

这几个月很难熬。凯泽雅的父亲从通用汽车工厂失业后一直小心翼翼，从不在找好下一份工作前辞职。他坚持在监狱工作，虽然他的焦虑恶化成严重的幽闭恐惧症，处于密闭空间就会恐慌。医生给他开了抗焦虑药物，但并不总是起作用。去年夏天的一个晚上，他的主管给凯泽雅的母亲打电话，让她在上班途中把丈夫带回家。她的母亲不得不在停车场陪父亲坐了半小时，他才敢上车。深夜回到家中，她又陪丈夫在简斯维尔街头走了一个小时，才让他平静下来。监狱的一位警官告诉她的父亲，以一个朋友的身份，而不是他的上司，他最好离开这里。

他花了整整一年才找到下一份工作。9月初，他离开监狱，以更低的时薪开始在曼联合金工作。这是一家制造燃料罐和其他金属制品的公司。他在新公司工作了一周就被解雇了。又过了一周，他接到电话回公司接受一些培训。他留意到自己的双手出现了刺痛、麻木的症状。一位医生告诉他，这是过度使用综合征。曼联合金这次只给他一些简单的任务，但两周后再次让他回家。她的父亲尝试申请劳工赔偿，但公司处处为难他。因此，他很快在格兰杰工业供应公司的配送中心找到了另一份工作。他提前告知了曼联合金，结束了最后一天的工作，准备在上周四去格兰杰上班。但格兰杰突然告诉他不用来了，而且不知道什么时候才会聘用他。

她的父亲甚至无法领失业津贴，因为这次他不是被解雇的。

凯泽雅和阿莉莎尽一切努力帮助家里。新学期伊始，凯泽雅给派克高中辩论队一位喜欢的老师写纸条。她告诉老师，很高兴这三年来参加辩论队，进入全州锦标赛，但今年无法再继续了。“我的家里出了问题，还有学校的功课。”她写道。凯泽雅感谢他“在过去几年中教会我的一切”。凯泽雅没有写，除了AP课程和罗克县大学的课，她还要打两份工。每天放学后，她都在一位脊椎按摩师的诊所做接待，还在一家汽车经销商做文员工作。这家经销商和她母亲今年秋天开始工作的一家经销商属于同一集团，后者的工作也是处理文件，时薪13.5美元。但这至少是一份全职工作，她还为此放弃了教师助理的职位。阿莉莎打三份工——和她的母亲在同一家汽车经销商处理文件，担任派克游泳队的救生员，还开始推销特百惠。凯泽雅告诉德里，阿莉莎希望她也推销特百惠，但她还没想好。好消息是，脊椎按摩师同意她在接下来几个月的周六也来上班。

德里听过许多这样的故事。她知道该给学生什么建议，但认为只给建议永远不够。

“你们去过ECHO吗？”她问。

听到ECHO的名字——城里最大的食物厨房，凯泽雅开始流泪。她的母亲试过求助ECHO，却生了一肚子气，因为被告知她们家还不够穷。近来，ECHO也面临资金短缺，只在开门后向排在队伍前40位的人发放食物，而且每个月最多只能领一次。去年春天，ECHO的资金捉襟见肘，被迫停发加油卡和巴士券。夏天时，他们甚至减少了一部分员工的工作时间。自组织从1969年成立以来，它第一次不再在周五派发食物。无论是否是资金问题，ECHO都让她的母亲发疯了。ECHO 告诉她，他们家的收入刚超出补助标准。凯泽雅和阿莉莎曾通过国家荣誉为 ECHO 捐款，她们没有告诉母亲该组织筹集的 700 磅食物去了哪里。

凯泽雅没有详细解释一切。她只告诉德里："他们不给我们食物。"

德里站起身。她经常在谈话中这么做，走向书桌，拿出手机，给学校的社工打电话。派克高中原来有两名社工，但那是在预算被削减之前。现在学校只剩一位社工，虽然 1400 名学生中，超过半数的家庭收入过低，他们的午餐由联邦政府买单，几乎是装配厂关闭前的两倍。

德里给社工打电话，因为她知道应该这么做。虽然运营派克密室多年，她总以为自己成了社工。凯泽雅可以听见两人的对话。"他无法申请失业津贴，因为他是辞职……是的，如果你有什么消息，尽快告诉我。"

德里回来时，交给凯泽雅一张小卡片，上面印着 ECHO 的电话。"他们会为你们付一次房租，"德里告诉她，"取决于他们有多少资金。"

凯泽雅或许还只是高中生，但已经懂了许多。她提醒德里，即使 ECHO 有资金，也不会为人们支付房屋贷款。通用汽车工厂关门前，谁会想到有房子的家庭会需要 ECHO？德里告诉凯泽雅，至少可以给她一些捐赠卡，在哨兵超市（Sentry Foods）免费买一些东西。

过去两年，惠蒂克家一直收到希望礼袋——免费食品，帮助一家度过新年。但今年不同。简斯维尔的学校有了配额，收到希望礼袋的家庭有限。学校今年的筹款超过预期，达4.6万美元，但更多学校参与了希望礼袋计划，因此派克高中的额度反而减少了。“有太多困难家庭，但只有35个名额。”德里告诉凯泽雅。她没有告诉凯泽雅的是，至少50个迫切需要食物的家庭不会收到任何东西。数周前，她和社工在一起，面对长长的名单做出了极为艰难的取舍。他们尝试协调更多家庭，因为有些家庭的孩子在不同学校上课。而且，他们认为应该把机会留给从没收到过希望礼袋的人。那些有幸被选中的家庭，今年只能收到两周量的食物，较前几年大为减少。

德里告诉凯泽雅，她设法争取到了一笔私人捐款，至少可以为一些家庭提供圣诞晚餐的礼券。“所以，不用担心。”德里说。

凯泽雅笑了。

凯泽雅说，她的母亲买了厕纸，所以他们不缺那个。一个邻居给了他们一只烤箱，凯泽雅正在学烤土豆。他们今年不会买圣诞彩灯，为了省电。她的祖母会和大家一起过圣诞节，她多少会帮忙的。

“你做得很好。”德里告诉她。她说，问题是经济不景气，这不是他们的错。

德里停顿了片刻，接着说：“你和你的姐姐怎么样？”

“非常，非常辛苦。”

“你会感到内疚吗？”德里问，“因为明年要上大学了。”

凯泽雅点了三次头。“因为我总在帮家里，虽然他们从来不开口。”她担心诺厄，他只有八年级——装配厂关门时，她和阿莉莎正像他这么大。她的父母没有 6 美元让他参加学校的娱乐之夜，因此凯泽雅给了他钱。“我不会一直陪在他身边，”她说，“他是我的弟弟。我希望他可以有 6 美元或 7 美元。我不希望他错过什么。”

“你们拥有彼此。”德里说，“这听起来有些俗气，却是真的。”

凯泽雅在笔记本上抄下了这句话。

“早上在我上学前，我的父亲填了三份简历。”凯泽雅说，“他真的很努力。”而且，他去州际公路附近的生物生命（BioLife）报了名，捐赠血浆。虽然他非常害怕针头，但如果每周去两次，可以收到 60 美元。

“我也想捐血浆。”凯泽雅告诉德里，“我问他该怎么做，我该先预约吗？但他很生气。”

“我们会好起来的，”凯泽雅说，“我们正在好起来。”

德里起身，给了凯泽雅一个拥抱。凯泽雅走出社会课教室，走廊上挤满学生，下节课的铃声刚刚响起。

周五下午。圣诞奇迹。

塔米 · 惠蒂克打算明天早晨去希望礼袋的配送中心帮忙。她会和杰拉德、诺厄一起去。凯泽雅要去脊椎按摩师那里，阿莉莎有自己的志愿者工作，通过学校的俱乐部 DECA 为扶轮花园社准备水果篮。DECA 本该培养她的营销和创业技能，却把她训练成了一位出色的特百惠推销员，虽然她才刚刚起步。

包装食物但不能带回家，这不是件容易的事。尽管如此，塔米从没想过不去。他们家曾收到过希望礼袋，她必须有所回报。

明天是 12 月 15 日，缴纳当月房贷的最后期限，他们还没凑够钱。但今天，黑鹰信用合作社终于、终于同意与塔米和杰拉德重新签署一份贷款合约。他们的新贷款利率是 3.75%。塔米计算过，每个月可以为家里省 250 美元。

因此她接到电话时，心情不错。电话那头是德里。一个家庭退出了，不需要捐赠的食物。无论如何，这个希望礼袋的机会给了惠蒂克家。

周六早晨天色灰蒙蒙的，下着冷雨，驾车。清晨 7 点半，城市南部的大型配送设施内，排列着一整排约翰·迪尔牌割草机和园艺拖拉机。150 名志愿者正穿梭其中，附近的长条桌上堆放着大量食物。志愿者里有几位 UAW 地方 95 分会成员和通用汽车退休工人，让人不禁想起当年装配厂工会组织的假日食物募捐活动。如今，绝大多数志愿者是老师、父母和孩子。

上午 8 点，志愿者在克雷格高中数学老师吉姆·赖夫身边围成一个大圈，他像马特·沃帕特一样——装配厂关门前 25 年，他都会在圣诞节之际发表演说——说着鼓舞士气的话。这位老师的发言很低调。简斯维尔附近 350 个家庭将收到希望礼袋，“他们会感激我们所做的一切，因为他们会在圣诞节期间得到足够的食物”。

“时间还早，”他说，“慢慢来，尽量做到最好。”

杰拉德负责装食物，每次拿一个伍德曼的超市捐赠的纸袋在通道之间来回走动，最初纸袋是空的，后来装上满满的食物，再交给下一位志愿者。塔米站在 5 号通道附近，割草机和拖拉机就在离她两行远的地方。负责装袋的人——包括杰拉德——传来袋子后，她会在里面放上椒盐饼干、卡夫牌填陷（Stove Top Stuffing Mix）、瑞士小姐牌（Swiss Miss）牛奶巧克力粉。“我喜欢做这些，”她面前的食物越来越少，广播里播放着欢快的背景音乐，“这让我感觉好极了。”

她的身边是一位派克高中的老师。“我喜欢你的女儿们。”她告诉塔米，“她们是最可爱的孩子。”

早上 8 点 45 分，所有食品袋准备就绪。它们被整齐地排列在地面，等待下一道工序——分发。有些装袋的志愿者也会负责配送，活动组织方递给他们写着姓名和地址的纸条。塔米提前和一位组织者商量过，如果她和杰拉德、诺厄都在这里，没必要再找一位志愿者把食物送到他们家。因此，塔米拿到一张写着自己家地址的纸条。

三个人准备走进雨中。他们会跑过泥泞的停车场，来到自己的车前，把车开到配送中心后门处，排队等待离开。轮到他们时，一个穿红色马甲站在雨中的男人会问他们，将为几个家庭配送，而塔米会回答“一个”，不必澄清这家人就是他们自己。之后，这个男人和另一个穿红色马甲的男人会把六袋食物装上他们的汽车——约是从前一半的量。只有一些希望礼袋，但好过没有。

但是，他们打算淋雨跑去停车场时，塔米和诺厄还站在门口，杰拉德停顿了片刻。在约翰·迪尔牌拖拉机前拉起的警戒线后，他留意到一位保安。保安制服的袖子上印着“联合巴顿”的标记。

“你怎么得到这家公司的工作的？”杰拉德问保安，“我应聘了好几次，但都没消息。”

保安是个好人。“我会告诉办公室的同事。”他说。杰拉德谢过保安，赶上了大门附近塔米和诺厄的脚步。

第六部

2013

第 50 章　两个简斯维尔

失去通用汽车工厂的第五年，时间和经济不景气足以撕裂一座适应性很强的城市，一座不愿善罢甘休、轻易放弃的城市。如今，差距一目了然。罗克河边的这座城市，分裂成了两个简斯维尔。

在其中一个简斯维尔，玛丽·威尔默依旧旋风般地行动。她的心情很好。BMO 哈里斯银行兼并 M&I 银行的过渡期结束了，她在银行中承担的责任还会进一步扩大。下个月，她会成为 BMO 哈里斯的经理，负责组建“白金银行家”和财务顾问团队。她管辖的区域覆盖威斯康星州 200 英里范围，从绿湾延伸至麦迪逊、简斯维尔和贝洛伊特。“白金银行家”属于 BMO 的高端客户，存款在 25 万至 100 万美元。“在 BMO 哈里斯，我们相信高净值人群应该得到更多关注。”银行的宣传材料上写道。玛丽的工作将致力于改善对富人的服务。

她依旧担任城中各大商业团体的领袖，推动非营利性的志愿者工作，参加慈善晚宴，推广罗克县 5.0 战略，以重建当地经济。她认为情况已经取得进展。不算通用汽车留下的 480 万平方英尺空厂房，工业用地空置率从三年前的 13% 下降为 7%。罗克县 5.0 战略是一项五年计划，今年秋天即将步入第五年。之后，玛丽和另一位联合主席戴安·亨德里克斯将依旧为它掌舵。

1 月末，玛丽出席了前进简斯维尔举办的午宴。其间，她颁发了该组织授予的 2013 年度终身成就奖。她引荐的商人是马克·卡伦——JP 卡伦和他的儿子公司（JP Cullen & Sons, Inc）主席。他年过五旬，继承了家族的建筑生意，就像保罗·瑞安的祖先，后者曾创建了简斯维尔的爱尔兰“黑帮”。大衰退期间，简斯维尔和全美各地建筑业的日子相当不好过，但靠几十年与威斯康星州大学和其他大型机构的合作，JP 卡伦和他的儿子公司却实现了逆势扩张。虽然简斯维尔的通用汽车工厂关门后，公司失去了一份重要的长期合约。五年后，正如今天的终身成就奖所证明的，马克·卡伦在经济不景气中毫发未损。玛丽本人也是。

玛丽的生活正在发生变化。她恋爱了。她和银行抵押贷款经理的婚姻走到尽头，刚认识一个新男人——麦迪逊的一位建筑师。最近，她在脸书问朋友，如果 1 月去墨西哥度假，有什么豪华度假村推荐，今年晚些时候，他们还打算去加利福尼亚的纳帕谷。

“太高兴了。”玛丽为儿子康纳庆祝 18 岁生日那天在脸书写道。她还预订了一趟乡村酒庄之旅。

前进简斯维尔举办午宴的那周，惠蒂克一家得到了一些援助。

杰拉德还处于失业中，他上网申请了食品分享券。周一，午宴前三天，州政府的一个女人打来电话，让他参加一场面试。第二天，杰拉德得到通知，他们家每个月可以领 160 美元免费食物。这笔钱比以前塔米每周花在五个人伙食上的费用还低，也不及食品分享计划提供的金额。因为现在阿莉莎和凯泽雅满 18 岁了，她们的收入必须计入家庭收入。塔米认为这不对劲，州政府不该期待让高中生为家里挣钱。尽管如此，160 美元还是一笔可观的收入。

惠蒂克家生活在另一个简斯维尔。今年，4.1 万个罗克县家庭可以领到食品分享券，是装配厂关闭那年的两倍。惠蒂克家的情况不是最糟的。他们没有失去房子，虽然塔米有时会想，是否应该像大海捞针般寻找一位需要漂亮房子加后院游泳池的买家，这样他们就可以搬去更便宜的地方。他们不是没工作，只是不停换工作，但收入总是差强人意。双胞胎姐妹因为优异的成绩和通过 AP 课程，收到了威斯康星州大学普拉特维尔分校的录取通知书。校园在斯维尔以西约 100 英里，有阿莉莎感兴趣的工程专业，也有凯泽雅心仪的医学部。女孩们很有信心，一定可以凑足学费和生活费，虽然她们还没有具体计划。不，惠蒂克家的情况不是最糟的。他们只是经济大滑坡中许多不幸家庭中的一个，无法再过上原来的生活。

为了挣更多的钱，塔米开始销售诺士，一种廉价清洁用品。她很喜欢用，因为不含有害化学物质。从汽车经销公司下班后，她举办诺士推销派对招待亲戚和朋友，就像阿莉莎举办特百惠派对一样。

阿莉莎找到了工作更久的方法。派克高中的一位老师提到了某个虚拟学院项目。该项目由州一级发起，简斯维尔的学校也参与其中。它允许学生独立学习，上网络课程。城里负责虚拟学院的主要老师是戴夫·帕尔——简斯维尔教育协会的负责人。他曾在黎明前的沃尔玛超市和一个陌生人对峙，被谴责教师待遇太好。

虚拟学院在通用汽车工厂关门前一年开始运作，它的学生大部分不适应传统课堂学习，或者受到在线 AP 课程的吸引。戴夫一直在观察城里青少年的变化。两所高中的停车场里，孩子们驾驶的汽车从父母为他们购买的新车，沦为靠他们自己打工挣钱购买的二手车，就像凯泽雅和阿莉莎。无论是存钱买车，还是为家里省钱，虚拟学院都有一个优势——不必受威斯康星州规定的学生最长工作时间约束。在线课程每周运作七天，夜以继日，学生可以按自己的节奏和计划学习，也可以想工作多久就工作多久。这是它最大的亮点。

阿莉莎想，或许她可以大幅增加三份工作中一份工作的时长——在她母亲工作的那家汽车经销商——从每周 15 小时提高至 21 小时，如果她可以每周数次在下午 1 点离开学校。因此，她在月初接受了一项测试，评估是否适合在虚拟学院学习。结果显示她懂得自我激励，可以有效管理时间，勤奋而且乐观，非常合适。

1 月 24 日，周二上午 8 点 30 分，玛丽在前进简斯维尔的午宴上颁出终身成就奖之前数小时，阿莉莎不在派克高中。她坐在家中客厅的沙发，打开自己存钱买的华硕笔记本电脑。他们的小鹿犬洛奇蹲在她身边。阿莉莎在学习海洋科学，课件 1.07——“为什么海洋是适合居住的美好地方”。虽然她在昨晚已经读过课件，但打算在做测验前再复习一遍。

这个月，她已经完成了海洋科学所需的 45 份作业中的 6 份。她应该可以按时学完课程，虽然她希望加快进度。在学习“什么是洋流”时，她做了一份 PPT。她在 1 月时前往罗克河，观察鸟类和动物，以及河床和河岸的结构。“没有绿藻。”她记录道，“没有鹅。”随后，她对下一次观察做出预测，为了遵守尽可能控制变量的原则，她会在下个月同一天的同一时间再次前往此地观察。

目前，她的 PPT 停留在冬天河流的画面上。阿莉莎打出一行字：“接下来呢？”

2 月 4 日，周一，杰拉德开始在新公司上班。塔米的老板听说杰拉德找不到工作后，拜托了自己的兄弟，后者经营一家为维修厂送二手汽车配件的公司。

杰拉德每天的工作路程长达 200 英里。他需要在清晨 6 点 30 分打卡，驾驶满载配件的卡车前往芝加哥西部郊外的车体修理厂，再把车开回简斯维尔。如果一切顺利，需要 10 个半小时。不到一个月，通往芝加哥的伊利诺伊州高速公路再度引发了杰拉德的焦虑。虽然不像在监狱工作时所患的幽闭恐惧症和恐慌症这么严重，他却不得不在塔米的工作时间给她打电话，抱怨路上的司机，抱怨车体公司的老板弄错零件，抱怨 GPS 在数英里前就告诉他要右转，但他知道其实应该左转。

塔米知道这些电话能够缓解杰拉德的紧张，虽然这增加了她的焦虑。她不知道他们是怎么走到这一步的。她对生活从没有宏大的计划，只希望过得舒舒服服。这些日子，她告诉阿莉莎和凯泽雅——甚至诺厄，虽然他年纪还小——他们已经在生存游戏中遥遥领先，因为他们知道怎么在没钱的情况下生活。

杰拉德的新工作需要付出一个代价。时薪 12 美元——不够生活，但加上塔米和女儿们的收入，他们不能再享受食品分享券。可这是一份工作，杰拉德想，几乎可以应付各种账单。

第 51 章　夜间驾驶

“快点，快离开这鬼地方！”一个男人喊着跑向大门，经过粉刷成橙棕色的大厅，ID 卡一闪而过，打卡下班。这是周五晚的韦恩堡装配厂，一周工作的最后一天。他中班下班了——今天工作了 9 小时，幸运地得到 1 小时加班，因此现在是午夜 11 点 45 分。随着这个男人的喊声，约 1100 名通用汽车工人走出工厂，开始周末时间。

马特·沃帕特挤在人群中，在午夜 11 点 47 分到达大厅，头戴一顶针织帽，单肩挂着一只书包。他没有跑，但他走得非常、非常快。这是周五的惯例。他走进清冽的空气中，一位同事祝他旅途平安。他停在一辆 1997 年产的土星车前，每周五，他的车都停在同一个位置——中间一排，在一盏路灯下。因此周一回来时，他不必刻意记车在哪个位置。他从车里拖出旅行袋，还是走得非常、非常快，来到附近一辆 2003 年产庞蒂克格兰瑞斯边，汽车已经发动。

坐在驾驶座上的是克里斯·奥尔德里奇。后座上，把外套揉成一团塞在自己和车门之间的是保罗·谢里登。他们都是简斯维尔的通用汽车吉卜赛人。克里斯为马特打开后备厢，让他放旅行袋。马特坐进副驾驶座。车门还没关好，克里斯就一脚踩下油门，出发了。

280英里，4小时35分钟，略微超速，但不至于被开罚单。马特拿出电话，告诉达西他们已经出发。他每周都这么做。

克里斯发动引擎时，韦恩堡时间指向11点54分，但马特不是唯一设定简斯维尔时间的人，因此庞蒂克格兰瑞斯的仪表盘上，数字显示为10点45分。克里斯从2009年8月17日起在韦恩堡工厂工作，比马特早7个月。克里斯永远不会忘记那一天。他的太太和孩子帮他一起搬家，但他不愿说这是“搬家”，所以他只是说“住在”韦恩堡。周一早晨，他的家人离开，他去工厂报到。他上早班，因此在下午3点30分时就回到了公寓。他坐在一张廉价的餐厅椅上，盯着墙壁，独自一人。他的妻子和孩子已经回到简斯维尔，这是他一辈子最糟糕的时刻。

那是三年半之前。当时，格兰瑞斯的里程数是4.7万公里，现在是13.4407万公里。

这天夜晚，他们刚离开工厂10分钟，正要驶上114号公路，马特像往常一样平静地开口：“今天是我的三周年纪念日。”

克里斯丝毫没有迟疑。“我们才不庆祝那个。”他回话。

马特在上班前给达西发了短信：“祝我周年快乐。三周年。”

回信是：“已经三年了吗？似乎更久呢。”达西发了一个嘴角下垂的表情。

三年，即使刨除通用汽车的假期，也有许许多多个周五，冲进夜色，疾驰回家。这周，韦恩堡下了 10 英寸厚的雪，但现在已经融化，今天是个阳光明媚的日子。晚上天气格外晴朗，星星挂在印第安纳州农场的上空。这里的农场比威斯康星州的更平坦宽阔。

“我想今晚会走运，会有两只浣熊？”克里斯问。去年夏天，在这条 114 号公路上，一个巧妙的时间，一只浣熊从左边跑向公路，另一只从右边跑向公路。格兰瑞斯同时撞上了两只浣熊，一只在前轮胎，一只在后轮胎。

你可不会每周都遇上这种事。

他们一路会经过许多人家，随季节更换不同装饰。今晚，就像圣诞节，但亮起的是绿色和金色灯光，为了庆祝即将到来的圣帕特里克节。

现在，他们向北行驶了数英里，接着向西转入 30 号公路，四车道，克里斯、保罗和马特都认为这条路比北面的印第安纳州收费公路好开，简斯维尔的一些吉卜赛人会走那条路。

夏天时，30 号公路总让他们猜路边的汽车影院在播放什么影片——不是正在开车的克里斯或别人，车上其他乘客总会伸长脖子从一个微妙的角度瞥一眼屏幕。一次，他们开车经过一场暴风雨，闪电照亮了平坦的大地，可以看见一束束光直插农田之中。

无论什么季节，他们都会经过波旁圣经教堂。教堂外壁装饰着一幅诡异、比真人更大的大卫和歌利亚画像。

马特的电话响了。是布里亚，他最小的孩子，就快上床睡觉。“在印第安纳，”他说，“大概还要三小时。好吧，亲爱的。快去睡吧。我也爱你。”

现在，他们到了瓦尔帕莱索。像往常一样，他们在一个名叫飞行员旅行中心的地方停车休息。有些简斯维尔吉卜赛人会等到下一个休息站才停车，那是进入伊利诺伊州前的最后一个休息站，但克里斯、保罗和马特喜欢这里的小吃和宽敞的洗手间。他们迅速买了吃的，回到车上。克里斯买的是红烧牛肉干，保罗买了原味牛肉干，马特买了百吉牌爆米花和酸味嚼片糖果，他特意存钱为布里亚和布鲁克买的。

随后，他们向北驶入 49 号高速公路，再向西驶入收费站。

“开快点。”保罗说，他几乎一路都在睡觉，缩在外套里。

“他妈的，”克里斯说，“你想让轮胎飞出去吗？”

“你知道怎么换轮胎。”保罗说。

马特插话：“你做得很好，克里斯。”

“谢谢，”克里斯说，“谢谢你的支持。”

现在，他们飞驰着经过盖瑞，公路右侧还矗立着废弃的钢铁厂，灯光闪烁。盖瑞的烟囱直冲云霄，又闪过几道火光。盖瑞有“神奇之城”之称。1906 年，美国钢铁公司在密歇根湖南岸建造了几座工厂。如今，这里的人口为 7.8 万，只有 20 世纪 60 年代巅峰时期的一半，甚至比 2000 年的人口还减少了 25%。10 个离开的人中，有 4 个在贫困线上挣扎。盖瑞是锈带城市没落的标准样本，也是简斯维尔不愿成为的样子。克里斯继续开车。

格兰瑞斯经 EZ 通道驶过收费站。进入伊利诺伊州时，简斯维尔时间几乎到了凌晨 1 点 30 分。接着，他们会走天空高架和丹瑞安高速公路，虽然后者是双向 14 车道公路，但还是常常堵车。丹瑞安高速今晚不难走，因为他们加了一小时班，比平时晚。这个美国现代诗人卡尔·桑德堡笔下工作机会源源不断的城市已经沉睡。

城市的天际线映入眼帘。

芝加哥以北不远处，一辆载着四位乘客的红色汽车经过他们身边。“汤姆在开车，”克里斯留意到，“好像后面坐着欧里尔。”

其他的简斯维尔吉卜赛人。

马特打了几分钟瞌睡，和保罗一样睡着了。克里斯不喜欢沉默。“你们应该扮演绘声绘色的评论员。”马特醒来后，他开玩笑说。

马特醒来时刚过凌晨 2 点。他收到一条短信，来自前方另一辆满载简斯维尔吉卜赛人的汽车。“28 号英里标记附近，有警察。”克里斯降低车速。9 分钟后，马特发现警察。“不会被开罚单，”克里斯说，“付不起。”

马特在去年夏天被拦下时向警察说了实话——他平时在韦恩堡的工厂工作，现在驾车回家。开到这里时他可能有点兴奋，因为很快就可以见到家人。警察说可以理解，放马特走了。

他们经过了贝尔维迪尔的克莱斯勒工厂，装配厂倒闭后，这里没有招人。他们到达罗克福德时，克里斯说：“进入家乡范围。我们会在 20 分钟内把保罗送到家。”

“好呀，我们快到家了。”马特说。

保罗还在轻轻打鼾。

此刻——简斯维尔时间凌晨2点41分——克里斯突然像一位哲学家般谈论起在韦恩堡的工作。“我们计算时间的方法真奇怪，”他说，“我总是计算要在那里度过多少个圣诞节。还有三个圣诞节。”

1986年8月17日成为通用汽车工人时，他27岁，当时简斯维尔工厂刚在一段濒死经历中幸存下来，开始大规模招聘。工厂关门那天——2008年12月23日——克里斯还举着数码相机在工厂拍摄影片。他的入职日期意味，还需要工作3年零7个月才能退休。马特还有12年零7个月。

“等我退休，”克里斯说，“我可不想把你们留在那里。我希望每个人都能回家。也许我退休后就做这些事，每周把你们从工厂接回家。”

格兰瑞斯离开177号州际公路时，保罗醒了。“保持冷静，”克里斯告诉保罗，“马上就送你到家。”

刚过凌晨3点——这是简斯维尔时间，因为这里已经是简斯维尔，克里斯的车驶进保罗家的车道。放下他后，克里斯转入中央大道，经过装配厂矗立的罗克河，经过中心街，再转入米尔顿大道，来到城市北部马特家漂亮的房子前。因为在两座城市间通勤，才让他保住这栋房子。这是直通市区的路，但有时，他们会走其他路，只是因为他们回家了，想看看简斯维尔深夜的街道。

凌晨3点20分，克里斯把车停在乳白色外墙、暗红色大门的房子前。达西忘了开门口的灯，但她留着洗衣房的灯，欢迎他回家。洗衣房离车库不远，她和女孩们曾看着马特挣扎着第一次发动汽车前往韦恩堡。

马特递给克里斯 20 美元油钱。“周一早上几点？”马特从后备厢取出旅行袋时问。

“8 点 10 分或 8 点 15 分，”克里斯说，“老样子。”

第 52 章　工作机会起起落落

无论是不是工会人，反正永远找不到工作。迈克·沃恩很清楚这一点。两年前，他开始在塞尼卡食品工厂的人力资源部工作，他曾是一名工会代表，这是他的家族遗产，但他没有选择往回看。在李尔工厂担任工会代表，为工人兄弟姐妹发声，无疑塑造了他这个人。但事实证明，这不是他唯一的机会。

迈克知道，工作机会起起落落。在塞尼卡，因为收获季不同，会进行季节性招聘。占地 110 万平方英尺的工厂有 400 位全职工人，包括两三百名季节性工人。这完全遵循粮食和蔬菜成熟的规律，威斯康星农场的大部分产物都被运来工厂：豆子是从 6 月至 7 月下旬；接着是玉米，直到初秋；再是土豆。有时混合几种蔬菜，以及更多土豆。迈克负责临时工入职，把他们的资料输入人事系统，知道他们在圣诞节前处理完最后一批土豆就会离开。

虽然他是固定员工，不是临时工，粮食丰收的节奏也会影响迈克的工作。农闲时，他从下午 3 点 30 分工作至午夜。装罐季节，他则需要彻夜工作。丰收期同样意味着加班。迈克自愿一周加班 7 天。有时，他可以加 6 天班。有时，真的每天都加班。

迈克尽量把握加班机会，因为总有多出来的人事工作，而且加班意味他不会落后。不仅如此，加班会打乱生物钟，导致他白天无法入睡，因此他可以继续工作而不是回家浪费无所事事的一天。他拼命加班的最主要原因是收入。进入塞尼卡后，迈克已经升职，但收入依旧不及李尔工厂时期。尽管算上所有加班费，他的年收入相当不错。他和巴布商量出一套花钱方法：存下迈克在夏天和秋天的一部分收入，挪到寒冷、工作不多的季节使用——就像冰箱。靠这种方法，他们的生活水准几乎回到了李尔工厂时代。

他和巴布总在设法存钱，但他发现存钱比过去难多了。失业过一次，这种经历深深烙印在他的脑海中，他无法想象再经历一次。

如果真的再失业，迈克已经有了以前不曾具备的自信。他知道，自己可以把困境转化成新的机会。他甚至意识到，这是他在李尔工厂时给工会兄弟姐妹的建议：他们需要找到最好的应对方式，制订全新的计划。

当他一再重复这个建议时，他知道这种说法没错，但在他的头脑中其实非常抽象。他不知道什么叫把握机会，不知道什么叫机会来临，直到他看着巴布风风火火地重返校园，拼命努力学习。他跟上了妻子的脚步。

巴布的新工作也进展顺利。去年 6 月，创意社区生活服务把她

从地区协调官 / 社区保护官提拔为项目经理 / 主管。收入增长有限，现在是时薪 13 美元，但她现在可以自行安排时间处理行政工作，以及她最热爱的事——直接帮助患者。

让巴布自己都惊讶的是，她认为李尔工厂关门是最好的事。失业教会她成为幸存者，教会她为了工作的意义——而不是收入——工作，因为你会感觉很棒。照顾患发展障碍的残疾人，似乎不像一份工作。他们需要她，不管白天黑夜地给她打电话。这更像一种生活方式。巴布向自己保证，肩膀和腰在李尔工厂的生产线受损后，经历监狱沮丧压抑的工作后，她再也不会在不开心的地方工作。她不怀念李尔工厂的日子，总是向前看。她更关心在自己的帮助下，患者的身体情况是否好转，是否可以尽量独立生活。

第 53 章　16:49 计划 · 下

对安 · 福贝克而言，纪录片《16:49》首映似乎是很久之前的事了。人们第一次观看它是两年半前。她和贝洛伊特学校的社工、项目的搭档罗宾 · 斯图特开始自嘲当初多么天真，以为可以在 12 个月内为男孩和女孩各建一处庇护所。

尽管如此，16:49 计划的筹款没有暂停。在一个震惊于竟有孩子无家可归的城市，人们热心地接受了这个项目。6 月 1 日，一位 36 岁的简斯维尔保险从业者——他在孩提时代也曾无家可归——会每天骑车在城市穿行，计划在 30 天行经 1649 英里，并筹集 1.6 万美元善款。

去年春天，YWCA 做出痛苦决定——放弃该项目后，安和罗宾做梦也不会想到自己学会了运营非营利性组织。现在，16:49 计划属于美国 29 种非营利性组织之一，适用 501（c）（3）免税条款。它拥有自己的理事会，其中还包括几个无家可归的孩子。他们正打算寻找一位执行理事。

作为一名学校社工，安从没想过 16:49 计划会改变她的生活。今天，她来到一个全新的地方——411 房间。会议室装修得金碧辉煌，往下数三层就是州长沃克的办公室。这里是威斯康星州议会大厦，现在是 3 月中旬。劳动节集会上，安带着两个无家可归的短发孩子搭乘马车经过主街，已经是六个月前的事。刚过中午，她来威斯康星州第一届无家可归青年研讨会发言。德布拉·柯士特担任简斯维尔的代表已经三个月，她不再在健康网做志愿者，现在正端坐在主桌前，面对安和罗宾落座的方向。威斯康星州所有帮助无家可归孩子的人中，安和罗宾被选为四名发言者之一，代表“社区的声音”。

安从没有以证人身份出现在任何场合，但她的发言非常有力。她告诉德布拉以及其他坐在金光闪闪的房间中的人，根据简斯维尔教育系统的统计，今年有 968 名学生没有固定住所。在这些学生中，170 名学生只能靠自己，没有成年人陪伴。她说，他们正是 16:49 计划希望帮助的孩子。

“大部分情况下，孩子们都在别人家的沙发凑合着睡。”安表示，“我们发现孩子出现了抑郁情绪，焦虑。我们希望呵护孩子的未来。”

安和罗宾播放了纪录片的一部分画面，停留在布兰登靠在学校的墙上，说他的母亲不会出席他的毕业典礼。有些立法者像纪录片首次公映时一样，湿了眼眶。

安做了充分准备。纪录片播完后，她像议会大厦的游说者般呼吁："我们希望借助立法者的力量。"

她表示，帮助她的孩子们并不难，如果州立法者允许 16 岁或 17 岁的孩子在没有父母陪同的情况下，自己申请房屋补助或巴杰关爱计划。她带来一份俄勒冈州制定的法律。一位贝洛伊特的立法者告诉安，她很乐意研究一下俄勒冈州的案例。虽然这不是一个承诺，但至少是一种可能。

第 54 章　杯子满了一半以上

另一个春日下午，保罗像往常一样从国会山回家度周末。今晚，他站在假日酒店宴会厅的舞台，房间里挤满 750 位简斯维尔的有钱人。这里是玛丽·威尔默在女人圈的活动上诉说自己不幸童年的地方，也是罗克县的共和党人聚在一起观看土生土长的保罗与白宫失之交臂的地方。

保罗的副总统竞选之旅是他今晚发言的主题。他的讲话十分个人、动情，充满对家乡的热爱。这个 4 月最后的周五，是前进简斯维尔的年度晚宴，该组织想尽各种办法复苏当地经济。前进简斯维尔的成员，商人和民意领袖们，熙熙攘攘地围坐在圆桌前，因为保罗是今晚的主讲人之一。2013 年的晚宴因此创下了一项纪录，门票在数个星期前就已售罄。

每张桌子都铺着一块厚重、沙色的桌布，每人面前都端上了荷兰牛排，一只透明玻璃杯，上面印着一行字："我们看到杯子满了一半以上。”

简斯维尔爆发经济危机之初，玛丽想出了每个人都该成为乐观大使的点子。这个口号饱受嘲笑，但前进简斯维尔却十分喜欢。保持乐观是前进简斯维尔的核心信条和战略。该组织现在有一群被称为“好心好意大使”的志愿者，他们参加剪彩仪式，每年至少拜访一次前进简斯维尔会员的工作场所。

保罗发言前，前进简斯维尔的主席约翰·贝科德首先登上舞台，播放了一则影片。影片是特意为今晚制作的，目的是讽刺约翰所谓的“嗯，被动、态度负面，尤其是在网上留言的人们”。

影片的标题是“坏脾气的博客主”，其中把欣欣向荣的经济数据和一幅博客主愤愤不平打字，不停抱怨的漫画并列。影片庆祝“就业机会复苏”，称 2010 年以来，41 家公司为罗克县创造了 1924 个工作岗位。

宴会厅后方的圆桌上，就业中心负责人鲍勃·博勒曼充满同情地对着博客主的漫画喃咕：“我同意你们的看法。”作为一位公民领袖，他虽然出席晚宴，却不赞同今晚的主题。他不认同在场人士的观点——杯子满了一半以上。

近 2000 个工作岗位不是个小数目，但影片和约翰都没提到，通用汽车工厂关门后，城里还需要 4500 个工作岗位。影片着重介绍了这个月新开张的简斯维尔创新中心，它靠联邦和本市资金向初创公司提供办公场所和制造工厂。但是，它没有说截至目前，没有任何初创公司对租用中心的空间感兴趣。

影片播放结束，约翰回到麦克风前。他提起前进简斯维尔最新出版的杂志，封面文章是“对简斯维尔、罗克县和威斯康星州的未来保持乐观的33个理由”。他向观众提起那些广告牌，“推广这一理念，我们都可以成为乐观大使，成为正在上演的卷土重来的故事中的一分子”。接着，约翰介绍玛丽上台，称她是让人们对简斯维尔的未来保持乐观的第34个理由。

玛丽身穿一袭优雅的黑裙登上舞台，回忆起三年前的往事。当时，她和戴安·亨德里克斯“一起出现在舞台上，望着有些惊讶的观众……我们都经历了一些艰难时刻”。之后，玛丽说：“作为一个整体，我们熬过了自怨自艾，如今重新充满希望、理想和动力。”

约翰、“坏脾气的博客主”以及玛丽都想证明，大衰退以来，简斯维尔的情况正在得到改善，他们还想传达另一层意思——一种对乐观的代沟，分裂了向经济复苏高歌猛进的“十字军”和城中的其他人。

两个世界的简斯维尔人，以及他们所生活的城市仍努力团结一致，他们都没有抛弃不屈不挠的奋斗精神。但是，在今年春天，如果你问罗克县的人是否感受到经济复苏，10个人中有6个会告诉你没有。这并不令人惊讶，大衰退后就失业的人们，或者家中有人被裁员的人中——2/3的人会告诉你经济没有复苏。

玛丽和乐观派与城里其他人之间还存在另一种认识上的差距：调查显示，10个人中有6个人认为，罗克县再也不会让工人产生能保住工作的安全感，或者只要人们愿意工作，就能在简斯维尔找到收入不错的好工作。大部分人认为，重新回到那样的日子还要许多年。罗克县只有 2 % 的人像过去一样对工作有安全感，或者认为可以找到收入不错的好工作。

总而言之，超过半数的人认为，家庭财务状况比大衰退之前糟糕。但是，失业者之中，或家中有人被裁员的人中——近 3/4 的人认为状况更糟了。在找到新工作的人中，2/3 的人收入没有原来高。

这就是两个简斯维尔——有些人毫发未损，有些人的伤口还在流血，无论他们多么努力想要抓住不屈不挠的奋斗精神。

今晚，失去工作的人、收入减少的人，没有坐在宴会厅。当玛丽站上舞台，他们不是在台下吃着巧克力慕斯、草莓杯的看客。玛丽说，工厂关闭后的黑暗日子、造成的打击已经过去，营业税发票的用量正在回升，工业闲置用地正在减少。玛丽还说，这个地方取得的进步让人刮目相看。

保罗在热烈的欢呼声中登台，经久不息的掌声几乎让人忘记五个月前，简斯维尔人没有把副总统和国会议员的选票投给他。他自己也刻意避开了这个话题。如果前进简斯维尔的会员属于玛丽的乐观派，他们必定也是保罗的拥趸。他们喜欢听保罗讲竞选途中的小插曲。他形容“像被塞进一只加农炮，射向全国各地”。他在竞选时搭乘的飞机上印着一只飞行獾——威斯康星州的代表动物。观众十分喜欢他今晚送给简斯维尔的情人节礼物。全国各地媒体跟紧他不放，挖出了他在威斯康星州最喜欢的俱乐部鹿角。记者还访问他的高中老师、本地资深记者斯坦·米拉姆，他们都登上了全国电视台，解读保罗是怎样的人，简斯维尔是一座怎样的城市。保罗提及和家人住酒店时，总是想起家乡。“好吧，在严格意义上，你并不孤独。你身边有20名特勤局特工保护你，有人端着机关枪守在你的门外。你有许多助手、法律顾问，各式各样的人。但我晚上躺在床上，总是想起这个地方，我长大的地方。”

他们喜欢听保罗讲每次从华盛顿飞回密尔沃基——几个小时前，他刚下飞机——开车回家，经过休假时会造访的狩猎场；经过瑞安公司——小时候，他曾在那里割草；经过殡仪馆——高中时，他曾在那里洗车；经过圣约翰维亚内教堂——从小时候起，他就在那里做礼拜，现在则和自己的家人一起。他说，每一次“在华盛顿感到压力太大，我……总是想回家。很难形容这种舒服的感觉，因为你住在这里。这是一种属于某种东西，属于某个地方的感觉。你住在一个城市，那里总可以将你拥入怀中”。

保罗进一步拔高主旨，提到“美国理念”。这是他最近构想的口号，赋予他保守的财政思路一套全新的外衣，提倡以共和党的方式解决贫困问题。保罗借助美国理念呼吁，需要帮助的人们不该死盯政府新政，或所谓的大社会概念，而应该发掘自己所在社区的资源和人们的乐善好施。他说，简斯维尔“有许多……乐于奉献的人；提到这个地方，你知道可以向健康网、ECHO求助”。

保罗没有提及人们的强劲需求，简斯维尔一向引以为傲的传统正面临严峻挑战。每周三，健康网必须削减新病人的数量。人们必须在ECHO开门前大排两小时长队，祈祷自己挤进前40名才能领到食物。保罗沉浸在情人节的甜蜜氛围中。“这是个很棒的社区。如果你想安家落户，这里是不二之选。每个周末回家，我都感叹它多么与众不同。我经过城市大大小小的街道，看到在这里生活了几代人的家庭。社会学家称这是公民社会，而我说它是威斯康星州的简斯维尔。”

保罗的语气逐渐平静下来。750 名商人和公民领袖吃饱了上好的牛排、慕斯蛋糕，继续聆听台上土生土长的简斯维尔人保罗演讲。“我想讲的是，”保罗说，“几代人都选择居住在简斯维尔必定有其原因。很难一下说到点子上，但在竞选活动途中，我和扬娜了解到一件事，这座城市——一座民主党人的城市，相信我，我是共和党人——如此温暖、好客。有一种‘我们在一起’的精神。正是这种精神让简斯维尔伟大，让这里成为我们的家。”

前进简斯维尔的会员纷纷站起身，热烈鼓掌，就像保罗登台之初一样。他们为他的发言疯狂，保罗也沉浸在同场人士的乐观主义情绪中。他没有立即离开会场，钻进 4 月潮湿的空气中，而是停留了一阵。他和妻子扬娜、哥哥托宾、嫂嫂奥克利站在宴会厅入口处，和老朋友们打招呼。竞选活动后，他还是第一次见到其中一些人。

和保罗一样，鲍勃·博勒曼也不急着离开。他的妻子丹扬不在城里。演讲结束后，他走到宴会厅外的走廊，坐在椅子上稍事休息。下周，他会启动一个新项目，在当地公司的协助下，采用全新的方式培训失业工人。鲍勃知道，约翰·贝科德、玛丽、保罗那振奋人心的讲话和在场人士的乐观精神，与他透过就业中心大门所见的简斯维尔截然不同。

2013年4月26日，通用汽车工厂离开这座城市已经是四年四个月零三天前的事了。“我曾经很乐观，相信我们可以走得更远。”鲍勃反思，“我相信，我们已经尽力了，考虑到我们所处的状况。但经济已经复苏了吗？不可能。”

鲍勃认为，前进简斯维尔是在通过美化现实，吸引更多的公司前来投资。但现实是，许多人仍在贫困中挣扎，无法偿还房贷或支付房租。“坐下来轻松地说我们已经回到过去，实在太假了。”他嘀咕，“我不喜欢这群不愿接受现实的人。”

数年前，鲍勃已经放弃邀请保罗参观就业中心，考察他们的工作，了解那里的人——这么久以来——依旧需要一份体面的工作。那有什么用？鲍勃起身，走向宴会厅，保罗正在另一头与人合影，签名。鲍勃站在人群外围。终于，人们逐渐散去，有些前进简斯维尔的会员拿着印有“杯子满了一半以上”的玻璃杯往假日酒店的停车场走去。鲍勃和保罗撞了个正着。

鲍勃向国会议员做自我介绍，递给他名片。鲍勃告诉保罗，他应该来就业中心看看。保罗当时心情大好。“当然，”他说，“很高兴去拜访。”

鲍勃离开时琢磨，在这个洋溢着乐观氛围的夜晚，保罗真的会来看一眼他所认识的简斯维尔吗？

第 55 章　周末的毕业典礼

6 月上旬，又到了每年的毕业季。通用汽车装配厂宣布关门已经是五年前的事。

马特·沃帕特担心，那辆开了 6 年的土星是否能撑到参加完布鲁克的毕业典礼。最近，这辆车的状况不太好。上个月，马特独自驾车离开韦恩堡的装配厂，像平时一样给达西打电话。三天后，他会参加收养的女儿布里塔妮的婚礼。就在此刻，问题出现了。“灯不亮。”他告诉达西。前灯、后灯、仪表盘的灯都不亮。他向北转上州际公路 I–69，5 英里外就是他在考文垂的柳树的公寓。随后，他把车慢慢开上州际公路的路肩。车子熄火了。

幸运的是，另一位来自威斯康星州的通用汽车工人就在他身后不远处。他们不熟，但那个人恰好也住在考文垂的柳树。男人停车，把马特送回了家。

经过检修，罪魁祸首是交流发电机。马特花 210 美元换了新的，加上拖车费，第二天上班还迟到了。这一切都在提醒他，在韦恩堡拥有一辆汽车比生活在家乡的成本高多了，而且他买不起新车。实际上，他和达西都劝布里塔妮明年再结婚，直到 21 岁，这样就能避开布鲁克和她另一位兄妹同样需要花钱的毕业典礼。但是，布里塔妮还是想急着嫁给男友。这辆换上新发电机的土星在 5 月 4 日载着马特来到婚礼现场。这天是“星球大战日”，婚礼蛋糕上立着汉·索洛和莱娅公主。马特的父亲马弗之前在网上获得了牧师认证，已经主持过家族中三人的婚礼。

谢天谢地，土星在周末也撑过了布鲁克的毕业典礼。那是一个泥泞的周日午后。下午 1 点，仪式开始一小时前天气转坏。学校决定在室内举行毕业典礼，场地从米尔顿高中的橄榄球场移到体育馆。这意味好座位不多。马特、达西和布里亚坐在一边，相当不错的位子。布里塔妮和丈夫坐在体育馆上层的座位，还有达西的妹妹、妹夫和马弗——他是骑哈雷摩托来参加毕业典礼的。马弗还是罗克县议会成员，虽然他如今在简斯维尔和佛罗里达州两头跑，他在那里有一位情妇。大部分家人都聚在了一起。

米尔顿高中 2013 届毕业生进入体育馆，女生戴深红色帽子，穿礼服，男生则一身黑。

马特举起三星便携式摄像机，达西举着相机，布里亚拿出手机拍照——通用汽车提供的中产生活，虽然在两个城市通勤需要更多开销。女儿从体育馆后门入场时，马特开始摄影，直到她伴随学校乐队演奏的“开场小号”在指定位子落座。“布鲁克。”达西喊道，

B 字姓名开头的学生在队伍最后，布鲁克毕业帽上的“B”字闪闪发光。

列出 235 名毕业生的节目册上有一句校训：“事实证明，最善于把握现状的人往往能得到最好的结果。”

根据现状判断，布鲁克打算——至少现在，留在简斯维尔，继续住在家中。她想过成为物理治疗师，但会先在秋天入读罗克县大学的一个通识项目。她的父亲常常不在家，她不想搬去其他地方，她的整个高中都几乎见不到父亲。

下午 2 点零 2 分，学校乐队停止演奏，班长起身代表毕业生发言。“今天以后，我们会进入真实的世界，那里充满无限可能。只要足够努力，我们能够成为任何想成为的人。”接着，是两名荣誉毕业生和校长致辞，没有人提及在简斯维尔，选择已经不再像从前那么多。

学校合唱团演唱了加斯·布鲁克斯的《河流》——在激流中跳跃，在浪花中舞蹈，而不是干坐在河边。

下午 3 点刚过，布鲁克站上舞台，领取毕业证书。由于沃克的名字接近字母表尾端，她是倒数第六个拿到证书的学生。马特和达西心情大好，使劲鼓掌。在马弗中气十足的喊声中，看台两侧传来了对布鲁克的欢呼声。

塔米·惠蒂克走向蒙特利体育场，三个半小时后，这里即将举行派克高中的毕业典礼。体育馆建成于 1931 年，简斯维尔政府和教育系统以其标志性的关怀作风，合作申请到一笔联邦资助，为简斯维尔修建了一座带篮球场和田径跑道的公园。这座公园——蒙特利，就坐落在罗克河河面收窄的地方，对面就是笨重、臃肿的通用汽车装配厂。体育馆落成时，那里已经造了8年雪佛兰。

塔米很早就到了，像其他一部分家长，为了在混凝土看台上占个好位子。一切准备就绪。明天下午，她的父母会提供女孩毕业派对的食物和用品，她的母亲在凯泽雅的帮助下做了200只肉丸。杰拉德的哥哥——他母亲那边的亲戚，准备了其他食物，包括鸡肉和每个人都爱的三明治。塔米提出要付他路费，但被善意地拒绝了。这是件好事。

毕业典礼开始三小时前，有一件事还未有定论，阿莉莎和凯泽雅怎么支付威斯康星州大学普拉特维尔分校的学费。10月，两人都收到了学校的录取通知书。冬天时，她们不停写小论文，申请一切可以找到的奖学金，包括填写联邦财政援助表格。凯泽雅在担心大学助学金，她们还不清楚具体条款。她和阿莉莎按照要求列出了她们的收入——今年是8000美元，对学生来说相当可观——以及父母的收入，这一度让她们以为学费负担似乎没那么重。

由于成绩优异，而且完成了AP课程和罗克县大学的课程，她们都以班级前几名的表现毕业。阿丽莎的绩点达4.15，在324位毕业生中排名第12位；凯泽雅的绩点为3.7，是所有毕业生中的第33位。因此，她们并不意外在上个月收到邀请，参加派克高中毕业生颁奖典礼。她们很兴奋，至少可以得到些什么。

典礼有些让人失望。这几年，奖学金不停缩水。阿莉莎和凯泽雅从扶轮正午社各得到 1000 美元，还有以她们的一位小学老师命名的奖学金——100 美元。此外，阿莉莎得到简斯维尔社区基金会的 1000 美元奖学金，如果大学阶段成绩优异，还可以继续拿这笔钱。不错的奖励！但是，该如何填补大学第一年她们各自约 1.5 万美元的学费加上生活费呢？

她们后来发现，每人还得到了额外 500 美元奖励，因为她们在八年级时曾签署一份威斯康星州契约，保证平均分在 B 以上，并参加志愿者活动。钱不多，但她们感到很幸运在八年级时这么做了。现任州长沃克取消了这个项目，学生现在已经无法签署这份契约了。

除了奖学金，她们会尽量工作。凯泽雅在普拉特维尔打两份工，阿莉莎每隔一周去母亲工作的汽车经销商打工。尽管如此，钱还是不够。7 月的一天，阿莉莎申请了 8000 美元个人贷款，利息高达 11%。她在脸书写道："那一刻，你发现掌管高等教育系统的人并不真的希望你好好学习。我讨厌费尽心思才能接受我应得的教育。"

这将是一个月之后的事。今天下午，阿莉莎和凯泽雅把全部精力都放在准备毕业典礼上。她们烫了头发，戴上黄绿色帽子，穿上礼服。惠蒂克家需要几辆车才能把所有人送到体育馆，但塔米已经占了足够多的座位：今年已经 14 岁的诺厄和他的女朋友，阿莉莎的男朋友贾斯廷，凯泽雅的男朋友菲尔；她们的祖父母，杰拉德和她。

众人刚坐下，一个男人向杰拉德打招呼，是他在装配厂的熟人，但两人很久没联系。他几乎没有和通用汽车的前同事保持联络。

橄榄球场边，德里·瓦拉特正在为今年的毕业典礼忙碌，她和孩子们、他们的父母拥抱，确保一切进展顺利。去年，她为派克密室的孩子们举办了一场毕业派对，有气球、礼物，学校的管理人员，还有一位励志的演讲者。她发现，不像惠蒂克一家，有些密室孩子的父母不会为他们举办派对。今年，派对的规模比较小，准备了大理石蛋糕和草莓。40 名毕业的密室学生中来了 2/3，包括 AP 课程的心理学老师埃米·韦努蒂。她经常帮德里，正是她告诉了凯泽雅密室的事。有些孩子没能来，因为他们要工作。

7 点的夜晚如此可人，晴朗，气温低于 21 摄氏度，且有微风。仪式开始，派克高中 2013 届毕业生进场，学生排成两行，走向跑道上的折叠椅。阿莉莎和凯泽雅走在最前面，因为她们被选为班级代表。她们走向坡道，在球场附近一个小舞台附近的椅子上坐下，那里到处装饰着黄绿色丝带。

派克高中 2013 年毕业典礼的主题是“把握今天”。校长克里斯·劳厄阐述了把握此刻的重要性，因为谁也不知道未来会怎样。他告诉学生，每个人都应该用自己的方式抓住今天的时光，包括有个女孩打两份工，支持自己和家人，还坚持每天上学。他没有讲出阿莉莎或凯泽雅的名字，虽然他本可以这么做。

数学老师乔·戴伊曾是派克高中的橄榄球总教练，现在主要指导田径项目。他借用校队的名字，强调应该学会随机应变。“你们都是维京人，”他告诉毕业生，“面对挑战，维京人会选择战斗；当遇上风暴，维京人与风雨做斗；当没有风吹着船前进，当风太大让船失去平衡，维京人都知道怎么操纵手中的船桨。”

最近，简斯维尔教育系统为收入减少、入学率下降而饱受困扰，但它率先采取了维京人式的战略。今年，教育系统负责人会前往中国，希望邀请中国学生来简斯维尔上学，每人每年的费用达 2.4 万美元。简斯维尔由来已久的创业精神灵光一现。

临近夜晚 8 点，校长告诉毕业生：“现在，准备领取你们的毕业证书。”他报出班级代表的名字，阿莉莎和凯泽雅都在其中，最早一批从校长手中接过证书。随后，所有毕业生依次走上舞台。阿莉莎和凯泽雅拿到毕业证书时恰好是 8 点 30 分，几分钟后，罗克河的岸上升起美丽的烟花。

女孩们的名字在体育场响起时，太阳的余晖正打在河岸另一边空荡荡的装配厂上方。无论是她们的祖父母——为工厂辛勤工作 30 年后，正领着丰厚的退休金；还是她们的父母——为工厂辛勤工作 13 年后却被解雇，似乎都没有留意到眼前的这幅景象。

尾 声

2015年万圣节前的周三，简斯维尔人在醒来后看到了《简斯维尔公报》的头版大标题《结束了》。在最后一辆塔霍驶下装配厂7年之后，在简斯维尔成为通用汽车最后一家“待命”工厂4年之后，公司和UAW达成一项新协议，同意赋予这个庞然大物一个新状态——永久关闭。近几年，城市分裂成了两个简斯维尔，不同政治、经济政策倾向的人，在是否关闭工厂的态度上划分出了清晰的界线。商界和地区经济发展领袖一直在敦促通用汽车正式宣布关闭工厂，这样就可以拍卖工厂用地，挪作他用。那天早晨，他们一阵欢呼雀跃。然而，许多通用汽车前员工却希望工厂会在某天重开。对他们而言，早晨的新闻，尤其在美国汽车业创下销售新纪录之际，就像一阵丧钟。

即使是一个饱受经济衰退折磨的小城市，也不该放弃改写自己的命运。外力——联邦政府和州政府，工业和劳动力市场，没能重塑昔日的中产阶级，简斯维尔只能依靠自己的资源。幸运的是，它拥有的资源比其他经济受冲击的城市更加丰富，更具创意。虽然随着时间流逝，有些人依旧过得很好，有些人一蹶不振，有些人重整旗鼓。

该如何理解在简斯维尔发生的一切？它与2016年总统大选后所谓的共识背道而驰。那是美国历史上最令人震惊、沮丧的一次大选，唐纳德·特朗普击败了希拉里·克林顿。这种共识，即一位非正统的共和党人（特朗普和保罗·瑞安，以及其他共和党领袖的关系不怎么融洽）成了一种不可思议的象征，代表白人工人阶级，陨落的中产阶级，以及其他抱怨政府不懂他们痛苦和愤怒的人。无疑，简斯维尔遭遇的经济灾难助燃了这股愤怒。而且，今天的简斯维尔两极分化，正是这次选举的某个缩影。让人意外的是，时隔32年，威斯康星州人重新把选票投给了共和党人。尽管如此，简斯维尔在经历苦难后并没有抛弃民主党。52%的罗克县人把票投给了希拉里。与4年前奥巴马的连任选举相比，这个数字下降了10个百分点。但值得注意的最大区别是，投票给民主党的人减少了，投票给共和党的人却没有那么多。

因此，官方宣布大衰退结束7年半后，简斯维尔取得了什么进展呢？或许让人意外，或许在情理之中，完全取决于个人的衡量方式。根据最新的统计结果，罗克县的失业率大幅下降至4%，是21世纪初以来的最低点。人们像大衰退之前一样重新开始工作，配送中心再次繁忙起来。贝洛伊特的工厂，比如菲多利和荷美尔食品公司正在招人，有些人去了更远的地方工作。这都是好消息。但并非每个现在拥有工作的人都像以前生活宽裕时挣得那么多。装配厂关门后，县里的真实收入在总体上下滑了。最近在美国的一些地方，工厂的工作再次成了香饽饽，罗克县却不在此列。2015 年，县里有 9500 个制造岗位，与 2008 年相比减少了 25%，与 20 世纪 90 年代相比减少了 45%。

简斯维尔大力推动的经济发展计划，斥 900 万美元重金引进制造医疗用同位素的阳光公司，取得了新进展。公司通过了美国核能管理委员会的严格审查，获得了建制造厂的许可。这大大落后于预期时间表。公司曾希望在 2015 年开始制造，现在的目标是 2019 年底。但是，作为切实的一步，阳光公司刚从麦迪逊郊外搬到了简斯维尔市中心。为此，公司得到了市里的额外财政补助——近 40 万美元装修办公室。它就位于曾经派克笔公司全球总部的两个街区之外。阳光公司打算雇 150 人。近来最大的就业消息是，达乐公司决定在城市南部建一个配送中心。市政府会提供 1.15 亿美元经济激励一揽子计划——简斯维尔的新纪录。达乐公司称，会首先开放 300 个职位，也许最终会增加到 500 个，数年来最大规模的招聘。大多数岗位的时薪为 15 美元或 16 美元，远低于通用汽车工厂关门时的时薪 28 美元，但如今这在城里已算不错的收入。人们迫切需要工作或更高的收入，因此最近达乐公司举行就业招聘会时，超过 3000 人前往现场。

曾经风光的 UAW 地方 95 分会成了过去的一道阴影，它仅剩数百名会员，甚至凑不够基本运营费。为了筹集资金，分会开始对外出租迈克·沃恩的祖父当年策划修建的工会大楼。2014 年，劳动节集会的庆祝从三天缩减为两天。尽管如此，游行队伍经过主街和密尔沃基街时，人行道上依旧空荡荡的。虽然没有官方解释，但许多人相信工会实力式微，劳动节庆祝将难以为继。2016 年，由于前一年有经费剩余，那年的集会仍得以举行。

至于装配厂本身，没人知道它还会在罗克河边矗立多久，就像一座废弃的工业大教堂。2016 年初，简斯维尔的城市管理者给通用汽车发了一封信，要求对方支付 2500 万美元“遗产基金”惠及该地区。信中指出，派克笔公司在第二次世界大战期间曾采取相似举措，创立了简斯维尔基金会。截至目前，通用汽车尚未回应。与此同时，威斯康星州的官员告诉通用汽车，在工厂附近的河床发现了高浓度污染物，公司有责任清除污染，虽然目前还不至于危害当地人的健康。博弈尚未结束，通用汽车已经开始出售这块占地 250 英亩的土地。它向潜在买家介绍了四家专门清除污染，重整工业用地的公司。

近年来，卖力打造简斯维尔形象的政客们走出了不同的发展轨迹。2015 年 10 月 29 日，《简斯维尔公报》宣布装配厂永久关闭的第二天，保罗 · 瑞安宣誓就任美国众议院议长。他的前任、俄亥俄州议员约翰 · 博纳突然辞职后，保罗曾坚持拒绝继位。虽然党内元老持续向他施压，简斯维尔人却相信他不会拱手让出众议院筹款委员会主席的职位——这曾是他的梦想。但是，他还是妥协了。瑞安当上了国家第 54 任议会议长，总统一职的第二顺位继承人。

斯科特 · 沃克依旧担任威斯康星州州长，最近刚赢得共和党的一场总统初选。他在 2014 年连任，承诺会在私营部门增加 25 万个工作岗位，弥补第一个任期没有达成的目标。

那年，州议员蒂姆·卡伦决定放弃参选，称威斯康星州的政治太过两极分化，完全无视他最关心的议题。2015 年，他出版了《前沿观察席：威斯康星州的政治，从 20 世纪 70 年代至斯科特·沃克》（*Ringside Seat: Wisconsin Politics, the 1970s to Scott Walker*）一书。蒂姆把时间花在了近年创立的两个当地基金会，还在考虑是否参加 2018 年州长大选。

莎伦·肯尼迪已经从黑鹰技术学院退休，搬到了密歇根州生活。她出版了《“生产线”另一端的教室》（*Classroom at the End of the 'Line'*）一书，研究了中西部地区失业工人的职业培训问题。她现在是博士生导师，致力培养想成为社区大学负责人的年轻人。

鲍勃·博勒曼战胜舌癌后，从就业中心退休。他现在是两个劳动力发展项目的顾问，但不清楚那些项目是否真的能做起来。他还是两个非营利性机构的董事会成员，又刚加入威斯康星州的老龄化咨询委员会。

玛丽·威尔默还在 BMO 银行工作。她再婚了，现在在麦迪逊郊外生活。她还在负责罗克县 5.0 战略，并继续参加其他志愿服务活动，包括担任 YWCA 的女人圈项目的筹款人。

戴安·亨德里克斯依旧担任 ABC 供应公司主席，是共和党的主要捐款人。她捐出 190 万美元支持特朗普竞选总统，还向威斯康星州的超级政治行动委员会捐了 800 万美元，在 2016 年大选后期大打广告反对克林顿。她因此受邀出席了特朗普的就职典礼。

在简斯维尔的教育系统，联手为无家可归的孩子们打造了16:49计划的安·福贝克换了数份工作，她现在是克雷格高中的社工。2014年初，16:49计划开设了收留女孩的庇护所，被命名为罗宾之家，取自安的搭档、贝洛伊特社工罗宾·斯图特。目前，庇护所收留过37个女孩，最多同时安置了7人，包括一个父母曾在通用汽车工厂工作，患有学习困难症的女孩。如今，她的父母在印第安纳州的通用汽车工厂工作，把女孩留在了简斯维尔。她们还在继续筹款为男孩建庇护所。

德里·瓦拉特还在派克高中教社会课，运作派克密室。她嫁给了交往多年的恋人，改名为德里·伊斯门。她很擅长教问题学生，还坚持在班级中为家里缺少食物的学生募捐。2016—2017学年，光顾派克密室的孩子约有200人——没有比往年减少。

至于从前的汽车工人，巴布·沃恩还在为患发展障碍的客户服务。2015年，巴布——从前的高中辍学生，成为罗克县老年人和残疾人资源中心董事会成员。迈克在2016年夏天换了工作。他现在在曼联合金的人力资源部工作，上班时间换到了白天。

克里斯季·拜尔不幸去世后，她的丈夫鲍勃继续在麦迪逊的一栋政府大楼负责维修工作。她的儿子结婚了，刚生了儿子，一家人在俄亥俄州生活。他现在是全职汽车修理工，晚上在一所社区大学学习修车技术。

惠蒂克一家中，迈克在萨博公司位于麦迪逊南部的仓库找到一份开叉车的工作。塔米还在汽车经销行业，但去了汤姆·佩克福特公司。她现在的时薪是 15 美元，比老东家高了 1 美元。他们的儿子诺厄现在是高中生，像他的姐姐们当年一样，课余在卡尔弗餐厅打工。他打算毕业后参军。至于双胞胎姐妹，阿莉莎现在是威斯康星州大学普拉特维尔分校的三年级生，她主修工程，辅修工商管理。她曾花一个学期在麦迪逊做工程制造的全职带薪实习生，因此需要念第五年才能毕业。她努力打两份工，领奖学金，每年申请 1.7 万美元学生贷款。凯泽雅刚在普拉特维尔分校修完心理学课程，她只花了三年时间，一部分是为了节省学费。夏天时，她嫁给了交往多年的男友，现在边工作边还学生贷款。今年秋天起，她会在艾奥瓦州达文波特的圣安布鲁斯大学念社工的硕士课程。她希望将来为退伍士兵或无家可归的人服务。

在沃帕特家，马弗正享受退休生活，在老家和佛罗里达州的彭萨克拉之间往返。他在那里有一位情人，租了一间海边的公寓。他还在帮助接受治疗和摆脱上瘾问题的人。他的儿媳妇达西继续在评估公司工作。沃帕特家的两个女儿在 2016 年总统大选中投出了她们的第一票。如今，全家人都很沮丧，不知道希拉里为什么没能成为国家的第一位女总统。至于马特，他已经在韦恩堡的装配厂工作了 7 年，每周一早晨离家，每周五深夜回家。他还是一个中班小组的负责人，时薪约 30 美元。再过 8 年半，他就能开始领通用汽车丰厚的退休金了。

致 谢

本书讲述了一个地区的故事。如果没有那里的人，就不会有本书出版。

我首先想感谢简斯维尔人接受一个外来者进入他们的内心。许多人的名字已经在书中出现，但还是值得我再次重复他们的名字。斯坦·米拉姆是我在简斯维尔认识的第一个人。直到最后，他都用自己丰富的报道技巧串起零散的事实，并确保我了解当地的最新状况。《简斯维尔公报》的工作人员十分热心，帮了我许多忙：吉姆·莱特非常清楚当地的商业活动；马西娅·尼勒森和弗兰克·舒尔茨是杰出的记者、晚餐伙伴。保罗·瑞安在国会山的办公室接受了我数次访问。他的工作人员，尤其是凯文·塞弗特，补充了许多细节。鲍勃·博勒曼带我领略了威斯康星州一家夜总会的乐趣。德里·伊斯门向我敞开心扉。安·福贝克——一位作家的妻子，让我明白她知道写书是怎么一回事。赫德伯格公立图书馆提供了舒适的简斯维尔房间和卓越的当地历史数据库。罗克县历史协会向我开放了珍贵的收藏。还有许多其他慷慨的人，包括简斯维尔公立教育系统的总负责人卡伦·舒尔特，罗克县警官鲍勃·斯波登，罗克县前验尸官珍妮弗·基齐，地方家庭暴力介入项目负责人克里斯廷·克夫勒。我要将最诚挚的感谢献给本书的主人公——惠蒂克一家、沃帕特一家、沃恩一家，感谢你们的慷慨、耐心和信任。

如果没有《华盛顿邮报》的支持——我在那里供职了30年，就不会有本书。《华盛顿邮报》的编辑给了我充分时间创作故事，这是身为其员工最大的荣幸。前主编马库斯·布劳克批准我把一年的停薪留职延长为两年。主编马蒂·巴伦又出人意料地宽限了一年时间，让我继续写作本书。他无疑是当今美国报业最杰出的领袖，完全担得起这个名声。我还要感谢执行编辑卡梅伦·巴尔、国内报道编辑斯科特·威尔逊，以及我的直接编辑劳里·麦金利、劳拉·赫尔穆特、苏珊·莱文，多年来，他们都对我兼顾两方面工作表达了理解。

除了报社，完成此项目期间，我还十分幸运地得到了几所大学和智库的支持。我尤其要感谢哈佛大学的拉德克利夫高级研究学院，丽莎白·科恩、朱迪·维什尼尔克和已经去世的林迪·赫斯一直毫无保留地支持我。哈佛的经济学家劳伦斯·卡茨、社会学家罗伯特·桑普森和布鲁斯·韦斯顿都提出了有益的想法，并给了我许多鼓励。斯坦福大学的贫困与不平等研究中心的负责人戴维·格伦斯基向我解释了大衰退的效应。

感谢伍德罗·威尔逊国际学者中心对我的接纳。感谢蒂莫西·斯密丁邀请我进入威斯康星州大学的贫困研究中心，并与我分享了他在公共政策、收入分配上的见解，还在我停留期间提供了许多其他帮助。在华盛顿，凯西·库里耶为我争取了在美国研究学会的机会，并延长了我的研究时间。我必须感谢乔治城大学的劳动力和非失业贫穷人士研究卡尔曼罗维茨机构的工作人员，特别是劳工历史学家约瑟夫·麦卡廷，为我写作书稿提供了一席之地，而且有求必应。感谢乔治城大学的爱德华·蒙哥马利，他在美国汽车工业对汽车城造成伤害的问题上见解独到，还把我引荐给麦考特公共政策学院。感谢乔治城大学的教育和劳动力中心负责人安东尼·卡内瓦莱。感谢经济学家哈里·奥尔塞尔，他是低收入劳动力市场的专家，有趣的午餐伙伴。

在此期间，我还得到许多聪明、勤奋、友善的研究助理的帮助。他们分别是（按合作顺序）：哈佛大学的斯蒂芬妮·加洛克和塔拉·梅里根，威尔逊国际学者中心的丹尼尔·博格，以及乔治城大学的阿莉莎·罗素。他们的帮助超出我的预期，现在他们纷纷在自己的学术道路上探索。

安妮·E. 凯西基金会为罗克县的调查提供了支持。如果没有威斯康星州大学调查中心的帮助，尤其是南森·琼斯，调查不可能顺利进行。威斯康星州大学的社会学家加里·格林提供了许多有价值的想法，在威斯康星州的政治、经济、公众舆论上有独到见解，回答了我在分析数据时提出的大量疑惑。感谢罗格斯大学的卡尔·范霍恩在问题设计上的实用建议。

关于再就业培训调查，我必须感谢乔伊斯基金会的支持，惠特尼·史密斯提供了专业意见，在得知简斯维尔的再就业培训没有达到她的预期效果时，又展现了令人动容的大度。威斯康星州人力发展部门的马蒂亚斯·斯卡廖内在失业和工资数据的研究上，展现了他的极大热情和坚定。黑鹰技术学院的莎伦·肯尼迪敞开大门，成了我的朋友；迈克·加涅提供了学院收集的数据，以及对它们的专业解读。我必须感谢威斯康星州大学的威斯康星州战略中心的劳动经济学家劳拉·德雷瑟，以及阿普约恩就业研究所的凯文·霍伦贝克在数据分析上对我所做的启发性指导。

写作本书期间，我得到了许多朋友和同事的建议。研究工人阶级的专家约翰·拉索和谢里·林孔阅读了本书的初稿，提供了宝贵的建议和鼓励。杰出的文字编辑洛里·赫茨尔、汤姆·施罗德和帕齐·西姆斯也做出了重要贡献。

我有幸拥有一群充满才华的作家朋友，为本书提供了不可或缺的建议。他们包括（按姓氏字母顺序）帕梅拉·康斯特布尔、达西·弗雷、史蒂夫·拉克森伯格、戴安·麦克沃特、埃米·纳特和拉里·泰伊。我的朋友、一流记者罗谢尔·夏普全程聆听了我的采访故事，提供了最为坚实的支持。贝丝·格拉瑟制作了附录中的表格。雷妮·夏皮罗让我在麦迪逊找到了家的感觉，现在依旧如此。他们是一大群支持我的朋友中几个我依靠的人。

每位作者都应该感激碰上好编辑。我非常感谢理查德·托德润色了本书文字，提供了不计其数的好点子、黑色幽默和坚定的鼓励。ProPublica[①] 的主编保罗 · 施泰格尔对简斯维尔和我在再就业培训上的发现很感兴趣，最先发表了相关报道。

苏珊 · 拉宾纳和西德尔 · 克雷默向我证明了他们是麦迪逊最勤奋、最优秀的出版经纪人。他们指导我如何塑造故事，完善叙事，并陪伴我完成了整部作品。

我在西蒙 – 舒斯特出版公司的编辑普利西拉 · 佩因顿总是热情地鼓励我"去简斯维尔"，这股热情显然源自她对好故事孜孜不倦的追求。我要感谢许多人的贡献，包括才华横溢的梅甘 · 霍根，非常有效率地处理了本书的后期工作；感谢处理版权的弗雷德 · 蔡斯；感谢处理发行的卡特 · 博伊德；感谢处理法务的埃莉莎 · 里夫林。我必须感谢出版社社长、优秀的出版人乔纳森 · 卡普，相信简斯维尔的故事对这个时代的意义。

我最想感谢的是写作此书期间，家人对我的付出和耐心：我的母亲辛西娅 · 戈尔茨坦和父亲罗伯特 · 戈尔茨坦，他们依旧是我最好的公民领袖榜样，最渴望学习的对象；感谢亲爱的阿姨朱迪 · 伯格；感谢戴维、劳拉、米兰达和奥利维娅。我爱你们。

① ProPublica 是美国的一家非营利性组织，总部位于纽约，是一个独立的新闻编辑部，主要进行调查报道。——译者注

附录 I

罗克县调查的结果与解读

一本书只能讲述几位主人公的故事，但我渴望了解该地区更普遍的经济状况和其他人的态度。因此，我在罗克县进行了调查，主要在威斯康星州南部，罗克县的县政府就在简斯维尔。

本调查是与威斯康星州大学调查中心合作完成的，几位社会学家提供了宝贵建议。威斯康星州大学麦迪逊分校的社区和环境社会学教授加里·格林是与我合作最密切的人，我们一起设计问卷，分析结果。

调查在 2012 年底至次年春天进行，此时距大衰退正式结束已经 5 年，简斯维尔装配厂关门 4 年以上。问卷通过电子邮件形式，发送给随机挑选的 2000 名登记地址为罗克县的受访者。总体答复率相当高：59.7%。

大部分问题针对受访者本人，但有些问题针对大衰退中的失业者或家中有人失业的受访者。针对后者的问题，主要是为了对比几项全国范围内进行的衡量大衰退期间人们所受影响的调查。我们对比了它们的结果。

总体而言，调查结果显示罗克县的失业范围相当广。1/3 受访者表示在此期间失业，或家中有人失业。他们的回答显示，大衰退结束数年后，人们仍受困于收入减少，对经济前景悲观。调查结果还显示，工会人数下降，对工会呈现两极分化的意见。这呼应了人们在财务和情感上所受的创伤——半数受访者表示购买食物困难，2/3 的受访者表示家庭关系紧张，这都是失业给威斯康星州南部的人带来的后果。

以下是一些主要发现。

1/3 的受访者表示，2013 年的美国经济仍处于衰退之中。

你认为国内的经济衰退已经结束了吗？

或者你认为经济仍处于衰退之中？

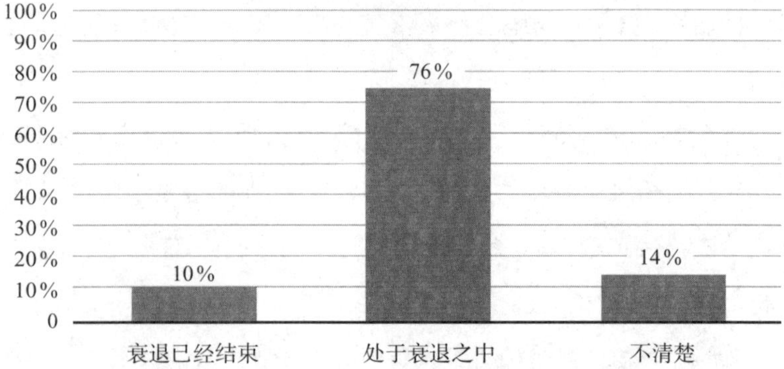

总体而言，略高于半数的受访者认为，他们的财务状况比大衰退之前糟糕。我们可以从这里一窥两个简斯维尔：失业或家中有人失业的受访者比家中没有人失业的受访者更倾向认为他们的状态变糟了。

与5年前相比，目前家中的经济状况是更好了，还是更糟了?

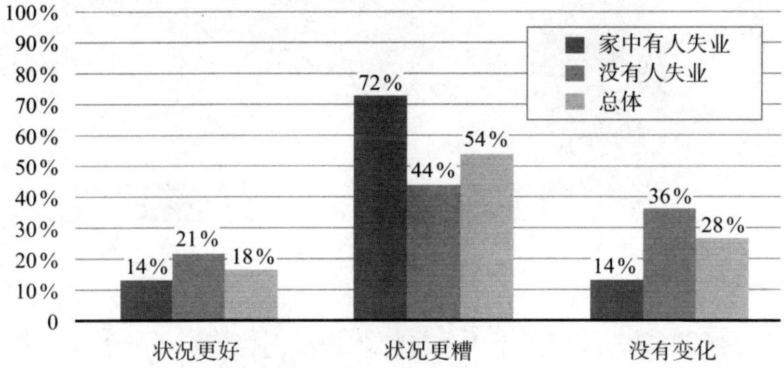

超过1/3的受访者失业或家中有人失业。

过去5年中，你或者家中是否有人因公司倒闭、工作量减少、削减工作岗位而失业?

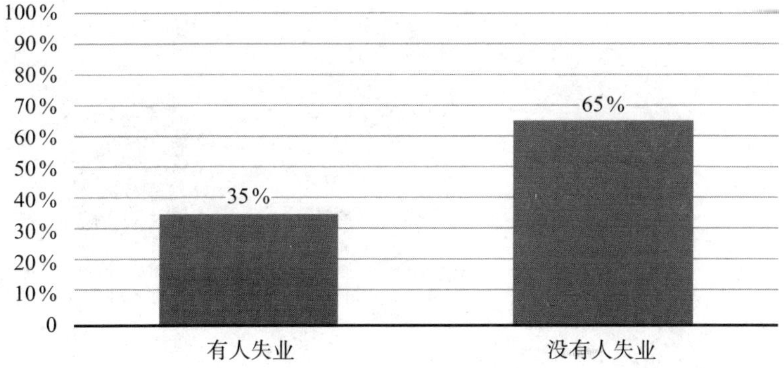

大部分受访者的房产贬值。

过去5年，你家的房产贬值了吗？

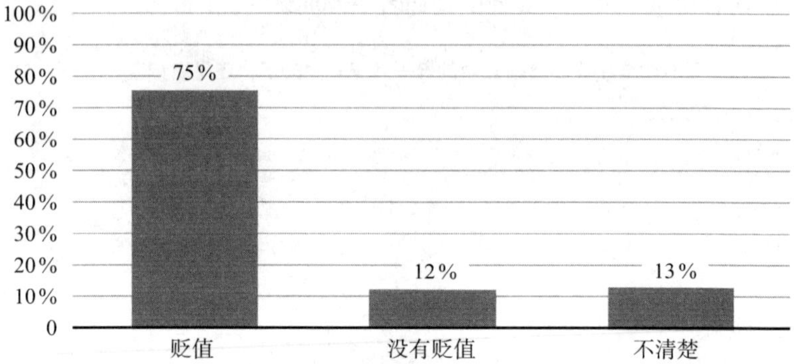

超过半数的受访者出于各种原因换过工作——不局限于裁员，但收入比从前降低了。

过去5年，你换过新工作吗？你的收入提高了吗？
还是与之前的收入相比有所降低？

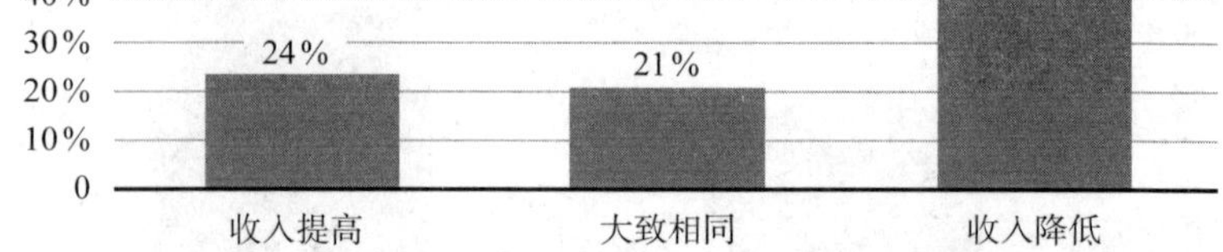

受访者普遍对经济前景悲观。

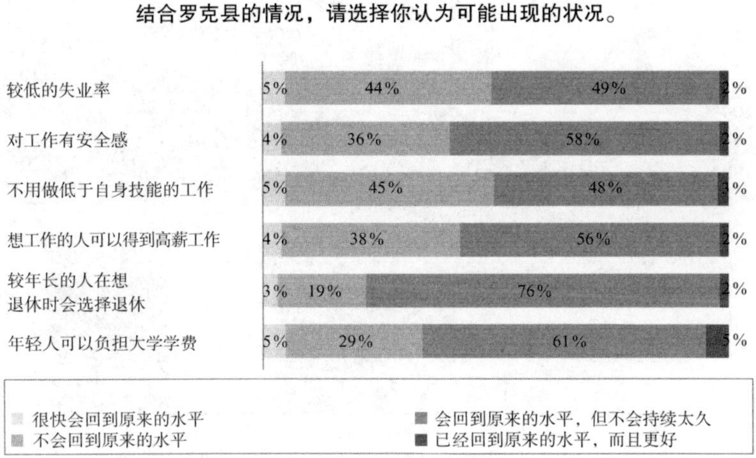

总体而言，1/3 的受访者认为政府应该更积极地帮助失业者。家中有人失业的受访者更希望得到政府援助，但真正享受援助的只有少数人。

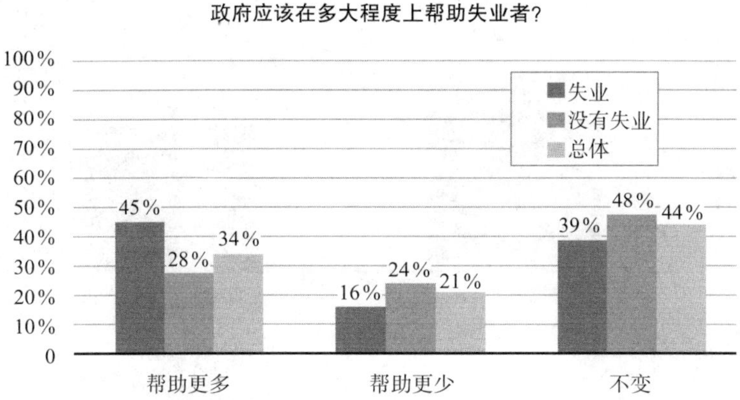

约半数受访者曾属于工会，但目前大部分人已经不再是工会成员。

你属于或曾属于工会吗？

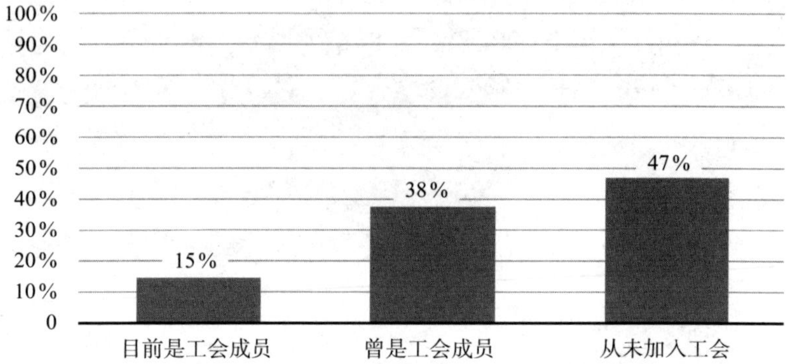

对工会的态度同样出现两极分化。

总体而言，你认为工会是在帮助美国经济，还是在损害美国经济？

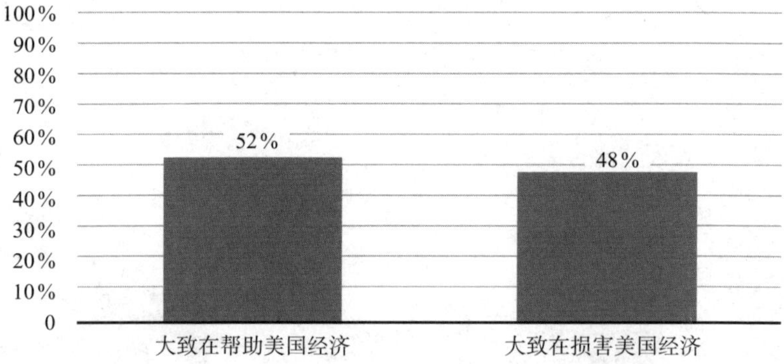

大部分失业或家中有人失业的受访者表示曾尝试缩减开支，以下是他们采取的方式。

在你或家人失业，以及失业期间，曾尝试过以下做法吗？

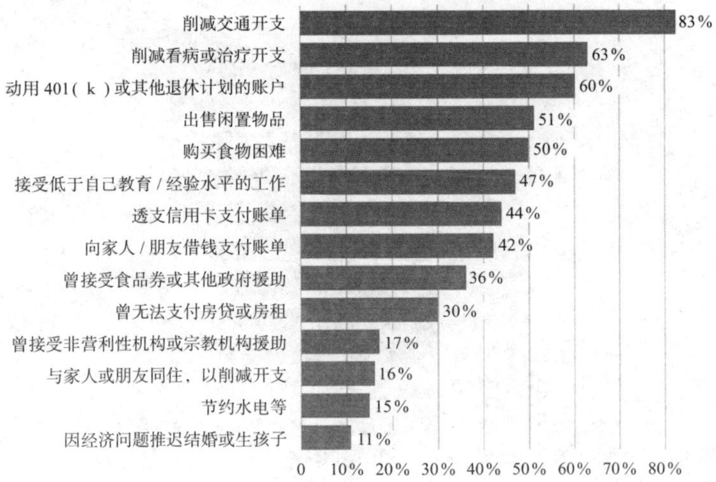

许多失业或家中有人失业的受访者出现了情感和人际关系问题。

在失业或家人失业期间，你是否出现以下现象？

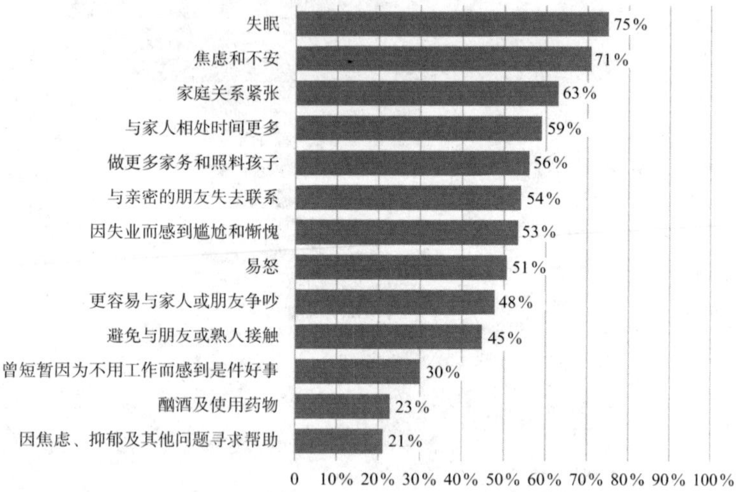

附录 II

职业培训分析的结果和解读

即使人们在经济政策上存在巨大分歧，一般都认同失业者不可能在同一行业找到工作后，应该接受职业培训。这近乎常识。美国联邦政府每年在培训项目上花费亿万美元，比如援助失业者。但是，这种政策是否有效，尚缺乏充分研究。

因此，我决定调查通用汽车简斯维尔装配厂关闭头几年，威斯康星州南部数千名失业工人是否从职业培训中有所收获。

我想弄清楚工人是否可以顺利转换角色，适应校园生活，并在接受培训后找到工作。本调查的主要研究对象是在职业培训上有一技之长的黑鹰技术学院——简斯维尔的两年制公立学校。大衰退后，大量失业工人涌入黑鹰技术学院。威斯康星州的技术院校系统长达 100 年的历史中，占地面积有限的黑鹰技术学院的入学人数出现了前所未有的飙升。

研究结果令人震惊：在简斯维尔及附近地区，职业培训并不能让人找到工作，或得到更高的收入，至少不是在工作机会稀缺的这一时期。

本次分析参考了其他几项之前的研究，使用相似的方法辨别重返校园的失业工人的身份，研究他们离开学校后的工作和收入，再将他们与没有接受职业培训的失业工人对比。我与密歇根州卡拉马祖的阿普约恩就业研究所的资深经济学家凯文·霍伦贝克，以及威斯康星州大学麦迪逊分校的威斯康星州战略中心的副所长、劳动经济学家劳拉·德雷瑟，密切合作。

本研究使用了以下几组数据。威斯康星州人力发展部提供了两组数据。为了辨别谁在大衰退期间失业，我们使用了该部门在2008年夏至2011年秋收到的罗克县和相邻的格林县的失业申报记录。格林县也位于威斯康星州南部，黑鹰技术学院的学生大多住在那里。我们还使用了该部门提供的失业保险工资记录。各州政府都会收集这一信息，所有人必须申报自己的收入。罗克县和格林县的申报记录可以查询申报者每季度的收入，即申报者在三个月中的收入。黑鹰技术学院也提供了2008年夏——简斯维尔出现裁员潮之际——至2010年夏，所有专业的学生名单。它包括学生的基本信息，比如年龄、性别、种族、民族、受教育情况等，还包括哪些学生需要重修课程或可以顺利毕业。

以上记录不包含学生姓名。为了在几组数据间建立联系，人力发展部经济顾问办公室的时任劳动经济学家马蒂亚斯·斯卡廖内使用社会保险号码进行比对，再移除相关数据，确保本研究的匿名性。黑鹰技术学院的学生是否在本研究期间领取失业补贴，是我们辨别他们是不是失业工人的主要依据。我们还使用了黑鹰技术学院的新生入学问卷调查，其中涉及学生的雇用形态。本研究使用了回答为无业或失业的学生的数据，并尽量确保数据不会重复采集。

在分析中，我们采用了 2007 年以来的“从前”（大衰退之前，或被裁员前）概念，以及本调查在 2011 年年中最后一次采集数据以来的“以后”概念。通过这种方式，我们得以对比许多失业者在接受职业培训前后的收入。我们无法判断人们拥有的是全职工作，还是兼职工作，因此将调查对象分为三类：“收入稳定者”——每年的每个季度均有收入；“收入不稳定者”——每年至少有一个季度有收入或没有收入；以及没有申报收入。该数据只显示他们在威斯康星州的收入，不包括在其他州的收入。但信息显示，很少人在别的州有收入。我们对比了他们在接受职业培训前后的收入。接着，把他们的工作和收入情况与罗克县和格林县其他领取政府补贴的人对比，以及当时学校的其他学生。

总体而言，我们发现入读黑鹰技术学院的失业工人中，1/3 能够在一定时间内毕业，略高于学校的其他学生。

以下是我们的其他主要发现。

重返校园接受职业培训的失业工人不比没有重返校园的失业工人更容易找到工作。

谁找到了工作?

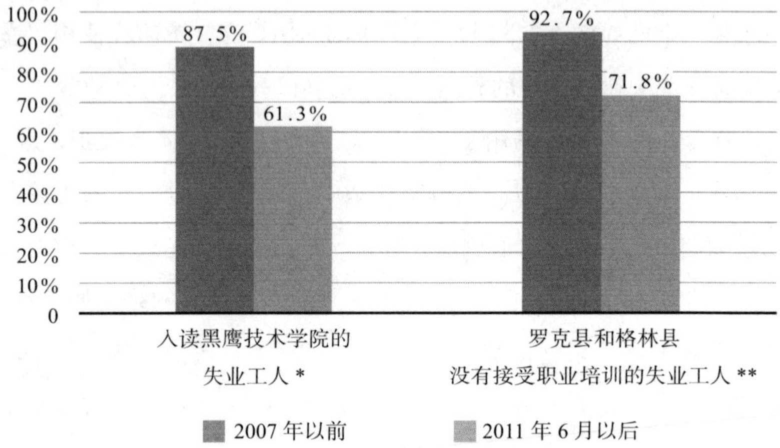

注：* 1740 人，2008 年夏天至 2010 年夏天。

** 30777 人领取失业补贴，2007 年至 2011 年夏天。

职业培训不意味更顺利地找到工作。重返校园的人中，找到稳定工作的人数低于没有接受职业培训的失业工人。更糟糕的是，接受职业培训的工人更不容易找到高收入的工作。

多少人有工作?

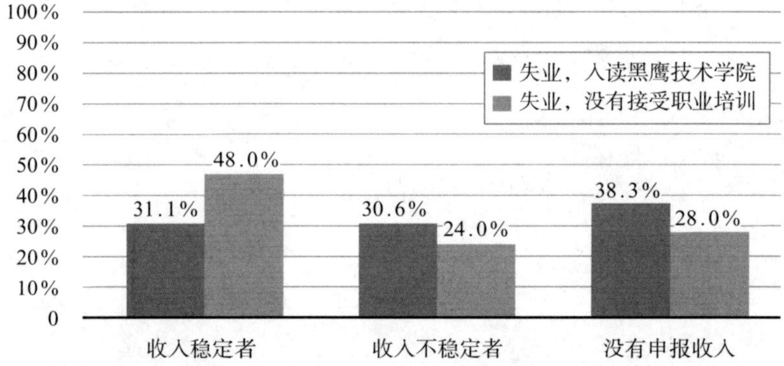

注：截至 2011 年 6 月。

随着时间推移，重返校园的失业工人的收入不及没有上学的失业工人。大衰退前，两组研究对象的收入大致相同。

职业培训有用吗？			
	入读黑鹰技术学院的失业工人	没有入读黑鹰技术学院的工人	黑鹰技术学院其他学生
平均季度收入（2007 年）	7294 美元	7239 美元	1636 美元
平均季度收入（截至 2011 年 6 月底）	3348 美元	6210 美元	2788 美元
平均变化	–1935 美元	–534 美元	985 美元
平均变化百分比	–35.5%	–7.5%	–47%

接受职业培训后找到稳定工作的失业工人在大衰退前收入较高。之后，他们的收入比接受职业培训的其他失业工人略高，但远低于没有上学却找到稳定工作的失业工人。

即使找到了稳定工作，职业培训有用吗？		
	入读黑鹰技术学院的失业工人	没有入读黑鹰技术学院的工人
以前（平均季度收入，2007 年）	9675 美元	8390 美元
以后（平均季度收入，截至 2011 年 6 月底）	4821 美元	7637 美元
平均变化	–2269 美元	–279 美元
平均变化百分比	–28.5%	–3.5%

从黑鹰技术学院毕业的失业工人的收入比没有毕业的失业工人的收入略高，但是，他们的收入本来就高于后者，这部分毕业生是收入减少最严重的群体。

毕业有用吗?		
	毕业者	未毕业者
以前（平均季度收入，2007 年）	10174 美元	5833 美元
以后（平均季度收入，截至 2011 年 6 月底）	4275 美元	2926 美元
平均变化	–4974 美元	–1 105 美元
平均变化百分比	–49.0%	–25.9%

一部分失业工人得到了职业技术教育项目的帮助，该项目主要基于黑鹰技术学院的工作人员和当地商业领袖的共同评估，确定哪些专业在以后更容易找到工作。有些学生获得了信息技术或实验室技术人员的副学士学位；另一些学生则接受短期培训，取得了护理、焊接及商业领域的资格证书。我们跟踪了参加这一项目的失业工人，研究他们是否比其他专业的学生更容易找到工作，但答案并非如此。

选择更容易找到工作的专业有用吗?		
	以前	以后
容易找到工作的专业	81%	62%
所有其他专业	89%	61%

许多入读黑鹰技术学院的失业工人比普通学生年龄更大。大衰退后，年龄较大的学生在收入降幅上最显著。

受影响最大的是哪个年龄段的人？					
	18–24	25–34	35–44	45–54	55+
平均季度收入（2007 年）	1173 美元	4316 美元	11761 美元	11747 美元	10760 美元
平均季度收入（截至 2011 年 6 月底）	2519 美元	3178 美元	4128 美元	4540 美元	3387 美元
平均变化	1307 美元	–883 美元	–5755 美元	–6175 美元	–6944 美元
平均变化百分比	98.9%	–23%	–53%	–59%	–67%